日本近世史を見通す

3 体制危機の到来

——近世後期——

荒木裕行・小野 将【編】

吉川弘文館

刊行にあたって

日本近世史の研究は、豊かな成果をうみ出している。

時の経過とともに、研究する側での関心の持ち方や、問題意識といえるようなものも、当然変化してきている。そうした変化に伴って、さまざまな研究の成果も、豊富かつ多様にもたらされたのであった。こうした、現在の歴史学研究の成果を、そして近世史研究がこれまでに到達した見地を、このシリーズでは集成してみたい。

しかし、こうした豊富さは、その反面で否応なしに、大きな課題をも出現させている。きわめて多様な研究成果のすべてを見渡して論じることが困難になり、従来「研究の個別分散化」といわれてきた事態を克服することもまた、非常に難しくなった。専門家は、以上の状況に苦慮しつつも、日日なんとか対応しているのだが、一方ではそれぞれ専門とする分野も大きく分け隔てられたままであり、また研究分野の間で充分な相互理解が確保されているとは、とうてい言い難い面があるのもまた、現状である（政治史研究と社会史研究のギャップは、その最たるものであろう）。また従来、近世の初期から幕末期までを貫いて見通すような、通史の観点が現れていないことも問題視されていた。世界史と連関させて近世日本をとらえるアプローチも、いまだ不充分である。近年、シリーズ企画や研究講座のような出版物が相次いで企画されてきたにもかかわらず、このような問題の所在は、大きく変わっていないのではないか。本シリーズではひとまず、こうした認識の上に立って、それぞれの専門的な研究成果をただ持ち寄るのにとどまることなく、視角や問題意識についても可能な限りでの総合化を目指し、近世という時代を見通すことをねらっている。

このシリーズでは、時代をみていく視角を総合化する試みとして、次のような工夫をこらしている。全体を七巻から構成するものとし、最初の三巻については、歴史の通時的な経過を示す、通史的な研究の成果にあてている。続く四巻から六巻までは、テーマ別の編集とし、この時代を考えるうえでは不可欠と思われるような、重要な研究動向を取りあげた。以上の全巻をあわせ読むことで、大きく展望を得たいというのが、ここでの考えである。参考文献の提示などは必要な限りでの提示にとどめ、全体にわたって、一読して理解しやすい内容を、幅広く盛り込むことを期した。また、最終巻の七巻では、シリーズ全体での議論を集約し、関連する問題についての討究を行ったうえで、近世史研究において今後に残された課題についても検証することとしたい。

まず、劈頭《へきとう》に位置する**第一巻『列島の平和と統合―近世前期―』**では、おおよそ織豊《しょくほう》政権の時代から四代将軍・徳川家綱《とくがわいえつな》の時代まで、すなわち一六世紀末から一七世紀後半までの時期を扱っている。近世社会における秩序の形成について、政治過程や対外関係を中心として論じ、「平和」の到来と軍事体制との関係、キリスト教禁教と対外方針の転換にまで説き及んでいる。続く**第二巻『伝統と改革の時代―近世中期―』**では、元禄時代と呼ばれる将軍綱吉《つなよし》の時代、つまり一七世紀末以降、田沼《たぬま》時代と呼ばれる一八世紀後半までの時期を取りあげる。長期にわたって社会の伝統化が進行する一方、初発の危機的な状況を迎えて、幕政・藩政ともに改革政治による対応を余儀なくされる段階である。通史の最後は、**第三巻『体制危機の到来―近世後期―』**が、対応している。一九世紀以降、「大御所《おおごしょ》時代」と呼ばれる時期に深化した政治的・社会的矛盾のなか、到来した対外危機に対して近世国家による対応はどのようなものであったか、また巨大な世界史的動向のなかで、幕末の政治変動はいかなるものとなったかが問題とされる。

研究史上に大きな位置を占めている、重要なテーマ群にあたっては、次の各巻を用意した。**第四巻『地域からみる近世社会』**では、研究史の焦点の一つであった地域社会論を中心に論じている。都市と農村、社会と支配権力のあり方について、広く目配りを効かせての解明を進めている。**第五巻『身分社会の生き方』**は、最重要課題の一つである身分論をベースとして、近世に生きた人びとの生活過程に踏みこんだ検討を行っている。諸集団と個人、人・モノ・カネの動き、生死に関わる状況といった問題群に注意したい。**第六巻『宗教・思想・文化』**では、近年に格段の進展をみせた宗教史と思想史における研究、その双方をともに見渡して、近世文化史全般にもわたる総合的な見地を獲得することをめざしている。分野横断的な論点の提示がますます期待されるところである。以上、政治史研究や国家論の検討にもとづく成果を盛り込んだ通史的研究の巻のみならず、近世社会の重要な諸動向を追究したこれらテーマ別の巻をあわせて提示することで、総合的かつ動態的な歴史過程の把握をめざしたい。

本シリーズの刊行をもって、既存の研究動向をことごとくカバーしたなどと豪語するつもりはもちろんない。全体としての構成には充分に反映しきれなかった研究視角や動向が、なお多く存在していることは承知している（ジェンダー・環境・災害・医療の歴史など）。しかし、今回ここに集成したような数々の論点に向き合うことを抜きにして、今後の研究を前進させることは難しいだろう。本シリーズでの見地から発して歴史像が広く共有され、そのうえでいっそうの議論が喚起されるよう、強く願うものである。

荒木裕行　岩淵令治
上野大輔　小野　将
小林准士　志村　洋
多和田雅保　牧原成征
村　和明　吉村雅美

目次

プロローグ

内憂外患と近世日本の限界

荒木裕行

東アジア・太平洋地域への西洋諸国の本格的進出

一七世紀中盤にスペイン・ポルトガルと断交して以降、江戸幕府は関係を持つ国を限定した国際関係を形成することに成功し、それが近世日本を取り巻く基本的な国際秩序となった。一方で、西洋諸国の全地球規模での進出は拡大し続けていた。一八世紀終盤には江戸幕府も再び西洋諸国と直接向き合うことを強いられるようになった。ペリー来航までの半世紀ほどの期間、本格的な西洋諸国の進出を危惧しながら、近世日本は最後の安定期を過ごすことになる。

最初に幕府が直面したのは、シベリアを東進したロシアだった。寛政四年（一七九二）にラクスマンが通商を求め、文化元年（一八〇四）には、レザノフがロシア皇帝の国書を持参して来航した。レザノフはロシア領アラスカ周辺での独占的毛皮交易権を持つ露米会社の総支配人であり、ロシア宮廷にも太いパイプを持っていた。幕府は貿易も国交も認めない方針を貫いた。このときレザノフへ示された諭書《ゆしょ》のなかで、清・朝鮮・琉球・オランダ以外とは関係を持たないのが幕府成立以来の祖法であるというレトリックを用いたが、この考えが以後の幕府の基本的な対外方針となった。

レザノフ来航後も、外国船の日本への接近や外国人の上陸は繰り返された。一八二〇年頃、太平洋を横断して毛皮貿易を行っていたイギリス・アメリカの商船により、日本近海からハワイ諸島にかけての太平洋にマッコウクジラの良漁場であるジャパン・グラウンドが発見された。イギリスの捕鯨船が本格的な進出を始め、日本への接近が増加した。捕鯨船は日本との貿易による利潤を望んでいたのではなく、水や鯨油を煮るための薪、壊血病防止のための土（足を土に埋めると壊血病が治ると信じられていた）など、捕鯨のための必要物資を日本に求めていた。外国船来航のたびに軍勢動員が必要であり、その負担を減らす目的で、文政八年（一八二五）には異国船打払令《いこくせんうちはらいれい》が発布された。日本に接近すれば攻撃すると西洋諸国に通知することで、日本への外国船来航を未然に防止しようとするのが目的であった。

徳川斉昭の危機感とアヘン戦争

日本を取り巻く国際環境の変化に注目した論を展開した代表的な人物として水戸《みと》藩主徳川斉昭《とくがわなりあき》があげられる。大塩平八《おおしおへいはち》郎《ろう》の乱やモリソン号の浦賀《うらが》来航といった国内外の問題を幕府にとっての危機ととらえた斉昭は、天保十年（一八三九）に戊戌封事《ぼじゅつふうじ》と呼ばれる意見書を将軍徳川家慶《いえよし》に提出した。当時の日本を取り巻く問題点を内憂と外患に区分して対策を論じている。横文字を用いる国はすべてキリスト教国であって、布教のために非キリスト教国への進出を進めており、残るは日本・清・朝鮮・琉球だけであるとの国際情勢の認識が示される。その四ヵ国のうち、清は大国なので西洋諸国も手を出せず、朝鮮・琉球は小国で目を引かないため、最初に日本、次に清が狙われると予測している。

斉昭の予測は外れ、最初に対象となったのは清であった。一八四〇年にイギリスは清への武力行使に踏み切った（アヘン戦争）。イギリスの軍事力の強大さを知った幕府は、異国船打払令を戦争を招きかねないと判断して撤回し、薪水給与《しんすいきゅうよ》令《れい》を発布した。しかし薪水給与への方針転換の理由として幕府が諸藩に伝えたのは外国への仁政であり、表向きはアヘン戦争についてはふれられなかった。戦争の情報自体、天保十一年七月にはオランダから幕府に伝えられていたが、水野《みずの》忠《ただ》邦《くに》の情報秘匿方針もあって、十二年末までは日本国内ではあまり広まらなかった。しかし十三年以降、徐々に情報は漏れ広がり、十四年の水野の失脚によって、情報の拡散はさらに加速した。嘉永六年（一八五三）のペリー来航時には、アヘン戦争情報はさらなる注目を集め、支配者層のみならず、庶民に至るまですべての階層の人びとが、アヘン戦争での清の敗北をふまえて、日本の進む道を考えていくようになっていた（岩下哲典『幕末日本の情報活動―「開国」の情報史― 改訂増補版』雄山閣、二〇〇八年。佐藤昌介『洋学史研究序説―洋学と封建権力―』岩波書店、一九六四年。松尾晋一「アヘン戦争情報と幕府対外政策」『東アジア評論』一一、二〇一九年）。

アヘン戦争と清国内の社会状況

幕末日本に大きな影響を与えたアヘン戦争だが、そもそもなぜイギリスと清は戦火を交えたのだろうか。大局的にみれば、世界規模で経済的・政治的・軍事的拡大を続けるイギリスが東アジアに到達し、清との対立を引き起こしたということであり、直接的な契機はよく知られているように、イギリスによる清へのアヘン輸出とそれに対抗した清政府の取り締まりだった。しかし実際には、「清」と「イギリス」の対立、という単純な構造だけでアヘン戦争を理解することはできず、清国内の状況をふまえる必要がある（以下、アヘン戦争関連は、村上衛『海の近代中国―福建人の活動とイギリス・清朝―』名古屋大学出版会、二〇一三年）。

一七世紀末に清は海上貿易を再開した。貿易港には海関《かいかん》（関税徴収機関）が設置され、海関は牙行《がこう》（仲介商人）を指定して貿易を管理した。広州《こうしゅう》（広東省《カントンしょう》）と厦門《アモイ》（福建省《ふっけんしょう》）が中心的港湾だったが、一九世紀前半には厦門は衰退し、西洋諸国の貿易船が来航する広州が中心となった。厦門での貿易に携わっていた福建商人は、広東・閩南《びんなん》（福建省）、清各地の小港や東南アジアへ拠点を移したため、牙行を通じた貿易管理は機能しなくなった。清の貿易管理システムが動揺するなか、イギリスのアヘン輸出は拡大した。アヘン貿易に携わる福建商人・広東商人は地方貿易商人と結びついて広州以外での貿易を拡大し、外国船を天津《てんしん》・上海《シャンハイ》など華北・華中地域へと誘引して、清の貿易管理体制を逸脱した。アヘン貿易とそこから生み出される税を掌握できなかった清は、牙行を中心とするアヘン貿易の取り締まり強化策にも失敗し、軍事力を用いた零細アヘン貿易業者の拘束という手段をとり、これがアヘン戦争を引き起こした。

このようにアヘン戦争の発生には、福建・広東地域の経済的・政治的変化が大きく影響していた。西洋諸国の進出という世界規模の変動だけではなく、清国内の一地域での変化が近世日本に大きな影響を与えることになった。

同様の事象はアヘン戦争後にもみられる。南京《ナンキン》条約により広州・福州・厦門・寧波《ニンポー》・上海が開港された結果、開港場周辺でアヘンを中心とする密輸が活発になった。戦争前に広東・福建の小港でアヘン貿易に参加していた広東・福建の漁民は貿易から閉め出され、海賊行為に転じた。清の海軍には海賊を鎮圧する能力がなく、海賊対策を担ったのはイギリス海軍であり、一八四〇年代末に福建沿海部、一八五〇年代後半に広東沿海部の海賊を鎮圧している。江戸幕府はアヘン戦争終了後にオランダから伝えられた、イギリス艦隊の日本派遣を危惧していたが、実際にはイギリス海軍は清沿岸地域での海賊掃討に従事しており、日本来航の余裕はなかったと考えられる。近世の日本人は知る由もなかったが、清沿海部住民の海賊化に日本は助けられていたといってよいであろう。

西洋諸国接近の日本国内への影響

次に着眼点を変え、西洋勢力の接近が日本国内に与えた影響の例として、嘉永元年（一八四八）から三年にかけて、弘《ひろ》前藩《さきはん》と寛永寺《かんえいじ》との間で発生した貸付金返済を巡る訴訟を取りあげたい（国立国会図書館所蔵「寺社奉行一件書類」、武部愛子「寛永寺貸付金をめぐる一考察」『近世社会史論叢』東京大学大学院人文社会系研究科・文学部日本史学研究室、二〇一三年）。

嘉永元年四月十四日、寛永寺子院《しいん》の信解院・養寿院が寺社奉行《じしゃぶぎょう》へ、弘前藩へ貸し付けた寛永寺料物金《りょうもつきん》の返済が滞っていると訴え出た。寛永寺は二年前から幕府へ訴えたうえで弘前藩と掛け合ってきたが、弘前藩は永年返納を求めるだけだった。寛永寺側は輪王寺《りんのうじ》門跡《もんぜき》の同意も得たうえで、幕府が取りあげる問題となった場合の影響も考慮しての訴えであると申し立てており、最終手段として幕府への出訴に踏み切ったものと推測できる。

弘前藩の寛永寺からの借り入れ開始がいつかは不明だが、天保十三年（一八四二）十二月に借財を整理して一本化したらしい。借入総額は四万二八一八両で、翌年には利子が一五〇〇両余り発生した。これ以降、返済は一切なく、嘉永元年には借入額は七万八四七八両に膨れ上がった。弘前藩は江戸町方からも一〇七万両を借り入れていたが、こちらは天保十五年に、五ヵ年の間は無利息、江戸廻送の年貢米から返済するという方針で落ち着いていた。一方で、寛永寺からの借り入れについては返済の見通しがまったく立っていなかった。寛永寺側の訴えをうけて寺社奉行が介入し、老中阿部正弘《ろうじゆうあべまさひろ》へも状況が報告されるなど、弘前藩と寛永寺との関係を超え、幕府も巻き込んだ政治問題となっていた。

嘉永元年五月二十四日、弘前藩用人《ようにん》本多東作・加藤清兵衛は、借金返済について何も対応しようとしていないことを咎められ、返済の目処が立つまで同藩家臣白井才兵衛・安藤虎太郎への預けとする処罰を寺社奉行から申し付けられた。寺社奉行所が作成した風聞書《ふうぶんがき》によると、本多・加藤は藩邸内長屋の自室からの外出すら許されないなど、実際に軟禁状態にあったようである。

弘前藩は寛永寺へ、国許《くにもと》から送金があるたびに返済を続けたが、合計でも六〇〇〇両にとどまり、完済は不可能と考えられた。そのために寺社奉行所・寛永寺と弘前藩の間で借金返済計画についての交渉が繰り返され、嘉永三年五月十六日、同年中に一万四〇〇〇両、翌年以降は毎年三〇〇〇両という返済計画を弘前藩側が提出して決着した。

自律的な返済が不可能なまでに借り入れが増大した原因として、弘前藩側が主張したのは、外国船の日本近海への来航増加であった。嘉永元年二月二十八日に弘前藩家老が寛永寺へ提出した書面では、外国船の領内への漂着増加により支出が増大し、借財返済に支障が出ていると主張される。同様の主張は、翌二年五月・十月に弘前藩が寺社奉行へ提出した書付でも繰り返された。とくに十月の書付では、借財を返済した場合、幕府に対する公務の遂行や海防対応が手薄になってしまうので困惑していると述べており、幕府に対して脅しともとれる主張をするようになっていた。

弘前藩は文化四年（一八〇七）～文政四年（一八二一）の蝦夷地《えぞち》幕府直轄中には、蝦夷地警備を命じられており、そのための支出により財政状況を大幅に悪化させていた。さらに嘉永元年三月の外国船来航時の軍勢派遣、領内平舘《たいらだて》・藤島《ふじしま》での台場建設など、外国船への対応により弘前藩が多額の出費を余儀なくされていたことは間違いない。ただし、財政悪化は弘前藩に限らず、多くの藩で発生しており、外国船対応だけを財政悪化の原因と考えることはできない。借財の返済延期を幕府に認めさせやすい理由として、外国船対応への支出を利用したと考えるべきであろう。

外国船接近の増加とそれへの対応は、弘前藩に限らず海岸に所領を有する藩すべての政治課題であった。弘前藩と同じように、外国船対応を口実にした要求を行う藩が出現していた可能性も否定できない。西洋諸国勢力の接近はそれ自体が持つ問題にとどまらない、国内での混乱を引き起こす危険性も持っていた。

本巻の概要

ここで本巻の各論考を簡単に紹介しておきたい。

第1章「寛政改革から「大御所時代」へ」（**清水光明**）は、寛政改革期から「大御所時代」の社会と政治について、中村《なかむら》仲蔵《なかぞう》・並木五瓶《なみきごへい》といった歌舞伎役者・作者や中井竹山《なかいちくざん》・柴野栗山《しばのりつざん》といった学者、為政者である松平定信《まつだいらさだのぶ》を通して論じる。民間社会と政治とがどのように相互に影響を与え合っていたのかが描き出される。

第2章「一九世紀前半の天皇・朝廷と幕府」（**佐藤雄介**）は、大御所時代からペリー来航前後までの朝幕関係を財政の側面から論じる。大御所時代には幕府による朝廷への財政支援は手厚く、朝幕関係がとくに良好なものになっていたことを指摘する。さらに開国期以降、政治的に大きな存在感を示す鷹司政通《たかつかさまさみち》の権勢が大御所時代の朝幕間交渉を通じて強化されたことも明らかにする。

第3章「「大御所時代」の幕藩関係」（**山本英貴**）は、大御所時代の大名の官位昇進運動を取りあげ、将軍家斉《いえなり》実父の一橋《ひとつばし》（徳川）治済《はるさだ》や異母弟田安《たやす》（徳川）斉匡《なりまさ》が藩からの内願を取り次ぐなど、幕政に影響力を持ったことを明らかにする。天保改革で家斉期の大名官位変動を是正したことにより、官位上昇を対価とする藩への幕府役賦課という政治手法が使えなくなったという指摘は興味深い。

第4章「天保・弘化期の幕政」（**荒木裕行**）は、天保改革期からペリー来航前後までの時期を取り扱う。天保改革の性格や阿部正弘政権の特徴を論じたうえで、西洋諸国の日本周辺への進出という国際情勢をうけて幕政への積極的な参加を企図した新発田《しばた》藩溝口直諒《はんみぞぐちなおあき》の行動を明らかにし、幕末期の政治変動へとつながる幕藩関係の変化を見通す。

第5章「一九世紀の蝦夷地と北方地域」（谷本晃久）は、一九世紀を中心としながら、一八世紀から明治期までを視野に入れて、蝦夷地をはじめとする北方地域を取りあげる。日本・ロシア双方の進出によって、日本―ロシア間の国境が同地域につくられていく過程、和人の蝦夷地進出の拡大のなかで形成された、明治以降の状況とは異なる近世蝦夷地在地社会の様相を論じる。

コラムⅠ「幕藩体制下の「異国」」（福元啓介）は、鹿児島藩の財政改革や西洋諸国の東アジア進出が鹿児島藩と琉球との支配・従属関係に影響を与え、薩琉関係のみならず、幕藩体制全体を内側から変質させていく要素となっていたことを明らかにする。

第6章「民衆運動からみる幕末社会」（野尻泰弘）は、天保期の福井藩札をめぐる騒動と、その経験を継承して発生した、安政～文久にかけて発生した鯖江《さばえ》藩《はん》の村替え反対の民衆運動を取りあげる。幕府支配そのものへの異議申し立てには至らないという限界はあるものの、自己の要求を領主へ認めさせる能力を有するまでに民衆の政治能力が成長していたことを明らかにする。

コラムⅡ「貿易都市長崎再建の試み」（吉岡誠也）は、安政五年の自由貿易開始後に貿易利潤が激減した長崎の維持と再建のため、長崎奉行岡部長常が進めた会所財政立て直し・産業育成といった改革とその失敗を論じる。

第7章「幕末の日本、一九世紀の世界」（小野将）は、地球規模での政治・経済の変動を軸に据えて、一九世紀初頭から幕末までの比較的長い期間を射程とした政治・外交史を論じる。これまで認識されてきた以上に、近世後期～維新変革期の日本が国外の状況から強い影響をうけていたことを指摘しており、一九世紀日本が抱えていた政治課題が端的に示されている。

本巻が取り扱う一九世紀は、一七世紀初頭に成立した幕藩体制が、国内・国外のさまざまな問題への対応を模索しながらも、最終的に限界を迎えて崩壊していった時期にあたる。二〇〇年以上の長期間にわたって、それなりに安定した国家・社会を作り上げることに成功していた近世日本が、一九世紀半ばに解体し、近代日本へと変化することを余儀なくされたのは何故なのか、本巻所収の各論考はその答えの一端を示すものになっているだろう。

第1章　寛政改革から「大御所時代」へ

清水光明

はじめに

本章では、寛政改革の前夜から「大御所時代《おおごしょじだい》」に差しかかる時期の社会と政治を取り上げる。寛政改革は、一八世紀末の天明の大飢饉や江戸打ちこわしを契機として始まった。自然災害の頻発と脆弱な予防体制が大規模な騒擾《そうじょう》を招来し、田《た》沼意次《ぬまおきつぐ》失脚後の政治闘争が続いていた江戸幕府に強く対応を迫ったのである。この点が、享保改革や天保改革のように、主に江戸城内の政局（権力構造）の変化——紀州藩主徳川吉宗《とくがわよしむね》の将軍就任や大御所徳川家斉《いえなり》の逝去——を待って始動した改革との違いである（むろん、後者の場合も、天保の大飢饉やアヘン戦争情報などの国内外の危機が背景にはあったが、家斉が逝去するまでは改革に着手できなかった）。そして、寛政改革の場合は、民間の知見と協力をえながら、官民の統制政策や武家の文教政策、都市政策・農村対策、編纂事業など、大掛かりな改革が展開された。さらに、その間には、天皇・朝廷との関係や対外政策についても、前例のない交渉に直面する（尊号一件《そんごういっけん》やラクスマン来航など）。

寛政改革に関する九〇年代以降の先行研究では、一八世紀末を大きな画期と位置づけ、社会と政治の連関に留意する視角が重視されてきた（藤田覚編『近代の胎動』、高澤憲治『松平定信』など）。そのなかで、とくに養子の天皇である光格天皇《こうかくてんのう》

図1-1　勝川春章画『東扇　中村仲蔵』（東京国立博物館所蔵，出典：ColBase）

の認識・動向や御所千度参《ごしょせんどまい》りの実態、大政委任論・王臣論や鎖国祖法観の成立・機能などに注目が集まり、研究が進展した。他方で、民間社会と政治改革の多様な関係や、寛政改革・「大御所時代」・天保改革の連関・差異、尊王思想《そんのうしそう》の機能・変容などについては、さらに検討を進める必要がある。

　そこで、今回は、社会と政治を同一視野に入れて上記の課題に取り組むための試論として、次のような視角を設定する。前半の主人公は、初世中村仲蔵《なかむらなかぞう》。「稲荷町《いなりまち》から出て三座の座頭《ざがしら》になった」――異例の「出世」を遂げたという意味である――と、落語や講談・ドラマで今なお語り継がれる稀代の歌舞伎役者である（図1-1）。そして、仲蔵が出演する作品を創った並木五瓶《なみきごへい》などの狂言《きょうげん》作者たち。まずは、彼らの視点と動向と作品をたどりながら、一八世紀末の社会へと足を踏み入れてみよう。

　次に、後半の主人公は、松平定信《まつだいらさだのぶ》と中井竹山《なかいちくざん》・柴野栗山《しばのりつざん》。定信は、白河《しらかわ》藩主で寛政改革を主導した老中《ろうじゅう》首座で、田沼《たぬま》時代への批判や藩政改革の経験をふまえながら、民間の学知を活用した政策を展開した。竹山は、大坂の学校懐徳堂《かいとくどう》の学主を務めた朱子学者《しゅしがくしゃ》で、定信に日本全国の改革構想を記した献策「草茅危言《そうぼうきげん》」を提出して改革に少なからず関与した。栗山は、讃岐出身の朱子学者で、寛政改革に際して幕府に登用され、文教政策の整備などに携わった。彼らの視点と構想と政策を跡づけながら、一八世紀末から始まった政治改革の様相とそれが終焉した後の状況とを追体験してみよう。

つまり、芸能者・作者・為政者・知識人というように、同じ時代を異なる立場で生きた彼ら――全員男性という限界はあるが――の視点や動向を相互に突き合わせることで、社会と政治の両面から当該期を眺めていくことにしたい。

1　一八世紀末の社会へ――初世中村仲蔵の視点から

上方巡業と天明の大坂打ちこわし

天明六年（一七八六）年十二月四日夜、中村仲蔵は息子たちを連れて大坂をめざして江戸を出立した（以下、中村仲蔵「元祖秀鶴所作修行旅日記《がんそしゅうかくしょさしゅぎょうたびにっき》」〈『歌舞伎』第七七～八〇・八二号〉、同「秀鶴随筆坤《ずいひつこん》」〈『新燕石十種《しんえんせきじっしゅ》　第八巻』〉、同「月雪花寝物語《つきゆきはなねものがたり》」〈『日本庶民生活史料集成　第十五巻』〉を各所で参照）。この上方《かみがた》巡業――五十一歳の仲蔵にとって初めての上方への旅――は、中村家の「所作修行」と位置づけられていた。十二月十七日に大坂に到着。二十五日には、大坂の中村粂太郎座《くめたろうざ》に乗り込む。「誠に大阪御祭礼かとぞんじられ候花やかにて、日本一の乗込にて御座候」と記しているように、大変な賑わいであった。その後、天明七年正月から四月にかけて、中村座の芝居に客演する。

雲行きが怪しくなったのは、五月五日である。世の中が騒々しく芝居どころではないという雰囲気になっていたようである。この日は芝居を行ったが、翌日から休演となる。そして、五月十日の夜、大坂の木津村《きづむら》の米屋に人びとが大勢集まって打ちこわしがおこり、仲蔵の耳にも届いた。二日後の十二日、手代《てだい》が来て、芝居は難しいので長い休止期間に入ると告げられる。騒擾の影響に加えて、芝居に出資する金主《きんしゅ》がいなくなってしまうためである（渡辺保『江戸演劇史　下』）。五月五日の興行の給金も支払えない、と言う。仲蔵は、とりあえず七月までは様子をみて、それでも芝居を再開できない場合は八月晦日《みそか》限りで江戸に帰ると決めた。そのうえで、子どもたちに踊りを教えて暮らしている。

大坂での打ちこわしは続く。十一日夜には天満《てんま》伊勢《いせ》町《まち》など、十二日夜には塩町《しおまち》・大和橋《やまとばし》などで相次いでおこった。仲蔵によると、たくさんの人びとがいつの間にか集まって打ちこわし、役人が来る頃には別の場所に集まって打ちこわしている。だから、打ちこわした人を捕まえたと思ったらすでに打ちこわされた家を物色していた盗人だったという。そして、「中々人間業にてはなく候と申候なり」「皆命を捨ての働き、おそろしきありさまなり」と驚き、「正直の真柱残り世なをしや芸の世仲とんだ栄や」という歌を詠む（栄屋は、仲蔵の屋号）。さらに、「大坂はとんだ所にて、人の難儀も構不申候ゆへに、右にて心はらし申候」と認識する。そのうえで、「是も修行の内なり」と付け加えている。

「学問所」としての劇場

その後、仲蔵は、空いた時間に今回の「所作修行」を狂言にして、「所作修行末広《すえひろ》寿《ことぶき》」という作品を創った。あらすじを述べると、子沢山の東国の者である常磐《ときわ》の太夫《たゆう》末広が自分の百歳の賀を祝うために、舞鶴亀次《まいづるかめじ》郎《ろう》に大量の金銀を持たせて都に遣わした。帰ってきた亀次郎がどんな豪勢な名物名産を持ち帰ったのかと思ったら、扇子《せんす》を差し出すのみ。不審に思った太夫末広が「名物名産は忘れたのか」と言うと、亀次郎は扇《おうぎ》を開いて要《かなめ》を上にして「富士山を持参いたしました」と答える。「他には」と問う太夫末広に、亀次郎は各地の傾城《けいせい》買いの話をしながら踊り出す。太夫末広も浮かれて踊るが、途中で我に返り、「国々の名物名産を調達せよと言ったのに、何故お前は道中の傾城買いの話ばかりしておるのじゃ」と問う。亀次郎は「いや調達してきました」と答え、以下のやりとりが続く。「踊の元手に入てござる」（亀次郎）、「イヤ踊か、何のやくにたつぞ」（太夫末広）、「踊は太平のお道具でござる」（亀次郎）、「何、太平のお道具とは」（太夫末広）。これに対して、亀次郎は、さまざまな狂言や踊りに言及しながら、「踊は 則《すなわち》聖《ひじり》の御代に、天地長久の宝也」と述べて、また色々な踊りに言及する。すると、太夫末広も楽しくなってきて踊り出し、二人で酒を飲みながら舞い踊る。最後は、両人で顔を見合って「大笑」し、「笑ふ門には福来る」と締め括られる。

「太平のお道具」という言葉は、仲蔵の史料に繰り返しみえる（今尾哲也「〝芸〟の伝承と創造」）。例えば、初代中村勘三《なかむらかんざぶ》郎《ろう》の「三番《さんば》叟《そう》」——仲蔵は、この舞踊を再創造した——について、「人のあざけりも泰平《たいへい》の御道具と為」し云々と述べている。また、大坂へ行く途中、石部《いしべ》の角屋《かどや》で娘から話を聞いた際にも、「お百と申名は白拍子《しらびようし》も歌舞伎の元となりて、太平の道具となりぬ」と記している。さらには、劇場について、武家から町人まで身分の隔てなく、多くの着飾った女性（姫様から遊女まで）を含めた色々な人びとが劇場に集い、男が女を演じる芝居を観に来る。芝居を見て、嬉しくなったり、腹を立てたり、泣いたり、笑ったりする一日は、つらいことを忘れる楽しみなのだ。贔屓《ひいき》の役者をめぐって女房と娘が言い争うのを宥《なだ》める才人も、ともに抱きついて黄色い声を上げる客たちも、これらは公然とした喧嘩なのだ。芝居というのは、「色の芸」で嘘をつくって、「真実の学問」（儒学《じゆがく》など）に関する書物をまだ読めないような子どもや小娘にもすぐに理解できる「学問所」なのであり、これは「太平の道具」なのだ、と述べている。

このように、仲蔵は、芸能の社会的意義を普段から考えていた。そこで、「太平のお道具」（平和を持続する道具）や「学問所」という表現に行き着いたようだ。ちなみに、これらの言葉と対になっているのが、江戸の吉原《よしわら》や遊女である。仲蔵は前者を「吾妻《あづま》の色のみなもと」「心をはらす遊びの第一」、後者を「江戸遊び第一、泰平のみたまもの」（御賜物、すなわち平和がもたらした賜り物）と表現する。いずれにしても、上方で打ちこわしが勃発して芝居が中止になったことで、芸能の社会的意義について彼は一層思索を深めることになったと思われる。五月二十六日頃には、施行《せぎよう》として一五〇文を受け取っている。また、二十七日には、二十一日から二十二日・二十三日に江戸でも打ちこわしがおこったことを知る。将軍のお膝元である江戸で打ちこわしがおこったことは大きな衝撃を与え、その翌月から老中松平定信による政治改革が始まった。

千度参りと「百笑」

六月半ば頃には、仲蔵は、京都で御所千度参りが行われているとの報に接する。これは、天明の大飢饉を背景として、数万の人びとが禁裏《きんり》御所の周りをぐるぐる回って訴願などをした出来事であった（藤田覚『近世政治史と天皇』）。彼は、御所千度参りを、祈禱する天皇（「生神様」）への大勢の庶民の祈禱であると認識している。さらに、御所以外の京都・大坂の「諸社宮寺」などでも思い思いの千度参りが行われていると指摘する。千度参りは御所だけではなく、上方の各地でさまざまにイベント化していたようである（この点から、当該現象を千度参りと総称することにしたい）。

興味深いのは、千度参りを知った仲蔵が天明四年（一七八四）から家内で毎朝行っていた「百笑」というルーティンを想起する点である。すなわち、毎朝、家内で一〇〇回笑うのである。大坂でも、「正直者」の下女おこんに相手になってもらい、「百笑」（「大坂笑」）を行っていたという。天明四年は、仲蔵にとって前妻のお岸が亡くなり、後妻さねと再婚した年であった（『新燕石十種 第八巻』の「後記」）。つまり、仲蔵は、自身の家や身の上に変化があったときに始めた毎朝家内で笑う「百笑」と、このところ上方の人びとが行っている千度参りとを重ね合わせているのである。

この頃には、芝居を再開する準備が始まる。仲蔵は、並木五瓶らとともに道頓堀《どうとんぼり》の茶屋で七月の興行の打ち合わせをする。店の近くには高津宮《たかつみや》があり、今日から氏子による千度参りが始まるのだという。仲蔵は、高津宮にゆかりのある仁徳《にんとく》天皇《てんのう》の故事を芝居の再開と重ね合わせている。打ち合わせの後には高津宮を参拝し、自分なりの千度参りを行った。六月下旬には、芝居の演目が「仇討宝永祀《うさはらしほうえいまつり》」に決まる。

「仇討宝永祀」の世界

さて、「仇討宝永祀」は、天明七年（一七八七）七月十日から興行された。この作品は、四月に興行した「仮名《かな》手本忠臣《でほんちゅうしん》蔵《ぐら》」（仲蔵は、大星由良之助《おおぼしゆらのすけ》・斧定九郎《おのさだくろう》の二役）の後日談である。元禄十五年（一七〇二）十二月の吉良《きら》邸《てい》討ち入りから三年後の宝永二年（一七〇五）五月の淀屋《よどや》の闕所《けっしょ》（江戸幕府による大坂の豪商淀屋の取り潰し）を題材に採る。さらには、前述の天明七年の大坂打ちこわしや千度参りなどの同時代の事象が作品の随所に織り込まれている。その箇所に注目しながら、あらすじをみてみよう（以下、東京大学文学部国語研究室・京都大学附属図書館所蔵の写本を参照）。

〔口明《くちあけ》〕討ち入りから二年後の「宝永元年」の京都。この年は豊年で、神社では「五穀成就《ごこくじょうじゅ》」の神事（「宝永祀」）が始まろうとしている（図1-2）。物語は、京都に在番する壱岐国の領主石堂家《いしどうけ》のお家騒動を中心に展開される。そして、その主要人物に、塩冶判官《えんやはんがん》の実子（石堂家の殿様の弟である浅二郎《あさじろう》）や大星由良之助の娘（石堂家の京都詰家老《かろう》の藤嶋三左《ふじしまさんざ》衛門《えもん》の養女であるおくら）がいるという設定である。石堂家の国家老黒塚弥忠太《くにがろうくろづかやちゅうた》らは、石堂家の殿様を自滅させて、石堂家を残らず拝領することを目論む。この計画は上手くいくかにみえたが、鎌倉から戻った藤嶋三左衛門によって暴かれ、弥忠太は追放となる。ただし、三左衛門は、弥忠太らに鉄砲で撃たれて死亡してしまう。

〔二ツ目〕次の舞台は、石堂家の騒動から一年後の大坂。石堂家の出入りの商人である淀屋の屋敷内。ここにも、塩冶判官の末子（手代の新七《しんしち》。前述の浅二郎の異母弟）がいるという設定である。物語は、先代の淀屋の娘であるお辰と番頭《ばんとう》の作右衛門《さくえもん》と手代の新七の恋模様と、浪人《ろうにん》の身の弥忠太が淀屋の当主である与茂四郎《よもしろう》に支援を求める動きとが並行して進行する。後者の目論見は、杣《そま》に変装して淀屋に潜入した清水全兵衛《しみずぜんべえ》（以前、石堂家の国家老だった人物）によって露見する。与茂四郎の息子である三郎兵衛《さぶろうべえ》は必死に父親を諫めるが、耳を貸さない。思いつめた三郎兵衛は、大斧によって屋敷や金蔵の戸を破壊して名前を切り替えることを父親に承諾させる（図1-3）。そのうえで、自分が身代わりとなって連行されていく。

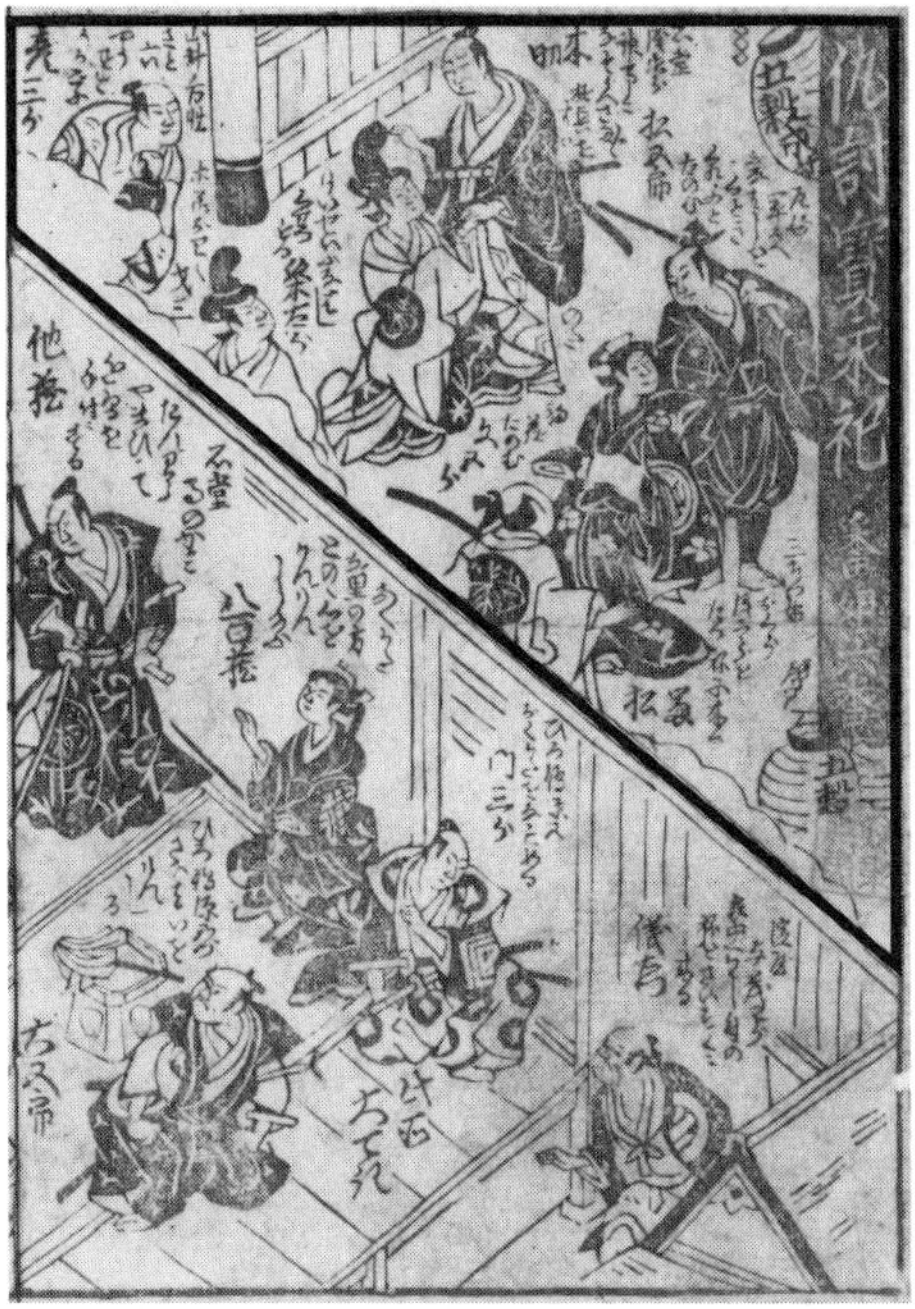

図1-2　冒頭の場面（『仇討宝永祀』の絵附番付より，東京大学図書館秋葉文庫所蔵）
「五穀成就」と書かれた提灯が「仇討宝永祀　番組六番」と記された箇所の上下にぶら下がっている.

〔小幕・三ツ目〕舞台は、京都の深草《ふかくさ》。ここから、仲蔵が、深草の勘兵衛《かんべえ》という、男気のある鳶頭《とびがしら》の役で登場。三左衛門を失い、撞木町《しゅもくちょう》で遊女をしているおくらが仇

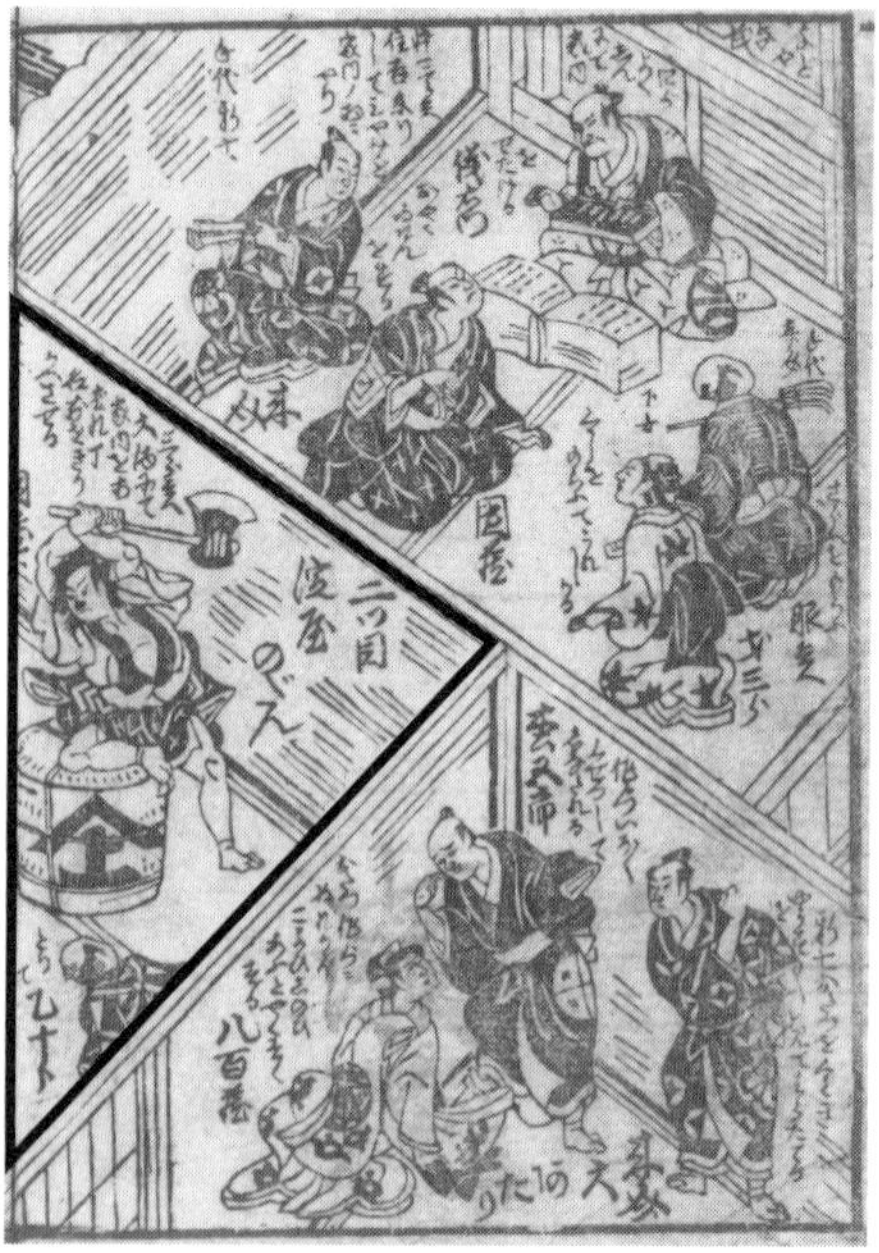

図 1–3　打ちこわしの場面（同前）

討ちの助太刀を勘兵衛に依頼して承諾されるまでの顛末を描く。

〔大切《おおぎり》〕舞台は、撞木町の遊廓笹屋《ささや》。弥忠太は竹内《たけのうち》一当と名前を変え、剣術指南をしている。笹屋に来た勘兵衛らは、じりじりと一当を追い詰めていく。一当は、上京した執権《しっけん》の細川蔵人《ほそかわくろうど》から、明日の臨時の祭礼の蟇目《ひきめ》の役（邪気を払うために音の鳴る矢を射る役）を依頼され快諾する。紆余曲折を経て幕が開くと、立役・女形《おんながた》・子供が総出で踊っており、「五穀成就」の提灯《ちょうちん》が並ぶ。蟇目の役の一当を人びとが取り囲む。浅二郎（新七なのかもしれない）は「家国の仇」、柏木《かしわぎ》（おくら）は「父上のかたき」、勘兵衛は「身共ハ介太刀《すけだち》」と言い、一当は斬り倒される。

以上、「仇討宝永祀」のあらすじをみてきた。〔口明〕の冒頭や、〔大切〕の最後の場面（切狂言「五穀成就御千度」）から、千度参りが作品世界の重要な設定となっていることがわかる。同じ〔口明〕には、「皆のもの、当家の吉例、臨時の祭礼」「此度大内《おおうち》よりの勅命によつて、五穀成就、国家安全の為」「諸大名の鎮守《ちんじゅ》たる神明をまつり、猶も四海おだやかの祈願」といった台詞もみえる。この「五穀成就」の神事は、「妙見宮《みょうけんぐう》」を「鎮守」とする石堂家の「吉例」であると同時に、朝廷からの「勅命」によって諸大名が「鎮守」を祭る臨時の儀礼という設定になっている。ほかにも、〔口明〕の終盤、壱岐国の百姓が鎌倉の執権である細川蔵人に駕籠《かご》訴《そ》する場面があるが、そこで蔵人は「大内にハ万民撫育御祈禱の折りといひ、年貢調達の義ハ元より困窮のものへハ米銭の施行能《よ》キに取斗《とりは》かるで有ふ、皆立〳〵」と述べる。さらに、〔大切〕の最後の場面では、舞踊と融合した「五穀成就」の神事が行われるなかで悪人への仇討ちが成就する結末となっていた。こういった場面に、御所千度参りをうけて、光格天皇が困窮者救済を幕府に申し入れ、上方諸都市への救済措置が実現した天明七年六〜七月初旬の経緯（藤田前掲書）が取り入れられていた。

さらに、三郎兵衛が大斧で大暴れする〔二ツ目〕の場面は、千度参りに先立つ天明七年五月の大坂打ちこわしに着想をえたものである。淀屋の息子が父親の身替りとなって罪をかぶる重要な場面に打ちこわしが組み込まれている。

仲蔵は、芝居どころではない「大乱」の状況のなかで、七月十五日は三都において仲蔵の芝居小屋だけが芝居を行った、と誇らしげに述べている。さらに、彼は、劇場の門々に夜になると提灯釣台《つりだい》を出した。すると、劇場の前にどこからともなく子どもや女性や若者が来て踊り始めた。昼にも、女性や子どもが誘い合って来たという。それは、あたかも切狂言「五穀成就御千度」の踊りを思い思いに再現するようなものだったのだろう。そして、これは、前述の「太平のお道具」としての芸能を模索していた彼にとって嬉しい出来事だったのではないかと思われる。

その後、仲蔵は、京都でも巡業した。京都で天明八年正月に出版された『役者五極成就《やくしゃごごくじょうじゅ》』という役者評判記《やくしゃひょうばんき》では、その冒頭で仲蔵を「客座《きゃくざ》」で「大上上吉」にランクづけしたうえで、「大ぜい待つた〳〵待かねた、此近年江戸にての評判男」云々とその上方巡業を大々的に取り上げる。「仇討宝永祀」で演じた勘兵衛については、「此狂言にては余り評判よき方にてもなけれども、土地に合はぬ味ひ計《ばかり》」と評されている（『歌舞伎評判記集成　第三期第六巻』）。

仲蔵は、天明八年三月に退座し、江戸へ戻る。十一月には、江戸の中村座で顔見世《かおみせ》狂言を行っている。ところが、その後、病気がちになった。しかも、仲蔵が出演すれば客が入り休むと入らないので、病気を押して舞台に上がらざるをえなかった（伊原敏郎『歌舞伎年表　第五巻』、渡辺前掲書）。そこへ、後述するように、寛政改革の統制政策とその結果としての不景気が重くのしかかり、寛政二年（一七九〇）四月に亡くなった。享年五十五。

図 1-4　中井竹山像（大阪大学大学院人文学研究科所蔵）

2　政治改革の始動

中村仲蔵と中井竹山・柴野栗山

中村仲蔵と中井竹山・柴野栗山。この三人を並べる機会はこれまでなかったかもしれないが、じつはほぼ同時代を生きた人物であった（仲蔵と栗山は、同じ元文元年〈一七三六〉生まれ）。しかも、彼らは、天明七年（一七八七）に思わぬ「共演」を果たす。「浪華学者評判記」（中野三敏編『江戸名物評判記集成』）という、歌舞伎役者に見立てて大坂の学者を評判する書物がある（出版はされず）。「惣《そう》巻頭」には、「大極上上吉　叶雛介《かのうひなすけ》」「どふ見ても当時引くるめての親玉」との評が記されている。竹山は、「親玉」と目されるくらい儒学界で存在感を放っていた（図1-4）。

次に、「立役之部」の巻頭で、「極上上吉　中村仲蔵」「むつくりとした大名道具、お上手と見へ升《ます》る、しかし評判がよかつたり悪ルかつたり、何が得手《えて》やら訳がしれぬ」と記されている。これは、細井平洲《ほそいへいしゅう》のことである。多くの大名から賓《ひん》師《し》として招かれていた平洲は、儒学界の中村仲蔵とみなされていた。そして、この本の末尾の「惣巻軸」には、「極上上吉　浅尾為十郎《あさおためじゅうろう》」「極上上吉　嵐三五郎《あらしさんごろう》」「和《やわ》らかで落付当気なく大場にせらるゝ、又格別ナ」とある。これが、柴野栗山の評価である。天明七年に幕府の儒者となった彼は、柔和で落ち着いていると評されていた。

竹山のもとには、上方（大坂城・二条城《にじょうじょう》）に在番する大名やその家臣が「正学《せいがく》」を学びに来た。その大名の一人（大番頭《おおばんがしら》堀田正穀《ほったまささね》）が松平定信（図1-5）の親友であった。そして、天明八年六月、竹山は来坂した定信と会見。その後、寛政三年（一七九一）冬までに、献策「草茅危言」の各巻を定信に順次提出する（以下、竹山については、拙著『近世日本の政治改革と知識人』をベースにしつつ、適宜新知見を加える）。

「草茅危言」下巻の政策構想

まず、竹山は、天明八年（一七八八）十一月に「草茅危言」の下巻を定信に提出した。それは、大坂を中心とした政策構想であった。いくつかの構想を部分的にみてみよう（以下、大阪大学附属図書館懐徳堂文庫所蔵の竹山自筆本を参照）。その際、同時代を生きた仲蔵の認識も適宜突き合わせてみたい。

〔米相場ノ事〕　堂島米市場《どうじまこめいちば》――懐徳堂や淀屋の屋敷があった場所のすぐ近くにあった――は、竹山にとっては、大坂において大いに「風俗」を破り「人心」を害する「帳合米《ちょうあいまい》」（先物取引）という「米穀ノ不実商」を行う場所であった。この「米金ノ空商」の禁絶こそが世の中を淳朴にする「一大機軸」なのだと主張する。ただし、突然これを禁止したら人心を騒がし「不実商」で生活する人たちが難儀してしまうので、数年かけて処置していくべきだという。さらに、この二〇年の間にできた江戸堀の「相場所」（相模屋《さがみや》又市《またいち》米市場、堂島米市場の相場を基礎とする一種の賭博的取引）は、少々の銭でも参加できるしくみであることから、「貧民」が財産を失い「風俗」が急速に悪化する要因となっている。だから、京都にも二、三ヵ所ある「相場所」も含めてすみやかに禁止すべきだと提言する。

図1-5　松平定信像（鎮国守国神社所蔵）

〔盗賊ノ事〕　竹山は、このなかで巾着切《きんちゃくきり》（すれ違い際に財布などを抜き取ること）に言及する。これ自体は「小盗」だが「官」が見逃しているので、そこからやがて人を殺したり放火したりする「大盗」が出てくると認識する。また、「豪家」は強盗に入られても破産するほどにはならないが、金を盗まれた「貧民」は大いに難儀して自殺する者さえいるから、「大盗」に勝る面もある。だから、尽《ことごと》く捕まえて「絶島」にすべきだと提言する。

〔博奕《ばくち》ノ事〕　博奕の取り締まりは鼬《いたち》ごっこなので、今回の厳しい命令（天明八年正月に江戸で布達された、博奕・賭事の密告を奨励する触れ）を機にさらに根本を抑える必要がある、と述べる。一つは、骰子《さいころ》・かるたの製造を厳禁すること。もう一つは、正月に慣習として行う賭事を禁止し違反者には罰金を科すこと。そして、賭事が咎められるということを子どものときに認識すればこういう慣習はなくなっていくだろう、とする。

ちなみに、仲蔵は、若い頃、博奕に熱中して家内が荒れ果てたという（田口章子『江戸時代の歌舞伎役者』）。さらには、義妹の小袖《こそで》を勝手に質に入れたり（彼女は、武家奉公していた屋敷から暇《いとま》を出された）、博奕で捕縛された。

〔隠遊女ノ事〕　隠遊女（私娼《ししょう》）の隆盛は、官民双方に悪い影響を及ぼす（前者は民間への賄賂《わいろ》の要求の増大、後者は横領の増加）。ただ、急に禁止すると難儀に及ぶ者が多いから、道頓堀・堂島などの数十年営業してきた遊廓には「説諭」したうえで年々罰金を取るべきだ、という。その他の「末々端々ノ妓館」は一切禁止すべきである、一年の間に「正業」に移るように命じ、罰金を差し出したうえで遊廓の経営を続けることを希望する者には五年の期限を与えればよい、年々の罰金は高額に設定しておき払えない場合は遊廓の料金を値上げして補塡してもよいと述べる。物価が高くなれば、軽い遊客は次第に減って遊廓は自ずから衰微していくだろうとの理由からである。そして、新しい仕事をする「元手」がないなら徴収した罰金のうちから出してもよい、猶予期間を過ぎても命令に応じない者は逮捕して妻子とも遠地に移して新田開発《しんでんかいはつ》に従事させるべきだ、本人は慣れない仕事で大変だがその子どもは「良民《りょうみん》」となるだろう、と主張する。遊女は、親元へ戻すか結婚させ、親元もなく片付かなかった者は親方と同行させ誰かと結婚させればよい、と提案する。

前述のように、仲蔵は、吉原の遊女を「泰平のみたまもの」と表現した。しかし、竹山にとっては、遊女は「血毒ヲ貯フルモノ」であり、伝染した「丈夫」は「鼻目」を損じ「片輪《かたわ》」「廃人」となって長生きできないことが多い、と指摘する。彼の印象では、大坂の男性は「十人ニ三四人ハ、湿毒ヲ患ザルハナシ」という状態であり、この「悪習」を除き去れば「十人ニ九人ハ、無病ノ人トナリ、天寿ヲ全クサスルコト、イカバカリノ大恵ナラン」と主張する。

〔劇場ノ事〕　仲蔵は、劇場を「太平のお道具」や「学問所」と表現したが、竹山にとって歌舞伎役者は「衣服風体《ふうてい》」に華美を尽くして「一世ノ風俗」を損なう、「都会ノ地ノ大毒蟲《どくむし》」であった。ただ、急に禁止すると彼らが生活に困ってしまうし、「末々ノ愚民婦女輩ハ、歳時ノ暇日ニ、劇場見物ヲ、宇宙第一ノ楽トスル」ので大いに落胆するだろう。それは、「仁恵ノ政」とは言い難いので、その所作の「淫褻《いんせつ》ノ態」を禁じ、「平日ノ華美」を防止するようにすべきである、さらに役者は「非人《ひにん》」であるから、桟敷《さじき》や料理屋で「平人」と付き合うことは禁止すべしと主張する。

竹山は、加えて浄瑠璃《じょうるり》や浄瑠璃本、歌舞伎の新作を停止すべきだと述べる。そして、旧作ばかりで流行らなくなり次第に衰微して渡世に障るようになったら、「正業」を行って劇場を止めればよいとさえ提案する。さらに、近年の飢饉の際に「公命」もあって「豪民」が施行をしたのに「貧民」はその施しの銭を持って「劇場見物」に行くと指摘したうえで、宮地《みやち》芝居《しばい》（寺社の境内で興行した芝居）の停止を提案している。こういう場所が賑わうのは、少しも「繁昌」ではなく、むしろこれこそが「衰微ノ基」なのだ、とする。

〔神事地車練物《じぐるまねりもの》ノ事〕　大坂の神社で夏祭りに出す地車は、みな「俠少年」の仕業であり、囃子《はやし》方《かた》が騒がしく「俠気」を引き立てるために必ず喧嘩を始めて死傷者が例年出ている、と認識する。この風習を全て停止すると、少年たちが退屈して他の悪事をする可能性がある。また、地車のレンタル業者が生活に困るであろうとしたうえで、地車の数を定めればよい、数が減れば喧嘩も止むだろうと提案する。あるいは、囃子方を（拍子が緩やかな）祇園《ぎおん》囃子に変更せよと命じれば喧嘩は止み、面白くなくなった「俠少年」は自然と参加しなくなるかもしれないという。

こうしていくつか部分的にみてみるとわかるように、竹山は、帳合米商いや歌舞伎、隠遊女や地車などについて全ての即時廃止を主張しているわけではない。まずは目に余ると認識する箇所（江戸堀や京都の「相場所」、役者の「淫褻ノ態」「平日ノ華美」や新作や宮地芝居、「末々端々ノ妓館」、地車の数など）を即座に禁止・制限して衰微させたうえで、事象によっては本丸に迫って全体を廃止するという仕方である。それらの箇所を禁止・制限する理由は、風儀を乱すという点のみならず、貧困や不正や病気や死傷などの温床と認識するためである。そして、この禁止・制限によって商売が成り立たなくなる可能性のある人びとには一定の配慮と猶予を示しつつ、場合によっては厳しい処罰を下すことを提案している。さらに、その人びとを「正業」に就けるのみならず、次の世代を「良民」にすることも企図していた。また、禁令の布達のみならず、罰金を活用したり祭礼の音楽を変更したりするなどの手段による統制を提案している。

3 政治改革の展開

民間社会の統制政策

では、上記の竹山の政策構想は、実際の改革政治にどの程度反映されたのであろうか。さらに、竹山は大坂からどのように改革政治に関与していったか。その概略を述べる。天明九年（一七八九）二月一日には、華美の風儀を禁止する町触《まちぶ》れ（元禄・享保期の触れの再触れ）が江戸で布達された（以下、『江戸町触集成 第八巻』）。この統制政策は、当然、歌舞伎界にも及んだ。寛政元年（一七八九）三月九日、北町奉行《きたまちぶぎょう》・初鹿野《はじかの》信興《のぶおき》は、江戸の三座（中村座・市村座《いちむらざ》・森田座《もりたざ》）の座元や関係者を呼んで、今般「改革」を始めるため、町人男女とも衣類は分限不相応《ぶんげんふそうおう》の品は着用せず、髪飾りその他華美の風儀がないように申し渡すので、役者たちは舞台の上はもちろん平生も衣類は絹・紬《つむぎ》・麻布のほかは一切使用禁止、平生質素を守るようにと命じた（以下、関根《せきね》只《し》誠《せい》纂録・関根正直《まさなお》校訂『東都劇場沿革誌料　上』）。

その後、三月十六日に、「花美之風義」を戒め、分限不相応の品を身に着けている場合は奉行所で吟味する旨の町触れが布達された。さらに、三月十八日には、公演を終えた人気役者が帰宅途中に目立った衣服を着ていたために、北町奉行所の同心《どうしん》に逮捕される。そして、四月五日には、初鹿野が年番《ねんばん》名主《なぬし》を呼び出し、触れで停止した衣類は着ないように注意喚起した。その他、六月二十八日には、近頃町方で「小盗」が度々おこっているので怪しい者を見かけたら早々召し捕らえるように（たとえ間違いでも構わない）との触れが出た。

二月一日・三月十六日の町触れは、大坂では三月二十一日に布達された（以下、『大阪市史　第四下』）。京都では、前者が三月二十日、後者が四月二日に布達された（以下、『京都町触集成　第七巻』）。大坂では、五月六日に町人男女および遊女・役者の衣類および茶立女《ちゃたておんな》・髪洗女《かみあらいおんな》の定員を規制する触れ、六月十五日に博奕や賭事を禁止する触れが布達される。翌日、惣年寄《そうどしより》には、今回の触れは江戸からとくに厳しく命じられたため、これ以降、博奕・賭事は役人の場合も含めて尋問する、と町奉行所で口達された。そして、十五日の触れは、町々の木戸《きど》や会所《かいしょ》にも貼り出された。むろん、全てではないが、上記の竹山の構想に少なからずもとづいて統制政策が行われた。

密書の提出と統制の強化

こういった動向を、竹山は大坂から注視していた。そして、寛政元年（一七八九）閏六月十八日に来坂した老中松平乗《まつだいらのり》完《さだ》と会見した少し後の七月六日、来坂した定信の案詞《あんし》奉行《ぶぎょう》（側用人《そばようにん》）に密書を提出する。このなかで、「劇場・妓館・市中隠遊女之類」「博奕之悪党」などについては、上記の触れによって「姦民共」は大いに恐れ、大坂中の風儀も急速に改まった、と評価する。とくに、前述の五月六日の触れが効いたと認識している。ただし、民間には「三日法度《はっと》」の「悪名」があり、この一、二ヵ月さまざまな「美服之者」が徘徊しているのに咎めなかったため、遊廓が再び賑わい始め、隠遊女も集まり、博徒《ばくと》も会合し、華美の物をつくる職人も忙しくしている、という。

さらに、六月から玉造稲荷神社《たまつくりいなりじんじゃ》で砂持寄進《すなもちきしん》（神社の再建・修復に際して、高低のある社地を地上げするために氏子らが川浚《かわざらえ》で出た砂を運ぶこと）が始まり、朝から晩まで大騒ぎになっていると述べる（ちなみに、前述の並木五瓶らは、この寛政元年の砂持も作品に取り込んでいる。奇しくも竹山の密書の一日後の七月七日初演の「韓人漢文手管始《かんじんかんもんてくだのはじまり》」の冒頭の場面である）。また、砂持の際の練物を見物したという大坂の為政者（大坂城代堀田正順《ほったまさあり》）の風聞に言及する。加えて、七月三日に布達された玉造稲荷社の砂持寄進の際の火の元の注意などの触れに言及したうえでなぜ中止させなかったのか、下手に寛大に対応すれば元に戻って「三日法度之嘲」を残すだけだと警告する。そして、もう一度すみやかに「厳命」を出して、為政者から末々まで「神姦之惑」がなく、華美の風儀や遊廓・博徒の取り締まりを怠らないように、江戸からは上方の後戻りの様子や「愚民」の切り替えの速さはわからないだろう、と警告する。

他方で、竹山は、大坂の役人（大坂町奉行所の与力《よりき》・同心）が遊廓や博徒から「賄賂」や「運上《うんじょう》」を貰っているとしたうえで、天明八年（一七八八）に役人を処罰したときは多少慎む様子もみえたが、同程度の酷い役人を処罰しなかったため、「旧習」が再発しているようだ、治りつつある大坂市中の風儀を役人が率先して打ち崩している、という。そして、廉直な役人を褒賞し貪穢な役人は処罰し、仕事の合間に「文武之術」に間断なく励ませて試験を行えば風儀が改まり始めるのではないか、役人の欠員を補う場合は町奉行が人材登用によって新たに抱え入れるべきだ、と主張する。

この密書の影響について、砂持・隠遊女・歌舞伎などのテーマごとにみていこう。まず、七月十日、大坂町奉行は玉造稲荷社の砂持寄進について再度触れを出し、寄進は今日までとするように（明日、寄進に来た者は召し捕えて尋問する）、と述べる。七日前の触れから一転して格段に厳しい内容である。さらにその後、八月七日には、砂持の際に「異説」を唱えた者を捕えて入牢に処した旨を述べ、改めて町方男女の華美の傾向を戒めるよう命じた触れを出し、これを前述の六月十五日の触れとともに家主の宅に貼っておくよう申し渡した。

一方、江戸では、七月二十二日に、在方の隠遊女を禁止する全国触れが布達された（以下、『日本財政経済史料 第八』）。

定信らが竹山の密書をうけて、隠遊女の統制を在方まで広げることで強化する方針を示したのであろう。

歌舞伎にも、さらに統制が強化された。九月二十二日、江戸では、歌舞伎の終演は夕方限りで、その後は明かりを灯してはならないという命令が出た。二十五日には、芝居茶屋の「囲ひ」（個室）や「放れ座敷」を禁止し、全て外から見えるようにすることが命じられた。前述のように、仲蔵が亡くなったのは、寛政二年四月。同年十二月には、定信は、初鹿野に歌舞伎役者は弾左衛門《だんざえもん》配下の非人ではないのかと下問。初鹿野は、翌年正月に、享保以来非人ではないと回答した。竹山の構想をふまえて、一層の統制が模索されたようだ。

武家社会の文教政策

寛政元年（一七八九）十月朔日《ついたち》には、砂持の際の練物を見物したと噂された大坂城代堀田正順が、用人を介して竹山に入門し、講釈《こうしゃく》をうけた。さらに、十二月十七日には、毎月一、二度、大坂城の定番《じょうばん》・大番・加番《かばん》・与力などへの講釈を求められた。竹山は、寛政元年冬に「草茅危言」の巻之一（旧「巻之上」）を、寛政三年初頭に巻之二（旧「巻之中乾」）を、同年半ばに巻之三（旧「巻之中坤」）を、同年冬に巻之四を順次提出した。寛政二年四月頃には、正順を通して、この夏の京都・大坂の番士方の「風儀善悪」を調査して報告するようにとの正穀からの内密の依頼があった。竹山は、四月初旬に上京して調査し、随分風儀がよくなったと二条城に在番した別の大番頭に報告し、同年六月には定信・乗完に京都の様子を詠んだ漢詩を送っている。さらに、八月には大坂で調査し、同じく風儀がよくなって町中が悦んでいる旨を正順に報告した。この依頼は、定信らが竹山の密書を重くみた結果であろう。

翌年五月には、江戸の盗妖騒動（江戸の武家屋敷への押込み強盗および関連する妖言の横行）を契機として、「奢侈《しゃし》」による「義気」の衰えを問題視した定信によって再発案が提起され、幕閣で評議された。彼は、文武奨励や聖堂《せいどう》改革、旗本・御家人の学校設立、小普請《こぶしん》支配の小給御家人の悪者対策、小普請組で文武の芸に熱心な者へ褒美の準備（年三〇〇〇両）などを提案した（竹内誠『寛政改革の研究』）。これをうけて、幕府は、同年五月には尾藤二洲《びとうじしゅう》を昌平黌《しょうへいこう》の教官に登用し、同年十月には旗本・御家人の学問所・麹町教授所《こうじまちきょうじゅしょ》を設立した。これらの定信の構想と政策は、前述の密書の一部および「草茅危言」の巻之二の「御麾《き》下《か》ノ事」の一部をふまえたものであろう。また、内容だけではなく、武家の落度となるような出来事を（やや過剰に）問題視し、武家の文教政策や人材登用の必要を正当化する政治手法もほぼ同じである。この時点では、為政者たちにとって竹山の影響力や見解は無視できないものとなっていた。

寛政四年九月には、第一回学問吟味が実施された。その後、さらに定信や栗山らによって試験方法の改定が模索されていった。栗山の改定案には、中国の人材登用制度を真似して書いたので「立派」なようではあるが、中国とは「国体」も「時務」も異なるため、学問吟味はあくまで対症療法であると記されていた（橋本昭彦『江戸幕府試験制度史の研究』）。学問吟味は、人材登用政策というよりは風紀の統制を主目的として導入・運用された。

市場政策・隠遊女対策・農村対策の展開

その他、寛政三年（一七九一）四月二十四日、大坂町奉行は堂島米市場の米方年行司《こめかたねんぎょうじ》に対して、帳合米売買許可の理由を述べたうえで、相場所へ立ち寄って勝手に米相場取引を中止させる「無株之身分」の仲買は捕らえるようにと命じた。こういった帳合米商いをめぐる政策も、前述の〔米相場ノ事〕が一つのきっかけだった可能性がある。

さらに、先ほどの寛政元年七月の全国触れを前提として、同四年四月二十二日には、幕領の村々で隠遊女を抱え置く者と隠遊女への処分方針を定信から勘定奉行《かんじょうぶぎょう》へ布達した。隠遊女を抱え置いた者は、ほかに特段の悪事を働いていない場合は田畑・屋敷を五年間取り上げ、小作農に従事させる。そして、余剰の米が生じた場合は、その村か近くの村の身元が宜しい者に預けておき、小児の養育料か困窮者の救済手当として備えておく。隠遊女に携わった関係者は、罰金か手鎖《てじょう》など、相応の咎を下す。隠遊女本人は村役人に引き渡し、その村に限らず他郷他村で荒廃田畑を再開発する場所や女性が少ないところへ連れていき、代官の判断で嫁がせるように（隠遊女の親元や知人を探す必要はない）、と指示した。これは、前述の〔隠遊女ノ事〕の構想および巻之四「窮民ノ事」の窮民対策・間引き対策を在方用にアレンジしたものだろう。実態や運用はさらに調べる必要があるが、竹垣直温《たけがきなおひろ》や寺西封元《てらにしたかもと》らの東北・北関東の代官がこの指示をふまえた政策を行ったようである（村上直『江戸幕府の代官』、柏村哲博『寛政改革と代官行政』）。

4　政治改革の終焉とその後

朝幕関係と尊王思想

寛政改革期には、官民の統制政策のほか、尊王思想が政治上で用いられたり刊本《かんぽん》で流布したりした。具体的には、天皇から将軍への政務の委任といった図式で政治秩序を説明する大政委任論やその国学版の「みよさし」論などである。

ここでは、さらに、柴野栗山の文章「宸翰御製詩記《しんかんぎょせいしき》」（寛政四年〈一七九二〉八月成）を取り上げたい（以下、渋沢栄一《しぶさわえいいち》『楽翁公伝《らくおうこうでん》』）。天明八年（一七八八）の京都大火後、「復古」調の内裏《だいり》が完成した際、光格天皇から将軍家斉に漢詩が贈られた（寛政三年三月）。家斉は、この漢詩を写して定信に下賜した（同年十二月）。定信は、家斉の許可をえて、江戸城の「中堂」にこれを飾り、寛政四年閏二月に内裏造営掛（勘定奉行・作事《さくじ》奉行《ぶぎょう》など）と祝宴を行った。その様子は、「（造営掛は）いづれも有がたがり候由」と記されている（「よしの冊子《ぞうし》　十七」〔『随筆百花苑《ずいひつひゃっかえん》　第九巻』〕）。

定信の依頼で栗山が書いた「宸翰御製詩記」では、このときの定信と栗山の会話に定信の言葉として、「攘夷尊王」の語が登場する。定信は、栗山に、「鎌倉・室町が隆盛だった頃には「攘夷尊王」に貢献した人物はいなくはなかったが、天皇が漢詩を「幕府」に贈ったというのは聞いたことがない。何故か」と尋ね、天皇の将軍への異例の対応に意味を見出そうとする。栗山は、君臣関係の調和的なあり方や家康《いえやす》の「恭順の誠」に触れたうえで、「光格天皇が在位し、家斉がこれに「恭順」の態度で仕え、定信が遠大な計略をもって補佐する。これを「敬畏」をもって続けていけば、「天下」を統治するのに何の難しいことがあるだろうか（いや、ない）。鎌倉・室町の場合は、私欲によって統治を行い、「王臣」は爵位を鼻にかけて尊大であり、「幕僚」は「富強」を恃《たの》みにして命令に逆らった。だから、上下は互いに押しのけ合った。どうして至高の調和を望む動きが湧きおこるだろうか（いや、湧きおこらない）」と返答している。

さらに、栗山は、この文章の執筆に先立って、寛政四年六〜七月頃、京都の考証学者の藤原貞幹《ふじわらさだもと》に鎌倉・足利《あしかが》将軍が天皇から漢詩を贈られた前例の有無を手紙で尋ねている。貞幹から七月十二日付で返信があり、有職家《ゆうそくか》の裏松光世《うらまつみつよ》に聞いてみたところ、そのような前例は知らない、貞幹の弟子の浜島等庭《はまじまとうてい》も前例はないという、有職家の橋本経亮《はしもとつねあきら》はもしそのような漢詩があれば記録があるはずだと答えた、と伝えている（松尾芳樹「藤原貞幹書簡抄『蒙斎手簡』（下）」）。

そのうえで、定信も、しばらく後に、下賜された家斉書写の光格天皇の漢詩に、栗山の跋文《ばつぶん》の写しと自分の文章「恩賜親臨　宸翰御製詩記」（寛政五年三月十五日成）を添付している。ここでも、前述の家斉からの写しの下賜や祝宴の経緯を記したうえで、鎌倉から六〇〇年間天皇が「幕府」に漢詩を下賜した前例は聞いたことがないと述べている。

寛政四〜五年というと、朝幕関係に大きな緊張が生じた尊号一件（光格天皇が実父の閑院宮典仁親王《かんいんのみやすけひとしんのう》に天皇が譲位する際の称号である太上天皇《だいじょうてんのう》号を贈ろうとして幕府と揉めた事件）に注目が集まってきた。確かに、幕府は、このとき武家伝奏《ぶけてんそう》や議奏《ぎそう》を江戸に下向させて尋問し、武家と公家に処罰の差別を設けることは天皇に対して「不敬」だという「王臣」論によって朝廷に通告せずに閉門《へいもん》・蟄居《ちっきょ》に処すなど、前例のない厳しい対応を行った（藤田前掲書）。

ただ、前述の江戸城での祝宴や栗山の文章執筆はちょうど尊号一件の交渉の渦中であり、前述の定信の文章は武家伝奏・議奏への処罰の直後に記されていた。尊号一件の間にあっても、彼は、漢詩の下賜という天皇の将軍への異例の対応を江戸幕府のほかの武家政権（鎌倉・室町）との違いや、（その漢詩の写しを下賜した）家斉の自身への信任を示す一つの証拠として利用する方針を取っていた。前者は、「王臣」論によって天皇と公家を切り離した（そして、公家を直接処罰した）ことと相即的である。つまり、尊号一件で公家を厳しく処分したことと、幕府の統治や自身の執政を正当化するために天皇を利用することとは、定信の認識においてはさほど矛盾しなかったようだ。

幕閣の分裂と定信の失脚

他方で、前述の盗妖騒動や蝦夷地《えぞち》政策をめぐって、定信と老中格の本多忠籌《ほんだただかず》には齟齬が広がっていた。寛政五年（一七九三）七月、家斉の実父である一橋治済《ひとつばしはるさだ》の賛同をえた忠籌が、定信の独裁傾向によって将軍の親政が阻害される事態を予防するために将軍補佐と老中を解任する案を評議にかける。彼は、ほどなく両職を解任された（高澤前掲書）。

竹山は、定信が三〇年間老中を務めることを期待していたが、寛政改革は約六年間で頓挫した。定信の側も、寛政四年九月のラクスマンの根室《ねむろ》来航からすぐ後の同年十一月に目付《めつけ》に下付した文書（「海辺御備愚意《かいへんおそなえぐい》」）のなかで、「卅《さんじゅう》にして後仁ならんと申て、三十年も立候得ば、あしき風儀の老人は失果、悪き風儀見習ひ候ものは老人になり、御改革後生れ候ものは三十歳となり、御改革の頃生れ候ものは右に準じ、自然に風俗革《あらたま》り候事に御座候」というように、『論語《ろんご》』子路《しろ》篇の「子曰如有王者章」についての竹山の解釈――彼はこれを前述の天明八年（一七八八）六月の定信との会見の際に説明したようだ――を引用している（『日本海防史料叢書　第五巻』）。定信も、できれば三〇年間改革に従事するつもりだったのではないかと思われる。だが、定信の失脚によって、竹山の政治に対する影響力は徐々に低下していった。

編纂事業の展開と出版統制への不満

その後、寛政十年（一七九八）十月、忠籌が老中を退職する。この忠籌の退職前後から、老中首座の松平信明《まつだいらのぶあきら》と若年寄《わかどしより》の堀田正敦《ほったまさあつ》の主導のもと、定信失脚後に中断されていた編纂事業――これは、天保改革期に「朝野旧聞裒藁《ちょうやきゅうぶんほうこう》」「徳川実紀《とくがわじっき》」などとして結実する――が再び推進されることになった。翌月、竹山は、大坂町奉行所に呼び出され、長年執筆していた「逸史《いっし》」（徳川家康についての編年体の史書）を幕府に献上するよう命じられ、翌年七月に提出した。

さらに、享和元年（一八〇一）四月、昌平黌儒者の尾藤二洲から、昌平黌に創設される予定の「史局」の総裁に就任してほしいとの打診があった。竹山は、体調不良を理由にこの依頼を断るが、編纂事業については関連する意見を述べた。そのなかには、「逸史」の出版（蔵版）を許可してほしい、以前から徳川家に少しでも言及した書物は禁止だが、家康の

「御令徳・御神武」の宣揚は禁止すべきではない、という内容が含まれていた。

この指摘は、享保七年（一七二二）の触れおよび同二十年の書物問屋仲間への老中の申渡しを念頭に置いたものである。前者の第五条では、家康・歴代将軍に関する記述は刊本・写本でも一切禁止された（やむをえない事情がある場合は、奉行所の指示を仰ぐように）。ただし、同二十年五月に、学術書では「しっかりとした事柄」に限っては家康・歴代将軍の名前を書き入れてもよいと若干変更された（「急度いたしたる」と「押立候」は、ほぼ同じ意味）。以降、地誌などで、史蹟を説明する項目に家康などの名前が載ることはあった（並河誠所《なみかわせいしょ》『五畿内志《ごきないし》』、秋里《あきざと》籬島《りとう》『和泉名所図会《いずみめいしょずえ》』など）。また、一八世紀中葉から、家康・歴代将軍の名前が刊本に登場する事例もちらほら現れた（太宰春台《だざいしゅんだい》『和漢帝王年表』、本居宣長《もとおりのりなが》『玉くしげ』『駁戎概言《ぎょじゅうがいげん》』など）。

とはいえ、享保二十年五月の申渡しでも、「御身上之儀」「御物語等之類」は禁止であったため、「逸史」のような家康の事蹟を中心に叙述した本――しかも、私撰なので家筋の記述に間違いがある――は基本的には出版できなかった。竹山は、これが不満だったために提言したのであるが、許可されなかった。そして、少し後の享和四年二月、彼は亡くなった。享年七十五。

「草茅危言」や「逸史」や「宸翰御製詩記」は、その後、写本や木活字本で流布する。「宸翰御製詩記」の写本は、少なくとも文政期には水戸にも流布していた（井坂清信『江戸時代後期の水戸藩儒』）。また、栗山は、立原翠軒《たちはらすいけん》らとも交流があり、徳川斉昭《なりあき》・藤田《ふじた》東湖《とうこ》・大久保《おおくぼ》忠真《ただざね》ら「山陵策《さんりょうさく》」（天保五年〈一八三四〉成、国立公文書館所蔵の写本）や東湖「常陸帯《ひたちおび》」（天保十五年序成）などでも言及されている。後者では、家斉・定信・栗山の別の会話を取り上げ、「朝廷」の尊崇と「幕府」への敬意を両立する模範例とする（『神道大系　論説編十五　水戸学』）。

さらに調べる必要はあるが、栗山の「宸翰御製詩記」では、武家政権（鎌倉・室町・江戸）への評価の語として用いられていた「攘夷尊王」の語を家康の事蹟にシンプルに直結させて賛美したのが、後期水戸学の「尊王攘夷」（斉昭「弘道館《こうどうかん》記《き》」〈天保九年三月成〉。実際の執筆は東湖）だったのではないかと思われる（両者は、『論語』憲問《けんもん》篇の朱熹《しゅき》の二つの解釈とも対応する）。なお、幕末の安政六年（一八五九）に「宸翰御製詩記」を刊本（『栗山文集』）で読んだ吉田松陰《よしだしょういん》は、栗山の文章のなかでもっとも「立言の体」を備えている、涙が流れた、何度読んでも飽きない、「不朽の文」だと絶賛した（「読余雑抄九」〈『吉田松陰全集　第八巻』〉）。彼は、「尊王攘夷」の源流をここにみたのだろう。

いずれにしても、「草茅危言」「逸史」「宸翰御製詩記」など、徳川時代の政治や歴史に触れた書物や文章が公然と出版されるためには、「全て一般に知られている事柄」について家康・歴代将軍の事跡の記述も学術書では許可した天保十三年六月の出版統制の緩和を待たなければならなかった。

おわりに

本章では、寛政改革期の社会と政治について、中村仲蔵・並木五瓶らや中井竹山・柴野栗山・松平定信の視点や動向、作品・構想・政策などに着目して社会と政治を叙述してみた。みえてきたのは、第一には、仲蔵らが芸能の社会的意義についてさまざまに模索し、世間が騒然とするなかでも表現を行う様子である。しかも、そこには、天明七年（一七八七）の大坂打ちこわしや千度参りなどが取り入れられていた。また、仲蔵の証言からは、千度参りは御所だけで行われたのでは必ずしもなく、上方の各地でイベント化していたこともわかる。当該現象は、光格天皇の異例の申し入れをうけて窮民救済策が実現するなど、天皇・朝廷権威の上昇を招来した面もあるが、流行のイベントとしてさまざまに拡散・消費された面もあったようだ。「仇討宝永記」は、その後、化政期にも上方で繰り返し上演されたので、千度参りなどのイメージが再生産された可能性がある。ただ、化政期に作成された絵附番付をみると、図1-2は削除されている。千度参りは、化政期にはピンとこなくなっていたのかもしれない。

第二に浮かび上がってくるのは、定信などの為政者が民間の知見と協力をえながら政治改革を行う様子である。（芸能者なども含めて）民間社会を厳しく統制する場合にも民間の知見と進言が少なからず参照されたし、武家社会の統制さえも民間の知見と進言・協力のもとに政策が実施された。そして、三〇年という中長期的なスパンの日本全国を対象とした政策構想の順次提出および密書による催促などをうけながら改革を進めた点が寛政改革の重要な特徴であった。

第三には、民間の知識人を幕府に登用して、文教政策の整備のほか、天皇の将軍への異例の対応の意味づけなどを担当させた点である。さらには、各種の統制を強化するのみならず、逆に現行の出版統制の変更（緩和）を求める動きが出たことも、当該期の見逃せない徴候であった。前者は、天皇を利用して幕府の統治と自身の執政を正当化する定信の方針を補強したのみならず、おそらく後期水戸学の尊王攘夷思想の一つのヒントとなった。そして、後者の出版統制が天保改革期に緩和されたのち、この尊攘思想は刊本で広く公然と流布して幕末政局に大きな影響を与えた。

こういった一連の政策や動向については、民衆史の方面から、「「近代化」過程における抑圧と編成替え」（安丸良夫）という捉え方が提示されているが、さらに支配者層（武家・公家など）に対する統制や文化的・経済的事象も併せて総体を位置づける必要がある。今回、その一端を示したように、一枚岩ではない統制する側――官民の広域的な連携関係を伴う――の構想・動向と、統制される多様な身分集団・身分的周縁の認識・動向とをなるべく突き合わせながら、寛政改革期の社会・政治の変容過程およびその後への影響の度合いを考えることが今後の課題となるであろう。

〔参考文献〕

井坂清信『江戸時代後期の水戸藩儒―その活動の点描―』汲古書院、二〇一三年
伊原敏郎『歌舞伎年表　第五巻（天明5年―文化12年）』岩波書店、一九六〇年
今尾哲也「〝芸〟の伝承と創造―初世中村仲蔵試論―」『文学』三八、一九七〇年

柏村哲博『寛政改革と代官行政』国書刊行会、一九八五年
清水光明『近世日本の政治改革と知識人―中井竹山と「草茅危言」―』東京大学出版会、二〇二〇年
渋沢栄一『楽翁公伝』岩波書店、一九三七年
高澤憲治『松平定信』吉川弘文館、二〇一二年
田口章子『江戸時代の歌舞伎役者』中央公論新社、二〇〇二年
竹内　誠『寛政改革の研究』吉川弘文館、二〇〇九年
橋本昭彦『江戸幕府試験制度史の研究』風間書房、一九九三年
藤田　覚『近世政治史と天皇』吉川弘文館、一九九九年
藤田覚編『日本の時代史17　近代の胎動』吉川弘文館、二〇〇三年
松尾芳樹「藤原貞幹書簡抄『蒙斎手簡』（下）」『京都市立芸術大学美術学部研究紀要』三八、一九九四年
村上　直『江戸幕府の代官』新人物往来社、一九七〇年
安丸良夫『文明化の経験―近代転換期の日本―』岩波書店、二〇〇七年
渡辺　保『江戸演劇史　下』講談社、二〇〇九年

第2章

一九世紀前半の天皇・朝廷と幕府

佐藤雄介

はじめに

本章のテーマは、「大御所時代《おおごしょじだい》」とその後の時期について、幕府と天皇・朝廷との関係＝朝幕関係を軸にして考えることである。まず、肝心の大御所時代の射程であるが、じつは論者によって差がある。ここでは、横山伊徳の議論に従って、一八一〇年代後半から大御所（一一代将軍）徳川家斉《とくがわいえなり》が死去した天保十二年（一八四一）頃までとしておきたい（横山伊徳『日本近世の歴史5　開国前夜の世界』）。

さて、日米修好通商条約に対する勅許の有無の問題、いわゆる条約勅許問題などを契機として、幕末に天皇・朝廷の政治的位置が急激に浮上する。それゆえ、幕末期の天皇・朝廷のあり方や朝幕関係の実態に関しては、厚い研究史が存在する。また、大御所時代の朝幕関係についても、一定の検討がなされている。ところが、その間に挟まれた時期、大御所時代後から幕末直前までの天皇・朝廷のあり方や朝幕関係については、研究の蓄積が薄い。

大御所時代には、光格天皇《こうかくてんのう》（上皇）と将軍（大御所）徳川家斉、個性の強い人物が朝幕それぞれのトップに長く座り、とくに良好（「和懇」）な関係が三〇年近くにわたって生じた（藤田覚『天皇の歴史6　江戸時代の天皇』など）。しかし、その大御所時代終焉後、すぐに幕末を迎えたわけではない。家斉の死からペリー来航まで、一〇年以上の時間があった。大御所時代後、幕末に至るまで、朝幕関係には何の変化もなかったのか。幕末史全体、とくに政治史を考えるうえで重要な前提となるはずの、幕末直前の朝幕関係に関しては、不明な点が多い。そのため、近世後期の朝幕関係と幕末史との接続が充分になされておらず、この時期に関する研究の必要性が叫ばれている。

以上のような問題意識を念頭に、本章ではまず、大御所時代の朝幕関係のあり様について再考したい。その際、とくに朝幕関係の基底たる財政的な裏づけに注目する。そのうえで、大御所時代後の朝幕関係の実態と特徴を論じ、幕末への「見通し」を述べていきたい。

1 大御所時代の朝幕関係

大御所時代の幕政

最初に、大御所時代の幕政の特徴について、とくに本章と関係する点を中心に、概観しておく。最大の特徴は、家斉が「北海の鱈《たら》のごとし」といわれるほど、子どもの多い将軍であったことであろう。その数は五三人にも及び、多くは養子縁組や輿入れなどによって、諸大名家に送り込まれた。そして、こうした「家斉の子女らの婚姻を通じて形成した閨閥《けいばつ》」が、当該期の「将軍政治安定の基本」となっていた（横山『開国前夜の世界』）。つまり、大御所時代の幕政にとって、家斉の子どもらの養子縁組や輿入れなどは、非常に重要な政治的課題であった。そのような状況のなかで、家斉は自身と関係を持った縁戚大名を厚遇し、いくつかの問題を生じさせた。以下、具体的にみていこう。

まず、拝借金《はいしゃくきん》の問題がある。大規模な自然災害などで経済的にきびしい状況に追い込まれた大名に対して、幕府は無利子の貸付金＝拝借金を貸与することがあった。この拝借金は、幕府財政の状況に左右され、停止されることなどもあった。

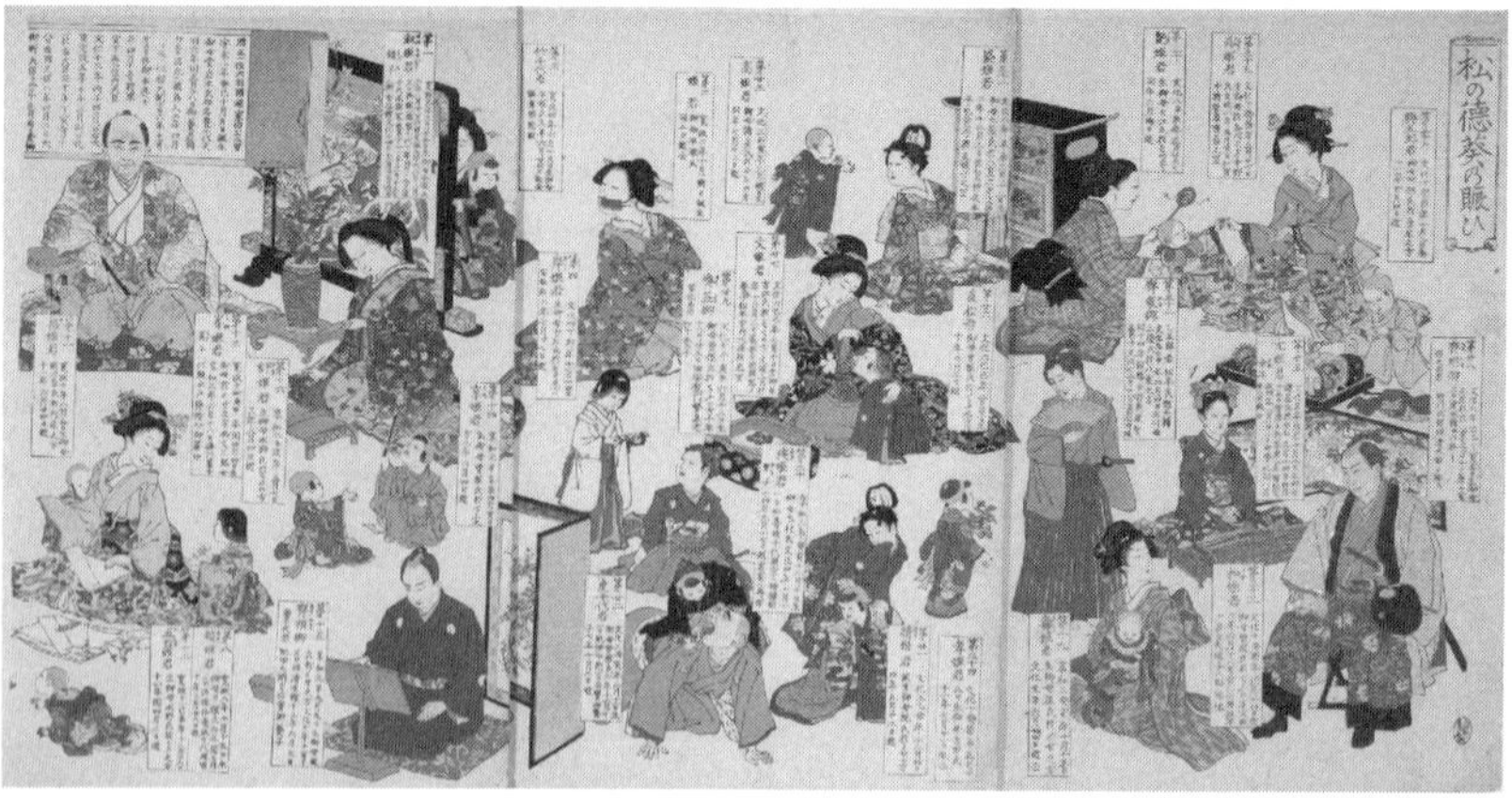

DNPartcom）

大御所時代前後でいえば、大名家に対する拝借金は、文化八年（一八一一）以降は原則的には貸与されなくなっていた。ところが、家斉の子どもの送り先となった大名家（「続柄」の大名家）に対しては、しばしば貸し付けられていた。例えば、川越松平家《かわごえまつだいらけ》には、天保四年（一八三三）に七〇〇〇両、六年に五〇〇〇両、十年に一万両と、短い期間に多額の拝借金が貸し付けられていた。

また、「続柄」の大名家に対する領知《りょうち》加増や所替《ところがえ》も実施されていた。一〇万石に値するといわれた近江八幡町《はちまんちょう》が尾張徳川家に、津山《つやま》松平家に五万石が与えられたりしたが、三方《さんぽう》領知替はとくに著名であろう。これは川越松平家を出羽庄内《しょうない》、庄内酒井《さかい》家《け》を越後長岡《ながおか》、長岡牧野《まきの》家《け》を川越に転封《てんぽう》しようとしたもので、背景には、「続柄」にあった川越松平家の運動があったとされている。結果としては、庄内民衆や諸大名家の反対などによって、家斉死後、中止となっているが、これと天保改革時の上知《あげち》令《れい》の失敗は、幕府権威の低下を示すものとされる。

このほか、「続柄」大名の官位を上昇させたりするなどの問題もおきており、藤田覚は、この時期、「不公平な幕政」が行われ、幕藩関係に「亀裂」が生じたと述べている（以上、藤田覚「近代の胎動」）。

このような大御所時代の幕政は、幕府財政に多大な悪影響を及ぼした。家斉の子どもらの養子縁組や輿入れ関係の支出は、家斉や大奥の奢侈《しゃし》な生

図 2-1　「松の徳葵の賑ひ」（東京都江戸東京博物館所蔵，画像提供：東京都江戸東京博物館／明治 20 年（1887）の錦絵．家斉と 53 人の子どもたちが描かれている．

活とともに、幕府財政にとって重い負担となった。この時期には、諸外国接近（「外患」）に対する海防経費や蝦夷地《えぞち》経営関係支出などもあり、幕府財政はきびしい状況に陥った（大口勇次郎『徳川幕府財政史の研究』など）。上記のような問題を解決するために、質の悪い貨幣への改鋳が連続して行われたが、それらは物価高騰を引き起こし、朝廷財政にも影響を及ぼした（詳細は後述する）。

大御所時代の朝幕関係

以上の点をふまえたうえで、大御所時代の朝幕関係をみていこう。まず、前提として、当該期に朝廷に君臨した光格天皇（上皇）について紹介しておく。光格天皇は、安永八年（一七七九）の後桃園天皇《ごももぞのてんのう》急死をうけて閑院宮家《かんいんのみやけ》から養子に入り、践祚《せんそ》した。天明八年（一七八八）の大火で御所が焼亡した際には、復古的な御所の造営を望み、幕府にある程度それを認めさせた。また、種々の神事・儀礼などに関しても、幕府と粘り強く交渉を行い、経済的支援を引き出し、復古・再興させた。朝幕関係の画期ともされる尊号《そんごう》一件をおこした点でも著名であり、活発な動きをした天皇として注目されている。天保十一年（一八四〇）に病没するので、大御所時代は、光格天皇の時代の後半期といえる。

さて、大御所時代の朝幕関係は、基本的には、幕府が天皇・朝廷に「すりより」、とくに「和懇」＝良好な関係が築かれていたと考えられている。

図2–2　光格天皇像（泉涌寺所蔵）

その具体例としては、先例にない現役将軍家斉の太政大臣《だいじょうだいじん》就任があげられる。歴代将軍の官位は、在職中は正二位《しょうにい》右大臣もしくは内大臣で（家康《いえやす》など初期はもう少し高い）、死後、正一位太政大臣を贈られるのが通例であった。ところが、家斉は、文政五年（一八二二）には従一位《じゅいちい》左大臣となっていた。さらに、それだけでは満足せず、いっそうの昇進を願った。これが太政大臣就任問題である。文政九年、将軍在職が四〇年を超過し、その間無事に職務を果たしてきたことなどを賞して、官位を昇進させてほしいという家斉のつよい要望が朝廷に伝えられた。従一位左大臣以上というと、太政大臣か准后《じゅごう》（皇太后などに准じたもの）しかなく、現役将軍が太政大臣を兼ねることは、鎌倉時代以来、先例がなかった。また、准后も徳川家では例がなかった。この異例ともいえる家斉からの要望にいかに対応するのか、朝廷側は苦慮した。しかし、結局は、要望を認めることにし、太政大臣・准后どちらを選ぶかは幕府に委ねることになった。その結果、前者が選択され、文政十年に家斉は、現役将軍にして太政大臣という昇進を遂げることになった。しかも、これは表向きには、朝廷側の要請によるものとされた。

こうした先例を超える官位昇進は、家斉の実父である徳川（一橋《ひとつばし》）治済《はるさだ》らに対してもなされた。御三卿《ごさんきょう》の当主は、ふつう従三位権中納言《じゅさんみごんちゅうなごん》が極官《ごっかん》であったが、治済は家斉の要望により、それをはるかに超えて、従一位准大臣《じゅんだいじん》にまでなり、死後には太政大臣まで贈られた。このほか、家斉の世子《せいし》である家慶《いえよし》（正二位内大臣、従一位。それまでの通例だと、従二位権大納言）、孫の家定《いえさだ》（五歳で従二位権大納言）なども同じく先例を超える官位昇進が行われた。

以上のように、幕府は種々の要望を朝廷にしていたが、ただいわれるがままに、それらに応えていたかというと、そういうわけではなかった。さまざまな「見返り」を望み、実際にそれらを幕府から引き出していた。具体的には、次のようなものがあげられる。

①近世初期の後水尾上皇《ごみずのおじょうこう》期に築造された修学院《しゅがくいん》への御幸《ごこう》は、（近世中期の霊元《れいげん》上皇期に一度再興されたが）中絶していた。これを文政七年に再興した。

②天皇が正月に上皇・皇太后の御所に行幸《ぎょうこう》する儀礼である朝覲《ちょうきん》行幸も慶安四年（一六五一）以来実施されていなかったが、朝幕間のながい交渉の末、経費一万両を幕府が負担するかたちで再興が認められた。実際には、光格上皇が病没してしまったため、行幸は行われなかったが、一万両は朝廷に渡された。そのうち五〇〇〇両は京都《きょうと》町奉行《まちぶぎょう》取扱いの貸付金として運用され、その一部は後々まで、臨時の支出など天皇・朝廷関係のさまざまな経費に活用された。

③光格上皇御所の口向定高《くちむきさだめだか》が銀一〇〇貫目増額され、関白鷹司政通《たかつかさまさみち》には、文政十年に米五〇〇俵が当初は在職中、やがて終身という条件で与えられるようになった。

このように、幕府が天皇・朝廷に「すりより」、種々の要望をした。それに対して、朝廷側も光格天皇が熱意をもって推し進めていた神事・儀礼の再興のための財政援助など、さまざまな反対給付を求め、幕府もしばしばそれらに応じていた。宮内庁書陵部所蔵「鷹司政通記草」（文政十年閏六月十九日条）では「近来公武ことに和懇」、朝覲行幸再興問題における老中《ろうじゅう》水野忠邦《みずのただくに》の意見書では「公武御為第一」（東京都立大学附属図書館所蔵水野家文書「朝覲行幸存念書」）などと表現されているように、当該期においては、幕府が天皇・朝廷に「すりよる」かたちで、とくに「和懇」な朝幕関係が形成されていた。また、朝覲行幸の事例のように、時に幕府はそうした関係を維持するために、多額の負担を担うこともいとわなかった（以上、主に藤田覚『光格天皇』、同『天皇の歴史6　江戸時代の天皇』）。

なぜ、このように幕府が天皇・朝廷に「すりよった」のかについては、じつは明確にはわかっていない。低下しつつあった幕府権威を強化するために、朝廷権威を利用しようとしたとの見通しも示されているが（藤田覚『天皇の歴史6 江戸時代の天皇』）、検討の余地はあろう。研究史上の課題の一つといえる。

2 朝廷財政からみた大御所時代

朝廷財政の基本的枠組みと変遷

大御所時代の朝幕関係をよく表しているのが、この時期の朝廷財政である。まず、その前提として、朝廷の各御所の財政について概要を述べておこう（佐藤雄介『近世の朝廷財政と江戸幕府』など）。各御所の財政は、基本的には個別に運営されていたので、ここでは、その代表格であった禁裏《きんり》御所を例にする。禁裏御所の主な収入は、料地からの年貢などと将軍家・諸大名家・諸寺社などからの献上金品であった。料地は幕府によって設定されたもので、宝永二年（一七〇五）・三年以降は約三万石、初期を除いて、その管理は幕臣の京都代官が担っていた。財政を中心とした御所の種々の実務を司る口向は、幕臣である禁裏付《きんりつき》が実質的に統括した。

さて、前述したような収入だけでは不足しがちであり、その際にはしばしば幕府から財政支援が与えられた。具体的には、享保年間（一七一六〜三六）後半頃から「御取替金《おとりかえきん》」と呼ばれる無利子・無年限の貸付金が恒常的に貸与されたと考えられる。この取替金はきわめて恩恵的なもので、返済が催促されるようなこともほとんどなかった。

以上のように、幕府は天皇・朝廷に一定の財政保証や支援を行っており、それらなしでは、天皇・朝廷は立ちゆかなかった。近世の天皇・朝廷は、幕府なしには存立しえなかったのであり、紙幅の関係で詳細を述べる余裕はないが、将軍権威の荘厳化などの面で、幕府は自身のために、天皇・朝廷の存在を活用していた。根底のところで、両者は（もちろん、幕府優位のかたちで）ふかく結びついていた。ただし、保証や支援のあり様は、幕府財政の状況につよく規定されており、幕府財政悪化などをうけて、幕府は朝廷関係の冗費の節減を図るようになった。その転機の一つが明和七年（一七七〇）・八年頃で、この頃から、取替金の制限など、勘定所《かんじょうしょ》による朝廷財政に対する監督の強化が始まり、朝廷財政の幕府財政一部局化ともいえる動きが進行した。安永二年（一七七三）・三年には、口向役人の不正が幕府に摘発され（安永の御所騒動）、これ以降は、口向の実務上級職である賄《まかない》頭《がしら》や勘使の上座《じょうざ》の半分に勘定役人系の幕臣が任命されるようになった。さらに、同七年度からは、すでに幕府の各役所にはひろく導入されていた一種の予算制度である定高制が各御所にも導入されることになった。

やがて、この定高制は寛政年間（一七八九〜一八〇一）に改正され、以後は禁裏御所の場合、口向定高銀七四五貫目（料地からの年貢＋幕府からの進上金など）と奥定高金八〇〇両（幕府からの奥への進上金など。幕府の大奥や大名家の奥向きのように、朝廷にも奥向きがあった）、諸所からの献上金品が主な年間収入になった。定高制を軸にしたあらたな枠組みが設けられ、そのなかでのやりくりが求められるようになったのである。

このとき、注意したいのは、老中が京都所司代《きょうとしょしだい》（以下、「所司代」）らに、天皇や上皇があまりに「不自由」することがないよう配慮せよと命じていたことである。すなわち、幕府は、幕府財政の悪化に伴って、幕政全般において支出の削減を図るなかで、朝廷関係の冗費の節減も企図した。その結果として、定高制の導入や改正などが行われ、保証や支援に関するあらたな枠組みが設けられたわけであるが、朝幕関係に無用なダメージを与えることは好まなかった。朝幕関係の維持に配慮しつつ、冗費の節減も行う、そのような難しいかじ取りを強いられた幕府が設定した一つの基準が、朝廷のトップである天皇や上皇らに重点的に配慮するというものであった。逆にいえば、きびしい財政状況下で配慮できるのは、天皇や上皇、そして朝廷の執行部のトップである摂政・関白を独占した摂家《せっけ》などまでであったと考えられる。「窮乏」に喘いでいたといわれる個々の堂上公家《とうしょうくげ》（昇殿《しょうでん》を許された公家）、とくに三〇石三人扶持《さんにんぶち》のような下級公家らの救済については、あまり考慮しない、というのが以後の幕府の基本的な方針であったと思われる。

大御所時代の朝廷財政

この寛政年間（一七八九〜一八〇一）に設けられた枠組み内でのやりくりは当初うまくいっていたが、寛政年間末期頃から徐々に朝廷財政の支出増大が始まり、文政年間（一八一八〜三〇、とくに後半）〜天保年間（一八三〇〜四四）になると、支出の急増が目立つようになった。その要因としては、

A物価の高騰。前述したように、財政的に厳しい状況にあった幕府は、文政年間から質の悪い貨幣への改鋳を繰り返し行った。それで生じた莫大な差益は、幕府の大きな収入源となり、家斉や大奥の浪費などに充てられた。しかし、その代償として、物価高騰がおこった。定高制は定額であったため、物価高騰の影響をもろにうけた。

B天皇と関係の深い係累が多数いたこと。具体的には、親王の賄料や親王宣下《せんげ》の費用などが想定される。

C家斉の子どもらの吉凶事。家斉には非常に多くの子どもがおり（前述）、その子どもの吉凶事があるたびに、天皇・朝廷は家斉や夫人らに贈物などをしなければならなかった。

などといったことがあげられる（佐藤雄介『近世の朝廷財政と江戸幕府』）。このうち、主にBに関する興味深い記述が、天保三年二月十五日付けで、おそらくは武家伝奏《ぶけてんそう》（朝廷の執行部の一員で、幕府との窓口も務めた）から所司代に出された書付にある（国立国会図書館憲政資料室所蔵三条家文書）。その内容を紹介していこう。

寛政四年、定高制改正が行われた頃に在位していた光格天皇は、寒さを嫌がらず、服も四重以上着ることはなかった。さらに、皇子・皇女もまだ少なかったため、支出も少なく、口向定高の余剰である余銀もそれなりにできていたという。

その一方、現在（天保三年）は、①寛政四年頃と違い、上皇（光格上皇）らもいて贈答が多くあった、②仁孝天皇《にんこうてんのう》は寒さを嫌がり、平常でも多くの衣を着ていた。とくに寒さが厳しい時期は、七重、夜は十重にも重ね着をしていた。そのため、絹が非常に不足し、奥でやりくりをしたが、月に二〇疋《ぴき》ほど追加が必要であった、③天保三年頃は、皇子・皇女らの誕生が多く、そのたびに金二〇〇両ほどの経費がかかった。さらに皇子・皇女一人につき、年に銀五、六貫目の支出が必要で

あった、④これらによって、余銀がほとんど出ないような状況に陥ってしまったという。また、同文書中の七月付書取では、奥の支出は半年で銀八〇貫目ほどであり、だいたい三、四〇貫目くらいの不足が生じ、その際は口向から融通していたことなども記されている。

前述のBの支出について、皇子・皇女一人につき出産・誕生費用が金二〇〇両、一年間の養育費などが銀五、六貫目という具体的な数字が並んでいることが興味深い。このときまでに、光格天皇の子どもと仁孝天皇の子ども、合わせて約二五人が誕生していた。夭折《ようせつ》した者も多く、年間にかかった費用がどの程度かということを計算するのは難しいが、天皇らと関係の深い係累が多数いたことが朝廷財政にとって一定の負担になっていたことを具体的に示してくれる。

また、Bとは直接関係ないが、仁孝天皇の重ね着による支出増大という話も面白い。天皇は服や夜具は洗濯したものは着ず、毎月一度すべて交換したという逸話もある（家近良樹『幕末の朝廷』）。これがどこまで事実かはわからないが、何にせよ、仁孝天皇の寒がりによる絹の消費増大が、一つの問題であったことはたしかだろう。

支出急増への対応

それでは、以上のような点を要因として支出急増をみせた朝廷財政に対して、幕府はいかに対応したのか。まず、朝廷に倹約を実施させた。文化元年（一八〇四）から七年間、九年から五年間、文政四年（一八二一）から三年間の倹約が行われ、その後も節減が図られることがあった（奥野高廣『皇室御経済史の研究　後篇』）。

といっても、これは天皇・朝廷に対してだけ倹約を強いたものではなかった。この時期には、文化元年から七年間、九年から五年間、文政四年から三年間、幕政全般において倹約が実施されていた（『御触書天保集成　下』）。支出の増加に対して倹約を行うというのは、幕府の常套的な手段であり、上記のような朝廷で実施された倹約もそのような幕政の基本方針に則ったものであったと考えられる。

さて、幕府は天皇・朝廷に倹約を実施させ、支出減を図ったが、それだけでは、支出急増に対応することができず、不足が生じた。その不足分を賄うために用いられたのが、京都町奉行・代官が取り扱っていた貸付金や京都代官の管理下にあった京都代官 預《あずかり》諸渡銀《しょわたしぎん》であった。以下、具体的にみていこう（佐藤雄介『近世の朝廷財政と江戸幕府』）。

京都町奉行や代官は公金貸付を行っており、その利息は定高の財源など種々の目的に使われていたが、朝廷の臨時支出に充てられることもあった。また、京都代官は京都代官預諸渡銀と呼ばれる多額の金銀（「諸渡銀」と略す）を管理しており、これも京都の橋の修復などさまざまな支出に用いられていたが、しばしば朝廷関係の臨時支出にも活用されていた。さらに、口向定高のうち使いきれなかった余剰＝余銀の一部を奥に渡し（「奥上銀」）、奥で使える金銀を増やすというしくみが従来あった。しかし、支出急増のため、そもそも余銀が出なくなり、このしくみが機能しなくなった。これに対して幕府は、余銀が不足した際には諸渡銀を用いて補塡し、一定程度（銀一二貫目以上）はかならず奥に金銀を渡せるようにするという制度を、天保三年（一八三二）から一〇年間実施することにした。

注目すべきは、こうした諸渡銀の用いられ方が、寛政年間（一七八九〜一八〇一）に設けられた財政保証や支援の枠組み外のものであったということである。例えば、前述の奥上銀の補塡に活用された諸渡銀は、嘉永四年（一八五一）付三条《さんじょう》実万《さねつむ》宛賄頭上申書では、「別段」に幕府から「足銀」を進上する」と表記されるような類のものであった（前掲三条家文書「禁裏御賄金ニ付幕府より達」）。つまり、この制度において幕府は、定高制を軸とした枠組みを遵守するよりも、奥へ一定の金銀を渡すことを優先し、枠組み外の金銀を「別段」に活用したのである。

このような枠組み外の支援に関して、家斉の時代に、禁裏付があらたに任命される際、将軍のもとに召し出され、次のようなことが命ぜられたという。

【史料一】（旧事諮問会編・進士慶幹校注『旧事諮問録《きゅうじしもんろく》』岩波書店、二〇一九年）

外のことではないが、主上が何かこれがほしいとか、また一ヵ年の三万石の御入用にて本年は御買物があって不足であるというような御思召のものが調わんようなときは、内々奥へ告げ知らしてくれということで、そして京都から何かそれが言って来ると、奥にて調えて差し上げたものであるということであります。

天皇の方で不足があったら、禁裏付が内々に家斉に知らせ、家斉の方でそれを叶えていたという。『旧事諮問録』は明治時代に入ってから、幕府役人であった人物らに対して、幕府の役職などに関して質疑を行ったときの記録である。そうした史料の性格上、この逸話が事実かはわからない。ただし、家斉が個人的に天皇・朝廷の要望を聞き、内密にそれに応えるということ自体は、非常に大御所時代らしい。事実であった可能性は十分にあるのではないか。

前述したように大御所時代には、原則的には許されていなかった拝借金の貸与が縁戚大名に行われており、原則・枠組みを超えた経済的支援が縁戚大名に与えられていた。先の諸渡銀の用いられ方やこの逸話もまた、定高制を軸とした枠組みというそれまでの原則・枠組み外の財政支援であった。太政大臣就任をはじめとした幕府の種々の要望を叶えた天皇・朝廷に、幕府（家斉）が特別な配慮を払ったものと考えられる。つまり、家斉の存在を鍵として、それまでの枠組みの「外」にある、特別な保証や支援が実施されたという意味では、朝幕関係と幕藩関係にある種の共通点がみられる。

3　大御所時代後、ペリー来航前までの朝幕関係

朝廷財政のその後

以上のように、とくに「和懇」であった大御所時代の朝幕関係は、天保十一年（一八四〇）に光格上皇、同十二年に家斉と、その関係を築きあげていった立役者が病死すると、どのように変化し、幕末を迎えるに至ったのだろうか。

先の【史料二】の逸話については、つづきに「水野越前《忠邦》が出た以来は止《やん》でしまった」とあり、家斉死後、天保改革時に取り止めになったという。先述したように、朝覲行幸再興問題において、忠邦は「公武御為第一」と主張している。しかし、天保の改革を主導する立場になった忠邦にとって、【史料二】のような将軍の恣意で、しかも無制限に行われるよう

な可能性も秘めた内々の財政支援のやり方を認めるわけにはいかなかったのではないか（逸話が事実だとすればだが）。

また、天保三年から始められた諸渡銀による補塡制度は、一〇年間の年限を迎えた後、さらにもう一〇年延長されることになったが、弘化三年（一八四六）の仁孝天皇から孝明天皇《こうめいてんのう》への代替わりの際、年限の途中で中断となっている。詳細は後述するが、この時期には、江戸で大火がつづくなど幕府財政が悪化していた。天皇・朝廷への財政保証や支援は、幕府財政の状況につよく影響をうけるものであり、幕府財政が悪化してしまった以上、特別な理由がない限り、上記の補塡制度をつづけることはできなかったのであろう。

このように、大御所時代に特徴的であった制度の多くが、同時代の終焉後、廃止・中断された。朝幕関係が、大御所時代とは違ったものになっていたことがうかがえる（佐藤雄介『近世の朝廷財政と江戸幕府』）。

三条実万の認識とその背景

この時期の朝幕関係の変化に関して、嘉永元年（一八四八）から安政四年（一八五七）まで武家伝奏を務めた公家の三条実万が興味深い認識を示している（佐藤雄介「嘉永期の朝幕関係」、同『近世の朝廷財政と江戸幕府』）。

まず、内侍所《ないしどころ》（三種の神器の一つである鏡が安置されている場所）仮殿の普請《ふしん》がなかなか始まらないことなどに関する禁裏付との話し合いのなかで実万は、「近来」、何事につけても幕府の対応が遅いと不満を漏らしている（東京大学史料編纂所所蔵「三条実万公記」〈以下「実万」〉嘉永三年十一月二十日条）。「近来」以前と「近来」で、朝廷の要望に対する幕府側の対応の速さに違いがあると認識している。また、釈奠《せきてん》（孔子《こうし》らをまつる儀式）の開催場所などに関する記述においても、幕府と朝廷の交渉の往来がそうじて遅い、幕府側に「緩怠」＝ゆるみや過失があり、このようなことが重なれば、「当地において、甚だ気味悪敷《あし》き事也」と述べている（「実万」嘉永二年八月九日条）。

このほかにも、「公武の間ヒツタリ《ぴったりと》ト参リ難キかの儀」（「実万」嘉永二年閏四月四日条）と述べるなど、朝幕関係が大御所時代のとくに「和懇」なそれとは異なったものになっていることを示唆している。このような実万の疑念とそれに対する幕府側の態度を、さらによく表しているのが、実万と禁裏付との内談である（「実万」嘉永二年四月二十八日条）。

このなかで実万は、朝廷側の要望がしばしば認められない、朝幕のやり取りに何か「齟齬《そご》」が生じているのではないか、幕府は朝廷に懸念でもあるのかなどと疑念を示している。これに対して、禁裏付は直接的な返答はせず、将軍の天皇に対する「尊敬」は格別であり、頂戴した女房奉書《にょうぼうほうしょ》を表装して、晴れの日の懸け物にしているなどと答えている。その一方で、財政の問題があり、朝廷の要望に完全には対応することができないことを仄《ほの》めかしている。

つまり、この史料からは、①前代ほどは朝廷側の要望に応えてくれない幕府の態度に対する実万の疑念、②そうした対応を取らざるをえなかった幕府の態度の背景には、幕府財政の問題があったことがわかる。

当該期の幕府財政と朝幕関係

それでは、当該期の幕府財政の問題とは何だったのか、主に大口勇次郎『徳川幕府財政史の研究』、藤田覚『水野忠邦』を参照して、みていこう。

一つは、天保年間（一八三〇～四四）の後半から頻発した江戸大火である。天保九年には江戸城西丸が火災で焼け、同十五年には本丸で火災がおきた。九年の際には、大名らに上納金を命じ、再建費用を賄った（その際、三二万両強の剰余金を出した）。十五年の火災でも、大名らに上納金を命じたが、九年の際の剰余があるのではないかなどとの噂が立ってしまい、結局、上納金減額などを行わざるをえず、再建費用の七割（一七五万四三四五両）を幕府が自身で負担した。その後、弘化二年（一八四五）・三年にも連続して大火がおき、甚大な被害を出した。こうした度重なる大火が幕府財政にとって、非常に重い負担になっていた。

また、海防にかかる経費も幕府財政圧迫の一因であったことが知られている。欧米諸国の日本近海接近などによって対外的危機が深まったことは著名であろうが、それは幕府財政にも種々の負担を強いるものであった（なお、こうした欧米諸国の動きについて、弘化三年には、いわゆる海防の勅書が出されている）。

上記のように、当該期の幕府財政は、種々の問題を抱えていた。とくに幕政において、「天保改革の失敗以降、支出に消極的な勘定方の影響力が強まっていた」ことなども指摘されている（後藤敦史『阿部正弘』）。こうした幕府財政に関する諸問題こそが、幕府が大御所時代ほど朝廷側の要望に応えられなくなった主因であったと思われる。

4　鷹司政通の台頭

政通の権勢

大御所時代以降の朝幕関係、そして幕末史に連なる動きのなかで見逃せないのが、鷹司政通という公家である。政通は近世後期から幕末の朝廷で権勢をふるった人物として知られており、その権勢の源は、①「右生質《せいしつ》は随分才気これ有り」（東京大学史料編纂所所蔵「松平乗全関係文書」所収、嘉永三年〈一八五〇〉十一月付「官家風聞書」、京都町奉行与力《よりき》らによる情報探索書）などと評されるような能力の高さ、②長期にわたる関白在職（文政六年〈一八二三〉以来、三〇年以上）、③祖父輔平《すけひら》・父政熙《まさひろ》とともに関白を務めたこと、④輔平・政熙は尊号一件の際、尊号宣下に反対するなど、幕府寄りの態度を示しており、幕府からの信頼が厚かったと考えられること、⑤光格天皇にとって輔平は叔父であり、東山天皇《ひがしやまてんのう》―閑院宮直仁親王《なおひとしんのう》―輔平―政熙―政通という東山天皇に繋がる「血」、⑥経済力などと説明されている（井上勝生『日本の歴史18　開国と幕末変革』、藤田覚『天皇の歴史6　江戸時代の天皇』など）。

幕末期の彼の権勢を語るうえで、欠かせない史料として著名なものが、次にあげる安政五年（一八五八）二月二十日付関白九条尚忠《くじょうひさただ》宛孝明天皇宸翰《しんかん》である。これは条約勅許問題の最中に出されたものである。

【史料二】九条家蔵「宸翰写」（『孝明天皇紀　第二巻』一九六七年）

（前略）太閤（鷹司政通）と差向応対に成り候ては、私中々存念の程一寸も申されず、万一申し候とも、中々是迄の工合《ぐあい》にては申し条立たず、（佐藤註：政通は）自分存念通り立ねは置ぬ生質ゆえ、風と私申し条は自分不当懐の時は、自分存念通りを上も其御思召位申され候ては、事の大間違（中略）私希《ねが》う所は、何卒太閤入来の日を御考察候て自然に成り候様にて同日尊公にも御入来これ有り候て、御両人同時に御逢い申し候はば、其辺り至極都合宜しく候、左候はば、太閤と私応対も一所に御聞取これ有り候て、工合の悪敷《あし》き次第の時は、御助言下し遊ばされ候はば、誠に以て忝く存じ候

（後略）

政通と一対一で会うような際には、思うことも言えない、政通が参内してくる日を見計らって、尚忠も参内し、もしこちらの形勢が悪いときは、脇から助言してほしいなどと記されている。孝明天皇の政通に対する「恐れ」がよくわかり、当時政通が有していた権勢のほどがうかがい知れるであろう。

それでは、幕末にこのような権勢を有した政通にとって、大御所時代とその後の時期はいかなる意味を持ったのか。結論を先に述べれば、彼が権勢を築き上げていく重要な時期であった。

朝幕の交渉のなかで

大御所時代に、政通は幕府との種々の交渉のなかで、存在感を発揮していく。その一例が、前述した家斉の太政大臣昇進問題である。通常、朝幕の交渉は、将軍⇕老中⇕所司代⇕禁裏付⇕武家伝奏⇕摂政・関白⇕天皇というルートで行われたが、この問題に際しては、所司代から関白鷹司政通に直接要望が伝えられた。政通は光格上皇や仁孝天皇だけではなく、太閤鷹司政熙や前関白一条忠良《いちじようただよし》のところなどへも赴き、意見を伺ったうえで、先例調査を行った。もちろん、ぴたりと当てはまる先例などあるはずもなく、なるべく類似した「先例」として政通が導きだしたのが、三代将軍徳川家光《とくがわいえみつ》が太政大臣を辞退したというものであり、これを「先例」として、家斉の太政大臣就任が叶うことになった。つまり、当該問題の解決に際して、政通の調査・行動が一つの鍵になった（藤田覚『光格天皇』、同『天皇の歴史6　江戸時代の天皇』。なお、その背景には、摂家の持つ膨大な記録類などの蔵書〈松澤克行「近世の公家社会」〉やブレイン的存在があったのではないかと思われる）。

このように、政通が朝幕の交渉をうまく落着させるということは間々あった。大御所時代に幕府が天皇・朝廷に「すりより」、天皇・朝廷からも神事や儀礼の再興・復古要望などが出されるなかで、朝幕の交渉は必然的に増えていく。そうした状況下で政通は存在感を発揮し、交渉をまとめていった。そのような政通は、天皇はもとより幕府にとっても頼もしい人物であり、このような朝幕間の交渉を通じて、天皇・幕府の信頼を深めていったと思われる。

もちろん、大御所時代が終わった後も、政通は朝幕の交渉において、種々の活躍をみせた。例えば、嘉永元年（一八四八）に幕府から、安永八年（一七七九）に急死した一〇代将軍家治男家基《いえもと》に対して正一位太政大臣を追贈したいなどという要望があった。この要望は、三条実万が将軍嫡子への正一位太政大臣は先例がなく、あまりに身勝手と批判するなど、適当な先例がない強引なものであった。しかし、政通は「深く勘考」し、近世初期に誠仁親王《さねひとしんのう》（正親町天皇《おおぎまちてんのう》男）へ太上天皇《だいじょうてんのう》号を追贈した「先例」があることを見つけ出し、これを根拠として幕府の要望を認めることにした。政通自身、幕府の強引さに不満がなかったわけではないようであるが、政治的な判断を下し、幕府の要望を叶えた（佐藤雄介「嘉永期の朝幕関係」）。とくに仁孝天皇が弘化三年（一八四六）に亡くなると、後に残されたのは、十代半ばの年若い孝明天皇ただ一人であり、孝明天皇には頼るべき上皇もいなかった。そのような状況では、政通の存在感はさらに高まったと考えられる。

なお、こうした功績が賞され、①文政十年（一八二七）に家斉への太政大臣宣下への褒賞として、在職中、毎年米五〇〇俵（のち終身に）、②大御所時代後だが、弘化四年には毎年金二〇〇両（在職中）、という経済的恩典が政通に与えられることになった（村和明『近世の朝廷制度と朝幕関係』、山口和夫『近世日本政治史と朝廷』）。

鷹司家の縁戚関係

政通の権勢や朝廷内での位置づけを考えるうえでは、鷹司家が形成した縁戚関係も外すことのできない要素である。この時期には、繋子《つなこ》（新皇嘉門院《しんこうかもんいん》、文化十四年〈一八一七〉入内《じゅだい》、政通が関白に就任する以前）・祺子《やすこ》（新朔平門院《しんさくへいもんいん》、文政八年〈一八二五〉入内）と政通の妹を次々に仁孝天皇のもとに入内させていた。将軍家慶の世子家祥《いえさち》（のちの家定）にも、妹の任子《たみこ》を嫁がせており（天保二年〈一八三一〉に江戸城に入り、十二年に婚礼）、鷹司家（政通）は婚姻を通じても、天皇家・将軍家との結びつきを強めていった。また、後述するように、武家伝奏をながく務めた徳大寺実堅《とくだいじさねみ》は鷹司輔平の子どもであり（徳大寺家に養子入り）、諸公家などともひろく関係を結んでいた。

この縁戚関係についての興味深い史料が、（天保十三年）五月十三日付の鷹司家家司《けいし》（家来）宛禁裏付達書である（宮内庁書陵部所蔵「東坊城聰長日記」の「付属資料」、史料中に出てくる人物や彼らの職歴から天保十三年と比定）。

これによると、伏見宮《ふしみのみやけ》家の借財が嵩み、かなり経済状態が厳しいという（「伏見宮借財相嵩み、取続けられ方も覚束なく候に付」）。そこで、政通から幕府に金一〇〇〇両の拝領を願い（「今度金千両、関白殿より拝領相願われ」）、それでもって伏見宮家の経済を立て直したいという要望を鷹司家家司が差し出し、江戸の幕閣まで伝えられた。

幕府からの返答は、これまでの厚い手当や東明宮《とめのみや》（伏見宮貞敬《さだよし》親王の娘、直子《つねこ》）が天保二年に一橋家当主慶寿《よしひさ》に嫁ぐ際の支度料支給などがあり、本来はこれ以上、伏見宮家の経済的要望を叶えるのは難しい。しかし、政通からの厚い要望もあるので（「関白殿より厚き仰せ立てられの趣」）、「別段の思召」をもって許可するというものであった。

政通からの厚い要望があったので、特段に拝領金を支給するという構図になっており、幕府の政通に対する信頼、厚遇を示すものととらえられる。また、伏見宮家の問題に政通が関係している理由は、ただたんに、政通が関白であったからだけではなく、伏見宮邦家親王《くにいえしんのう》室が鷹司政熙の娘であったためと考えられる。鷹司家と伏見宮家はふかい関係にあったがゆえに（のちの話になるが、邦家親王の跡を継いだ貞教《さだのり》親王へは、政通の娘が嫁いでいる）、政通（鷹司家）がとくに動いた、あるいは伏見宮家側が動くように頼んだのであろう。つまり、伏見宮家は、幕府と関係がふかい鷹司家と結びつくことによって、幕府からの支援をうけられたと思われる（なお、当該期の伏見宮家の問題については、貞敬親王娘の隆子《たかこ》女王の出奔事件などで、同家が混乱していたであろうこととも関係していたと思われる。別稿を期したい）。

以上のように政通は、東山天皇に連なる「血」を持つ貴種性、祖父・父ともに関白を務めたこと、尊号一件を通じて鷹司家が幕府からえた信頼などを背景にして、大御所時代やその後において高い能力を存分に発揮し、天皇（上皇）はもちろんのこと、幕府からも信頼を獲得したと考えられる。さらに、縁戚関係形成によって、天皇家・将軍家との結びつきも強めていった。政通が朝廷で権勢を振るいえた最大の要因は、これらの点にあったと思われる。

なお、前述の天皇家・将軍家とのものも含めて、公家の縁戚関係に関しては、研究の蓄積はあるものの、検討が不充分な点も多い。どの家とどの家が縁戚関係にあり、それが朝廷運営などにいかなる影響を及ぼしていたのかといった点は、朝幕関係や公家社会のあり様を考えるうえで、重要な要素である。研究史上の課題の一つといえよう。

政通の経済力

ここまで論じてきたことに加えて、鷹司家の経済力も見落とすことができない。この点については、「頗《すこぶ》る裕福であるとの評判」（下橋敬長《しもはしゆきおさ》述・羽倉敬尚註『幕末の宮廷』）があったというほどであり、それは従来、一五〇〇石の家領や諸大名からの財政援助などのほか、関白職を務めることによる役得、さらに政通個人に関しては、前述した米五〇〇俵や金二〇〇〇両の幕府からの支給もあったことが明らかになっている（井上勝生『日本の歴史18 開国と幕末変革』、村和明『近世の朝廷制度と朝幕関係』など）。しかし、鷹司家（政通）の有した経済力を論じるには、金融活動の面も考える必要がある。それをよく表しているのが、前述の「官家風聞書」である。

【史料三】

右（鷹司政通）生質は随分才気これ有り、行き届けられ候方にて、官家一体の御取締は宜しき趣に候え共、身勝手の癖これ有り（中略）また貸附金も彼是七百貫目ばかりこれ有り、出入の丁（町）人八幡屋東助・茶染屋五兵衛と申もの世話いたし居り、外に平（「手」カ、ママ）当金を以、堂上方の内え貸付これ有るよし、利合八朱ほどに相聞こえ申し候（後略）

鷹司家が、実務は茶染屋五兵衛と八幡屋東助という町人に任せたうえで、最低でも銀七〇〇貫目以上（一両＝銀六〇匁換算で、金一万一六六七両）という多額の貸付金を運用していたことなどが記されている。かなり確度が高い情報が記されているといわれているとはいえ（荒木裕行「京都町奉行所における朝廷風聞調査について」）、この史料はあくまで「風聞書」であり、史料批判が必要である。ただし、東京大学法学部法制史資料室所蔵「京阪文書」や京都市歴史資料館架蔵写真版「高嶋（弥）家文書」には、鷹司家の貸付金に関する証文《しょうもん》が多数残されており、鷹司家が貸付金をかなりひろく展開していたことが明らかになる。その中核にあったのが、「心観院名目金《しんかんいんみょうもくきん》」であった。

心観院名目金とは

江戸時代には、幕府からの債権保護が与えられた特権的な貸付金があり、それを名目金と呼んだ。運用を許可されたのは、御三家《ごさんけ》や一部の寺社、公家らだけであった（三浦俊明『近世寺社名目金の史的研究』）。

問題の心観院名目金は、心観院の遺金を元手にした名目金であった。心観院とは、政通の曽祖父である閑院宮直仁親王の娘の倫子《ともこ》のことで、倫子と政通の祖父輔平は姉弟であった。宝暦四年（一七五四）に徳川家治《とくがわいえはる》（のちの一〇代将軍）へ嫁いだが、明和八年（一七七一）に没した。心観院名目金とは、心観院没時、将軍家との縁戚関係から鷹司家に与えられた遺金を元手にした名目金で、少なくともある時期から、実際の運用は茶染屋五兵衛ら町人が担ったようである。最初の元手は金一〇〇〇両であったが、名目金の元手には、町人らが自分の資金を加えることがしばしばあった（「差加金」。本来は禁止）。この心観院名目金も、茶染屋らが資金を投入し、莫大な額になっていたと考えられる。

さて、ひろく展開していた心観院名目金の貸付先は、堂上公家・地下《じげ》官人《かんじん》（昇殿することができない官人）・口向役人・京都町奉行所与力など多様であった。基本的には小口が多いが、堂上公家の山井家《やまのいけ》に対する銀一一貫目など、まとまった金額のものも散見される（以上、当該名目金については、佐藤雄介「近世後期の公家社会と金融」）。

下級公家を中心に「困窮」する堂上公家らがしばしばいたが（高埜利彦『近世の朝廷と宗教』、松澤克行「近世の公家社会」など。山井家もその一つだろう）、前述したように、幕府の基本的な方針は、天皇や上皇らに重点的な配慮を払うというものであり、個々の下級公家の救済には、ほとんど関心がなかったと思われる。したがって、下級公家らを救う一つの方策であった幕府からの拝借金は難しくなりがちであり、そうかといって、朝廷からの拝借金なども、朝廷財政の状況から、そうかんたんに貸与されるものでもなかった。そうしたなかで、ときにまとまった金額を貸し付けてくれる心観院名目金を中心とした鷹司家の貸付金は、下級公家らの「困窮」を日常的に救う金融として機能した一面があったのではないか。「困窮」する公家らに対するある種のセーフティネットとして、鷹司家の貸付金が機能していたと思われるし、逆にいえば、そうした経済的な面で、鷹司家がほかの公家らを「支配」するような状況が生まれていたのではないかとも推測される。

厚遇された公家たち

鷹司家の金融活動の概要は以上に述べたとおりであるが、もういくつか注目すべき点がある。まず一つめは、心観院名目金が、朝廷の要職である武家伝奏を多く輩出する広橋家《ひろはしけ》や非常に有能な公家と評判された三条実万らに貸し付けられていることである。とくに実万への貸付は、彼が武家伝奏になって間もなく始められている。政通が自らの朝廷運営をより円滑に行うために、朝廷運営に重要な影響を及ぼしうる公家たちに対して貸付けを行っていたのではないか。

二つめは、縁戚関係上の貸付けと思われるケースがしばしばみられる点である。とくに、心観院名目金ではないが、鷹司家の「御納戸《なんど》非常御手当金」から公家の広幡基豊《ひろはたもととよ》が非常に低利な貸付けをうけていることは興味深い（東京大学史料編纂所所蔵「基豊公記」）。基豊室は政熙の娘の孝子《たかこ》で、この優遇的な貸付けは、そのような鷹司家と広幡家との関係を背景にして行われていたと考えられる。

さらに、心観院名目金ではない茶染屋五兵衛による貸付金にも注目したい。鷹司家と関係のある公家や口向役人らがこの貸付金から借金しており、とくに公家の久我建通《こがたけみち》（室が政通の娘）への貸付けが非常に低利でなされている点は興味深い。おそらくは、茶染屋による貸付金には鷹司家の意向がある程度反映されており、政通との関係性ゆえに、建通へ低利の貸付けがなされていたと推測される。鷹司家と関係のある公家や口向役人らに対する茶染屋の貸付けも同様に、鷹司家との関係性ゆえのものであったのだろう。

このような縁戚関係にあった公家に対する厚遇は、金融以外の面でもみられる。例えば、天保二年（一八三一）から嘉永元年（一八四八）の長期にわたって武家伝奏を務めた徳大寺実堅は、じつは鷹司輔平の子どもであるが（前述）、徳大寺家で武家伝奏に就任した人物は、正徳二年（一七一二）から享保四年（一七一九）に同職を務めた公全《きんとも》以来である。政通は、叔父である徳大寺実堅（政通の方が年上）を異例なかたちで登用し、かつ長期にわたって武家伝奏に置くことで、自らの朝廷運営をより潤滑に行えるようにしたのだと思われる。実堅は辞職後、勤労を賞されて、終身米一五〇俵を支給されている（『孝明天皇紀　二』）。

さらに、優遇的な貸付けをうけていた前述の広幡基豊は、官職・役職の面でも厚遇されている。例えば、彼は家例として「珍らしき」（「官家風聞書」）右近衛大将に任ぜられているし（曽祖父前豊《さきとよ》、前豊の祖父豊忠《とよただ》のみか）、嘉永四年には、家例にない議奏《ぎそう》に就任している（以上、佐藤雄介「近世後期の公家社会と金融」）。

伏見宮家の事例なども考えあわせれば、鷹司家と縁戚関係を結んだ宮家や公家たちが経済面や役職面、官職面などで種々の利益をえていたことが明らかになる。逆にいえば、縁組や貸付けなどで関係を結んだ宮家や公家たちの存在を一つの基盤として、朝廷運営を行っていた政通の姿がみえてくる。それは、婚姻を通じた閨閥を「将軍政治安定の基本」（前述）としていた大御所時代の幕政と重なる部分がある。当該時代の一つの特徴として、深めていくべき問題ではないか。

おわりに

大御所時代に幕藩関係は、家斉による縁戚大名に対する厚遇などによって、「亀裂」が生じたと評価されている。一方、朝幕関係についていえば、幕府側が天皇・朝廷に「すりより」、さまざまな要望を行ったのに対して、天皇・朝廷は、ときに先例を超えるような幕府の要望に苦心しつつ、それらを叶えていた。その対価として、幕府からは「見返り」＝財政保証や支援が与えられたが、それらはしばしば、従来の枠組みから逸脱するものであった。

つまり、大御所時代においては、家斉の意思のもと、枠組みの「外」からの財政保証や支援が与えられることがあり、それらを背景にして、「ことに和懇」ともいえるとくに良好な朝幕関係ができていた。家斉との関係性によってそれまでの枠組みを超えた厚遇がなされ、従来と違った関係性が築かれるという意味では、（生じた結果の異同には検討の余地が残るが）当該期の幕藩関係と共通する点がある。大御所時代の一つの特徴として、確認しておきたい。

ただし、そうした枠組みの「外」からの保証や支援は、枠組み自体を壊したり、押し広げたりするものではなかった。例えば、天保三年（一八三二）には、口向定高の永続的な増額要望が却下されるなど、枠組みそのものを恒常的に拡大させるような（恒常的な財政支出をもたらすような）朝廷側の要望については、幕府側は難色を示すことが多く（佐藤雄介『近世の朝廷財政と江戸幕府』）、近世的な枠組み自体は維持されていた。逆にいえば、いくら将軍（大御所）家斉という権力者との関係によるものであったとしても、近世的な朝幕関係の枠組みを超越することはできなかった。そのような意味では、枠組みのなかでのとくに「和懇」な関係であったとも評価できる。当たり前のことかもしれないが、家斉とその周辺の意思がつよく働く政治があった一方で、そこには一定の規定性があったこと、そしてそれは近世的朝幕関係の堅牢さを打ち砕くようなものではなかったことを強調しておきたい。

なお、この財政面からみた朝幕関係の近世的な枠組みがおおきく変わるのは、文久二年（一八六二）から始まる文久の幕政改革期であったと考えている。文久の改革は薩摩《さつま》藩《はん》の島津《しまづ》久光《ひさみつ》が意見書を朝廷に提出したことをきっかけに、久光を随行させた勅使が江戸に赴き、幕政改革を要望したことによって行われたものであった。この時期には、「大政委任の制度化と朝廷尊奉策の充実」が重要な政策課題の一つとされ、「様々な朝廷尊奉政策が実施」された（箱石大「公武合体による朝幕関係の再編」）。朝廷財政にも変化があり、禁裏御所の口向定高が一〇〇貫目増額され、天皇・朝廷関係の支出にしばしば用いられていた諸渡銀の通常分も大幅に増加した。さらに、米一五万俵の増献もなされた。財政面における朝幕関係の枠組みがおおきく押し広がった時期ととらえられるが、より詳細な検討が必要である。

さて、大御所時代の朝幕関係が、上記のように、家斉の存在と、ときに枠組みの「外」からも与えられる財政保証や支援に支えられていた以上、家斉の死と江戸城火災や海防経費を要因とした幕府財政悪化は、おおきな影響を及ぼすものであった。大御所時代終焉後、とくに「和懇」な朝幕関係は、当然のごとく崩れ去ることになった。

もちろん、幕府側が意図的に朝幕関係を悪化させようなどといったことを考えたわけではなかったが、とくに「和懇」な関係に慣れていた三条実万のような公家にとって、こうした状況は不満のたまるものであったと思われる。幕末に実万は、幕府に対して種々の不満を漏らしており、その多くは幕府の諸外国に対する政策や態度についてのものだが（家近良樹『幕末の朝廷』、藤田覚『天皇の歴史6　江戸時代の天皇』など）、その根底には本章でみてきたような幕末以前の不満の蓄積があったのではないか。そのような公家はほかにも多くいた可能性があり、大御所時代のとくに「和懇」な朝幕関係に「慣れていた」朝廷・公家にとって、大御所時代後から幕末直前期の朝幕関係が、不満の溜まりやすいものであったということは、幕末における朝廷や公家らの幕府に対する態度を検討するうえで、考慮すべき要素の一つであろう。

大御所時代やその後の幕末直前期においても、近世的な朝幕関係の枠組み自体は維持されていたが、その中身＝朝幕関係や公家社会の内実は、大御所時代と比べると、上記のような変化を遂げていたと考えられる。家斉の存在およびその死が朝幕関係、および幕末史に与えた影響は少なくない。この点はより強調されるべきであろう。

もう一点、この大御所時代とその後の時期が重要と考える理由は、近世後期・幕末史のなかで重要な役割を果たす鷹司政通が権勢を築き上げていった時期だからである。大御所時代に、幕府が種々の要望を朝廷に対して行い、朝廷も（それ以前からではあるが）光格天皇（上皇）が神事や儀礼の復古・再興を志し、幕府にさまざまな要望を出す。そのようにして、朝幕の交渉が全体的に増えていくなかで、政通は自身の能力の高さを活かして、交渉を成功に導いていった。また、鷹司家（政通）は、将軍家・天皇家との縁戚関係形成も進めており、これらの動きを通じて、幕府・天皇（上皇）との信頼関係を深めていった。

公家社会内に目を向けても、当該期の鷹司家は巨額の貸付金を展開しており、貸付先には、堂上公家や口向役人らが多くいた。そのなかには、武家伝奏を多く輩出する公家の家や非常に有能との評判があり、武家伝奏になった公家も含まれていた。さらに、縁戚関係にあった公家らを、役職・官職面や低利の貸付けなどで厚遇することもあった。

以上のように、政通は当該期において、将軍家・天皇家との関係性を強めていった。さらに、金融活動や官職面の差配などを通じて、公家社会内での影響力も高めていった。これら一連の活動を通して政通は、朝廷内で確固たる基盤を築き上げていき、幕末に孝明天皇に恐れられるほどの権勢を有するに至ったと考えられる。もちろん、政通からの恩恵をうけられなかった公家らもおり、そのなかには、政通や彼を中心とした朝廷執行部に不満を持つ者もいたと思われる。そして、それは政通を信頼し、彼の権勢を許す幕府に対する不満となっていたやもしれない。孝明天皇の条約勅許拒否につながる大きな事件となった、いわゆる八八人の公家による列参事件の背景に、政通や摂家に対する公家らの不満があったことがよく指摘されるが、それはより直接的には、右記のようなものであったのではないか。政通の権勢の源泉をさまざまな角度から検討すること、近世後期から幕末の政治史における政通の位置・影響を考究すること、この二点の意義を改めて強調して、筆を擱きたい。

〔参考文献〕

荒木裕行「京都町奉行所における朝廷風聞調査について」松澤克行（研究代表者）『東京大学史料編纂所研究成果報告二〇一三―五　近世の摂家・武家伝奏日記の蒐集・統合化と史料学的研究』二〇一四年
家近良樹『幕末の朝廷―若き孝明帝と鷹平関白―』中央公論新社、二〇〇七年

井上勝生『日本の歴史18　開国と幕末変革』講談社、二〇〇二年
大口勇次郎『徳川幕府財政史の研究』研文出版、二〇二〇年
奥野高廣『皇室御経済史の研究　後篇』中央公論社、一九四四年
後藤敦史『阿部正弘―挙国体制で黒船来航に立ち向かった老中―』戎光祥出版社、二〇二二年
佐藤雄介『近世の朝廷財政と江戸幕府』東京大学出版会、二〇一六年
佐藤雄介「嘉永期の朝幕関係」藤田覚編『幕藩制国家の政治構造』吉川弘文館、二〇一六年
佐藤雄介「近世後期の公家社会と金融」『日本史研究』六七九、二〇一九年
高埜利彦『近世の朝廷と宗教』吉川弘文館、二〇一四年
箱石　大「公武合体による朝幕関係の再編」山本博文編『新しい近世史1　国家と秩序』新人物往来社、一九九六年
藤田　覚『光格天皇―自身を後にし天下万民を先とし―』ミネルヴァ書房、二〇一八年
藤田　覚『天皇の歴史6　江戸時代の天皇』講談社、二〇一一年、のち講談社学術文庫、二〇一八年
藤田　覚「近代の胎動」同編『日本の時代史一七　近代の胎動』吉川弘文館、二〇〇三年
藤田　覚『水野忠邦―政治改革にかけた金権老中―』東洋経済新報社、一九九四年
松澤克行「近世の公家社会」大津透ほか編『岩波講座日本歴史十二　近世三』岩波書店、二〇一四年
三浦俊明『近世寺社名目金の史的研究―近世庶民金融市場の展開と世直し騒動―』吉川弘文館、一九八三年
村　和明『近世の朝廷制度と朝幕関係』東京大学出版会、二〇一三年
山口和夫『近世日本政治史と朝廷』吉川弘文館、二〇一七年
横山伊徳『日本近世の歴史五　開国前夜の世界』吉川弘文館、二〇一三年

第3章

「大御所時代」の幕藩関係

山本英貴

はじめに

本章は、大名の官位をめぐる幕府と藩（大名家）との交渉、および交渉を仲介した田安家《たやすけ》・一橋家《ひとつばしけ》の動向を分析し、一一代将軍徳川家斉《とくがわいえなり》の治世のうち、「大御所時代《おおごしょじだい》」の幕府と藩との関係を解説していくことを目的とする。

家斉は、安永二年（一七七三）十月に一橋家の二代当主治済《はるさだ》の長男として生まれ、天明元年（一七八一）閏五月に一〇代将軍家治《いえはる》の養子となった。そして天明七年四月に一五歳で一一代将軍となり、天保八年（一八三七）四月まで将軍を務めた。さらに世子《せいし》家慶《いえよし》に将軍職を譲ってからも、大御所として、天保十二年閏正月に六九歳で死去するまで政治力を持った。

おおよそ半世紀にわたる家斉の治世は、老中《ろうじゅう》松平信明《まつだいらのぶあきら》の死去と水野忠成《みずのただあきら》の老中就任を画期として様変わりする。すなわち、松平定信《さだのぶ》が主導した寛政の改革を参考に、幕政を牽引してきた信明が、文化十四年（一八一七）八月に亡くなった。その後、忠成が文政元年（一八一八）八月に、側用人《そばようにん》の職を兼ねたまま老中に就任した。そして、信明が国家の恥として認めなかった貨幣の改鋳に着手する一方、信明が着手した蝦夷地《えぞち》の直轄と経営から手を引くなど、幕政の路線を大きく転換した（藤田覚「近代の胎動」）。本章では、家斉が将軍職を家慶に譲ってからも政治力を持ったことから、家斉が親政を行った将軍の在職期間を含めて、広く「大御所時代」としてとらえる考え方を参考に（津田秀夫『日本の歴史　第二二巻　天保改革』）、忠成の老中就任から家斉が亡くなるまでの時期を「大御所時代」としておきたい。

また、家斉には息子二六名、娘二七名にのぼる多くの子どもがいた。忠成主導の幕政のもと、家斉の息子・娘は大名家に迎えられ、迎えた大名家は将軍の縁家として官位の昇進などの家格上昇を実現した。縁家の家格上昇は、大名間の序列を変動させ、その他の大名家の不満を高めた。さらに家斉の治世では、家斉の実父治済と異母弟田安斉匡《なりまさ》も幕政に対して影響力を持った。治済あるいは斉匡の息子・娘を迎えた大名家、および一橋家あるいは田安家の縁戚にあたる大名家は、その関係をもとに治済か斉匡に内願し、官位の昇進をはじめ、家格の上昇をはかった。

家斉の親族、および家斉または彼の親族の息子・娘を迎えた大名家の動向は、大名間の序列を変動させ、幕府と藩との関係を変容させるものであった。本章では、この問題を大名の官位をもとに分析し、「大御所時代」の幕府と藩との関係をみていこう。

1　「大御所時代」の武家官位

大名家の格式と官位

幕府は、石高、江戸城での殿席、城郭の有無、領知の規模、行粧《ぎょうそう》（外出時のよそおい）、官位などの格式をもとに大名家を類別した（松尾美恵子「近世大名の類別に関する一考察」）。例えば石高は、一万石以上から五万石未満、五万石以上から一〇万石未満、一〇万石以上の三つを基準とし、大名が往来で召し連れることができる供の人数に差をつけた。江戸城での殿席は、譜代大名の帝鑑間《ていかんのま》、外様大名の柳間《やなぎのま》など登城した大名が詰める場所で大名家を分けた（松尾美恵子「大名の殿席と家格」）。城郭の有無は、大名家を、領内に居城を持つ家と陣屋《じんや》を持つ家とに分けた。そして領内に居城を持つ大名家は、

表3-1　大名家の官位序列

位階			官職	大名家
従	二位		大納言	尾張徳川，紀伊徳川
	三位		中納言	水戸徳川，徳川御三卿
			参議	加賀前田
正	四位	上	中将	彦根井伊
		下		福井松平
従		上		薩摩島津，仙台伊達
		下	少将	国持大名，その他
			侍従	小倉小笠原，柳川立花，対馬宗，老中，京都所司代，その他
			四品	郡山柳沢，明石松平，側用人，大坂城代，その他
	五位		諸大夫	万石以上

国立公文書館所蔵「要匡弁志年中行事」2をもとに作成.

領知の規模により、旧国名の一ヵ国以上を支配する国主《こくしゅ》（国持）、国主に准ずる准国主、城主《じょうしゅ》、の三つに分けられた。さらに領内に陣屋を持つ大名家も、城主と同等の城主格、無城《むじょう》、の二つに分けられた。無城の大名が城主格になると、その大名の家は城主格としてあつかわれた。行粧は、大名が参勤交代の際などに編成する行列に、持たせることができる鑓《やり》の本数、長刀を持たせることができるかどうか、などで差をつけた。石高、江戸城での殿席、城郭の有無、領知の規模、行粧、の五つは、大名の家につく格式であった。

一方、官位は大名に序列をつける機能をもち、序列は江戸城での大名の席次や礼法にあらわれた。官位にもとづく大名家の格式は、寛文・延宝期（一六六一～八一）に確立し、宝暦・天明期（一七五一～八九）から徐々に変動していった（松平秀治「大名家格制についての問題点」）。表3−1は、「大御所時代」直前の大名家の官位をまとめたものである。表によると、官位は、官職と位階とで構成された。官職は、うえから、大納言《だいなごん》—中納言《ちゅうなごん》—参議《さんぎ》—中将《ちゅうじょう》—少将《しょうしょう》—侍従《じじゅう》—四品《しほん》—諸大夫《しょだいぶ》、の序列になる。位階からは、正と従があって正がうえであること、うえから二位から五位まであること、四位には上と下があって上がうえであること、五位には下しかないこと、の四点がわかる。さらに尾張徳川家・紀伊徳川家の従二位《じゅにい》大納言をはじめ、大名家が到達できる最高の位階と官職（極位極官《ごくいごっかん》）を整理した。

なお、年齢や幕府への勤功などにより、家の極位極官を超えて昇進する大名もいれば、極位極官に至らない大名もいた。官位は、大名の家のみならず、その人につく格式であったからである（深谷克己「統一政権と武家官位」）。そのため、大名にとって官位は、石高などの大名の家につく格式よりも上昇させやすく、それが大名に官位を昇進させようと思わせる理由にもなった。そこへ、次の背景がかさなって、「大御所時代」には大名家の官位が昇進した。

官位昇進の背景

徳川家斉の二六名の息子と二七名の娘のうち、ともに約半数は早世した。嫡子の家慶を除くその他の息子・娘の処遇については、幕府から大名家に、藩主の養子あるいは藩主・嫡子の嫁として迎えることはできないか打診した。将軍の息子・娘の縁組とあって、送り出す幕府、迎える大名家ともに多額の費用を負担した。そのため、幕府は、迎えた大名家が内願すれば、領知の加増や有利な場所への所替《ところが》え、拝借金《はいしゃくきん》の貸与、官位の昇進などを認めようとした。その結果、家斉の息子・娘を迎えたいと幕府に内願する大名家もあらわれた。そして、一四名の息子が一〇の大名家、一三名の娘が一三の大名家に迎えられ、二一の大名家（息子・娘の両方を迎えた家が二家ある）が将軍の縁家となった。将軍の縁家となった大名家の官位をみると、家斉の息子を迎えた大名家は家の極位極官を超える昇進をし、家斉の娘を迎えた大名家も極位極官は超えないが昇進をした。

この状況をうけて、昇進した家と同官であった大名家も、幕府に官位の昇進を内願した。これに対して幕府は、大名間の序列の問題から内願した大名家の官位も昇進させる方針で調整した。その結果、従来と比較して大名家の官位は相対的に昇進し、大名家の上に立つ家斉も、自身と親族の官位を昇進させた。例えば、家斉は朝廷に要望し、文政三年（一八二〇）四月に実父の一橋治済を従一位に昇進させ、同八年三月に准大臣《じゅんだいじん》に昇進させた。治済以前の御三卿《ごさんきょう》は、田安家の初代当主宗武《むねたけ》の従三位《じゅさんみ》中納言が極位極官であり、治済の昇進は異例であった。家斉自身も、文政十年三月に、現職の将軍として歴史上初めて太政大臣《だいじょうだいじん》に昇進した。さらに、家斉の異母弟である田安家の三代当主斉匡についても、文政十年六月に従二位大納言に昇進させ、天保八年（一八三七）十月に従一位に昇進させた。家斉とその親族の昇進は、大名家にさらなる官位の昇進運動を展開させた（小野将「近世後期の林家と朝幕関係」）。

2 大名の内願と御三卿

一橋治済と田安斉匡

御三卿は、八代将軍徳川吉宗《とくがわよしむね》の次男宗武が興した田安家、吉宗の四男宗尹《むねただ》が興した一橋家、九代将軍徳川家重《いえしげ》の次男重《しげ》好《よし》が興した清水《しみず》家の三家からなる。図3-1は、将軍家および御三卿の系図を概略したものであり、そのうち一橋治済と田安斉匡は、家斉治世の幕政を左右する存在であった。

一橋家の二代当主治済は、将軍家斉および田安家の三代当主斉匡の実父である。治済は、尾張・紀伊・水戸の御三家《ごさんけ》とともに、白河《しらかわ》藩主の松平定信を田沼意次《たぬまおきつぐ》に代わる幕政の主導者として老中に推薦した。そして、御三家とともに定信から、幕府の重要な人事や政策の実施について諮問をうけた。一方で、治済は定信から、実兄の福井藩主松平重豊《しげとよ》の官位昇進や自身の江戸城西丸への転居などを反対され、定信との確執を深めていった。ついには老中格の本多忠籌《ほんだただかず》に指示を出し、定信を老中から解任した（横山伊徳『日本近世の歴史5　開国前夜の世界』）。その後、治済は寛政十一年（一七九九）正月に隠居して家督を六男斉敦《なりあつ》に譲るが、幕政への影響力に変わりはなかった。例えば、岡山藩主の池田斉政《いけだなりまさ》は、文化十三年（一八一六）十二月に官職が侍従から少将に昇任した。これをうけて斉政は、昇任に際し便宜をはかってくれたと考える幕府の有力者と役人に謝礼を贈っているが、治済と老中首座の松平信明には最高額を贈っている（藤田覚『近世政治史と天皇』）。治済は、文政十年（一八二七）二月に七七歳で死去するまで政治力を持った。

治済の死後は、将軍家斉の異母弟でもあり、田安家の三代当主でもある斉匡が、御三卿の中心として、幕政に対して影

図3―1　将軍家・御三卿略系図

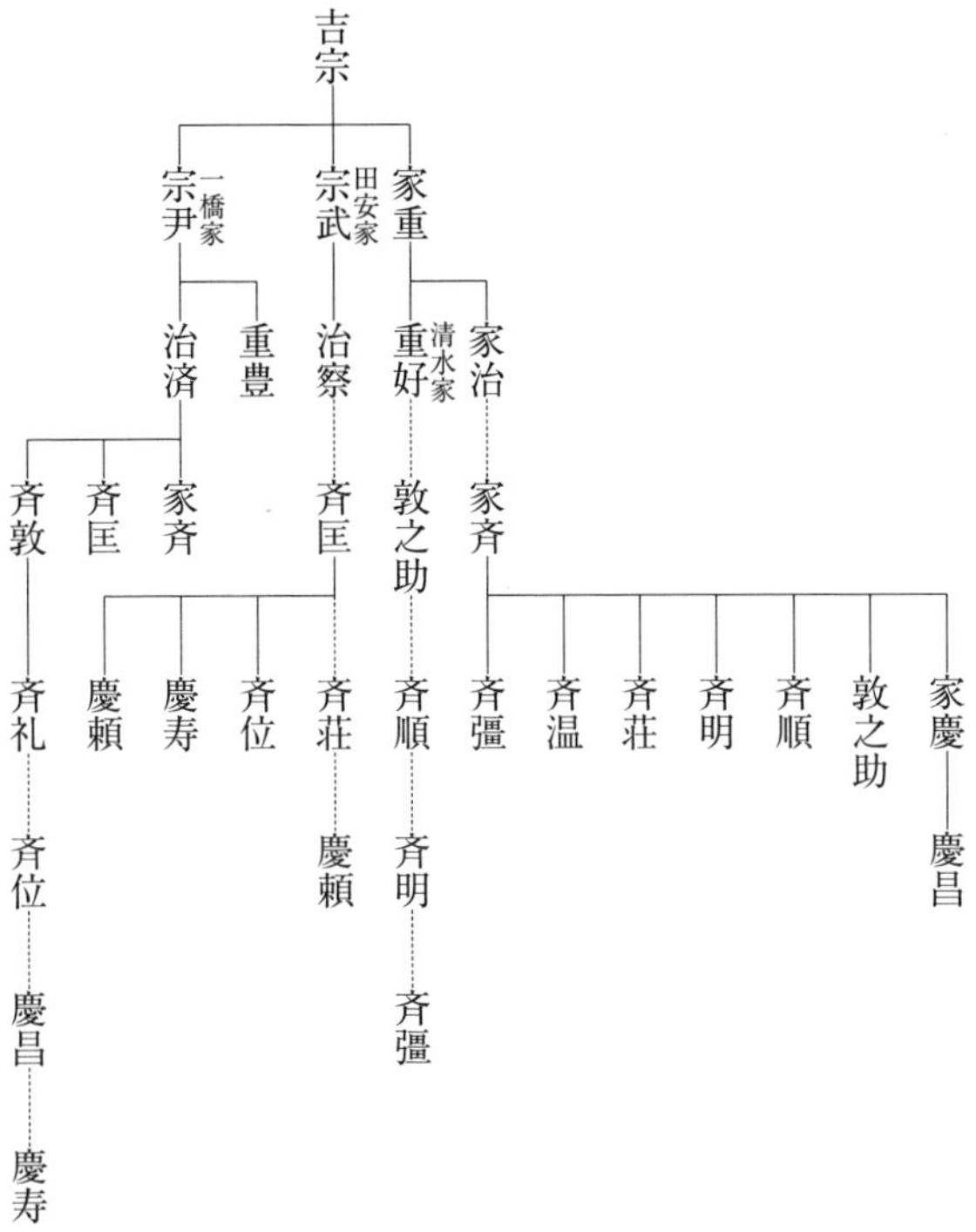

・『徳川諸家系譜』第一～第三（続群書類従完成会、一九七〇年・七四年・七九年）をもとに作成。
・――は実子、……は養子であることを示している。

響力を持つようになった。天明七年（一七八七）六月、斉匡は、二代治察《はるあき》の死後、当主不在の状態が続く田安家の養子となり、同家を相続した。斉匡は、文化十年十二月に家斉の一二男斉荘《なりたか》を養子とし、天保七年（一八三六）八月に家督を譲った。四代斉荘は、天保十年三月に異母弟である尾張藩主徳川斉温《なりはる》の養子となり、尾張徳川家を相続した。これにより、斉匡の九男慶頼《よしより》が田安家の五代当主となった。斉匡は、嘉永元年（一八四八）五月に七〇歳で死去するまで慶頼を後見した。

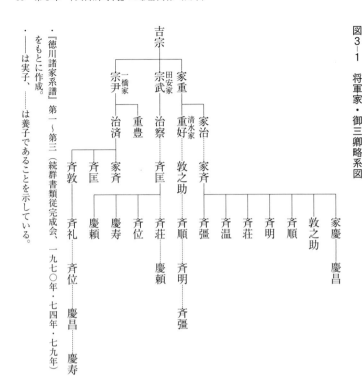

一橋家は、三代当主斉敦が文化十三年九月に死去し、斉敦の次男斉礼《なりのり》が相続した。四代斉礼は、文政八年二月に斉匡の四男斉位《なりくら》を養子とし、天保元年六月に死去した。五代斉位は天保八年五月に死去し、一二代将軍徳川家慶の五男慶昌《よしまさ》が斉位の末期《まつご》養子となり一橋家を相続した。その慶昌も天保九年五月に死去し、斉匡の五男慶寿《よしとし》が一橋家の七代当主となった。

清水家は、初代重好の死後、当主不在の状態であった。家斉の五男敦之助《あつのすけ》が寛政十年七月に相続するが、翌年五月に死去した。ふたたび当主不在となった清水家は、家斉の七男斉順《なりゆき》が文化七年十一月に相続した。しかし三代斉順は、文化十三年六月に紀伊藩主徳川治宝《はるとみ》の婿養子となり、十一月には江戸の紀伊藩邸に入った。これをうけて、家斉の一一男斉明《なりあき》が清水家の四代当主となるが、文政十年六月に死去した。同年十月、清水家は、家斉の二一男斉彊《なりかつ》が八歳で相続した。

治済の死後、斉匡が御三卿の中心として政治力を持つに至った理由として、家斉の異母弟であるとともに、一橋家の当主が一時期を除いて斉匡の息子であり、清水家の当主が幼少であった点があげられる。

毛利家の内願と田安家

東京大学法学部法制史資料室に、「心願書控」という全一一冊からなる史料が所蔵されている。この史料は、文化八年（一八一一）から天保五年（一八三四）までに、大名家から田安斉匡に提出された、官位昇進の内願書などを収録する（堀新「近世武家官位試論」）。斉匡に内願書を提出した大名家は、先祖が田安宗武の娘と婚姻した佐賀藩鍋島家《さがはんなべしまけ》・鳥取藩池田家《とっとりはん》・萩藩毛利家《はぎはんもうりけ》の三家、藩主あるいはその嫡子が斉匡の娘と婚姻した伊予松山藩《まつやまはん》松平家・弘前藩津軽家《ひろさきはんつがるけ》・庄内藩酒井家《しょうないはんさかいけ》の三家、宗武・斉匡の娘と婚姻していない薩摩藩島津家《さつまはんしまづけ》、の七家である。本節では、毛利家の官位昇進の内願を素材として、内願への田安家の対応をみる。

明和八年（一七七一）十二月、毛利家の七代藩主重就《しげなり》は、嫡子治親《はるちか》の正室に宗武の五女節姫《ときひめ》を迎えた（図3-2）。この縁故をもって、重就は田安治察に、官職を侍従から少将に昇任させるための口添えを依頼した。その結果、重就は安永二年（一七七三）十二月に、適齢とはいえないが、治察から願い出もあったので将軍家治の特別な思し召しである、との理由で少将に昇任した。少将への昇任は、初代藩主の秀就《ひでなり》以来であった。毛利家は、その後も官位昇進への口添えを田安家に依頼した。斉匡の口添えもあって、一〇代藩主斉熙《なりひろ》は、文政二年（一八一九）十二月に侍従から少将に昇任した。そして同四年十二月には、斉熙の嫡子斉元《なりもと》が侍従を拝任した（「心願書控」）。

ところで、一七世紀の末頃から、大名が特定の幕府役人に対して申し込み、役人が承諾すれば成立する「御用頼《ごようたのみ》」というものが存在した。御用頼の関係になると、大名は役人の昇進を祝ったり病気を見舞ったりし、役人は大名が老中に提出する書類を添削したりした（荒木裕行『近世中後期の藩と幕府』）。文政期の毛利家は、幕政を主導する老中水野忠成と御用頼の関係にあった。さらに文政六年六月には、毛利斉元の嫡子斉広《なりとう》と家斉の一九女和姫《かずひめ》とが婚約した（図3-2）。以上の縁故をもって、文政七年二月に一一代藩主となった斉元は、同十年九月、忠成に侍従から少将への昇任を内願した。そして、斉匡には内願への口添えを依頼したが、昇任には至らなかった（山本英貴「家斉期の幕藩関係」）。

内願の承諾と選定

田安宗武は、明和五年（一七六八）二月に四女仲姫を、鳥取藩池田家の五代藩主重寛《しげのぶ》と婚姻させた。そして安永三年（一七七四）三月には、七男定信を白河藩松平家の二代藩主定邦《さだくに》のもとへ養子に出した。松平家の三代藩主となった定信は、文化十二年（一八一五）に次男幸貫《ゆきつら》を、松代藩《まつしろはん》真田家《さなだけ》の七代藩主幸専《ゆきたか》のもとへ養子に出した（図3-3）。以上の縁故をもって、田安斉匡は文政十二年（一八二九）に、池田家の八代藩主斉稷《なりとし》および真田家の八代藩主幸貫から内願への口添えを依頼された（「心願書控」）。斉稷の内願は従四位上から正四位下への昇進、幸貫の内願は従五位下から従四位下への昇進であったと思われる。

文政十二年八月、毛利家は斉匡に、老中水野忠成に藩主斉元を侍従から少将に昇任させるよう記した内願書を提出したことを連絡し、あらためて内願への口添えを依頼した。そのため、斉匡は十一月十八日に、斉稷・幸貫・斉元の三名のうち斉元の内願については実現

図3-2　毛利家関係図

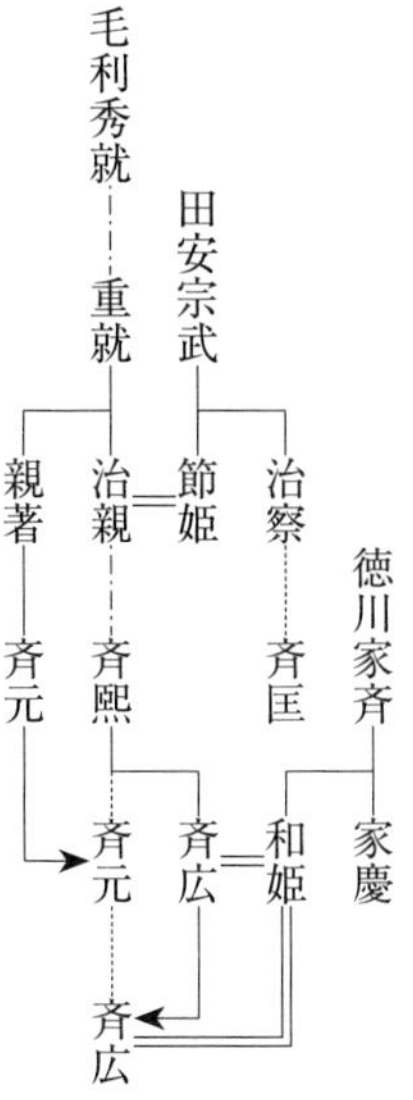

・『寛政重修諸家譜』第一〇（続群書類従完成会、一九六五年）、『徳川諸家系譜』第三（続群書類従完成会、一九七九年）、時山弥八『稿本もりのしげり』（一九一六年）をもとに作成。

・┄┄は藩主の代数が離れていること、→は養子に入ったこと、……は養子であることを示している。

図3-3　田安家関係図

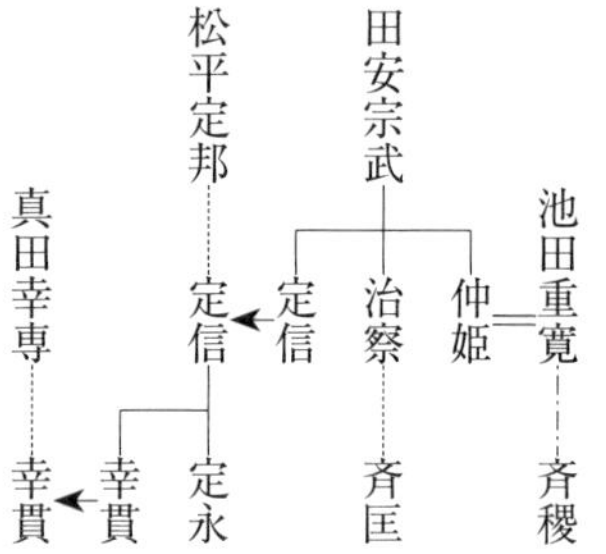

・『寛政重修諸家譜』第一・第五・第一〇（続群書類従完成会、一九六四年・六五年）、『徳川諸家系譜』第三（続群書類従完成会、一九七九年）をもとに作成。
・－・－は藩主の代数が離れていること、→は養子に入ったこと、……は養子であることを示している。

するよう記した手紙を、三名の内願書に添えて御側《おそば》御用取次の土岐朝旨《ときともむね》に提出した（「心願書控」）。

文政十二年十一月二十七日、斉元の嫡子斉広と家斉の一九女和姫との婚礼がとり行われ、和姫が江戸の萩藩邸に入った。同日、毛利家は、江戸城本丸の老女衆（大奥）に斉元を少将に昇任させるよう記した内願書を提出した。そして十二月五日には、大奥、御側御用取次の土岐朝旨・水野《みずの》忠篤《ただあつ》、新番頭格式《しんばんがしらかくしき》の中野《なかの》清茂《きよしげ》に、同様の内願書を提出した。これにより、斉元は十六日に、適齢とはいえないが将軍家斉の特別な思し召しである、との理由で少将に昇任した（「年録」）。一方、斉稷と幸貫は昇進できなかった。

以上のことから、大名は、官位の昇進を実現するため老中に内願書を提出し、田安斉匡や御側御用取次など大名と将軍とを仲介する者に内願への口添えを依頼したこと、口添えを承諾した者は、どの内願を優先すべきか選定し、その選定が内願の成否に関係したこと、の二点を指摘できる。

3　相馬大作事件と御三卿

相馬大作事件と一橋治済

こうした大名の官位昇進運動は、ときに大名間の官位争いを引きおこし、相手方の藩主の襲撃未遂事件もおこっている。それが盛岡藩南部家《もりおかはんなんぶけ》と弘前藩津軽家との官位争いに端を発する相馬大作《そうまだいさく》事件である。

文化五年（一八〇八）十二月十八日、南部家の一〇代藩主利敬《としたか》は、蝦夷地の警固を担うことを理由として、領知高を一

○万石から二〇万石に高直しされ、同家の藩主では初の侍従に任じられた。同日、津軽家の九代藩主寧親《やすちか》も、同じ理由で領知高を七万石から一〇万石に高直しされ、同家の藩主では初の従四位下に叙された（「年録」）。そして文化十一年十二月には、嫡子信順《のぶゆき》を田安斉匡の六女鋭姫と婚約させた（図3―4）。

南部家は、藩主利敬が文政三年（一八二〇）六月に死去し、九月に無官の利用《としもち》が跡目を相続した。津軽家は、藩主寧親の官位があがるよう、親類の田安斉匡に幕府への働きかけを依頼し、同年十二月に侍従に任じられた。江戸城での殿席は、南部家・津軽家ともに大広間であり、利用は殿席ごとに行われる儀式などで、寧親よりもはるか末席におかれることになった。盛岡藩福岡の所給人《ところきゅうにん》（いわゆる郷士《ごうし》）の次男に生まれた下斗米《しもとまい》秀之進《ひでのしん》は、南部家が津軽家の風下に立つ状況に不満であった。そこで、秀之進は寧親に隠居を勧め、聞き入れられなければ道中で寧親を襲撃することにした。文政四年四月、秀之進は江戸から弘前への道中で寧親の一行を襲撃しようとしたが、同行者の密告により未遂におわった。その後、秀之進は相馬大作と名を変え、出奔して江戸へのぼったが、十月に江戸町奉行筒井《つつい》政憲《まさのり》の手の者に捕縛された。

なお、相馬大作事件に関する史料は、国文学研究資料館所蔵『陸奥国弘前津軽家文書』の「南部一件」にまとまって収められている。さらに、弘前市立弘前図書館所蔵『津軽家文書』のなかに「神田橋様田安様より御内密之儀ニ付始末取調覚書」（以下「始末取調覚書」）という、相馬大作事件の処理をめぐる津軽家と一橋家、津軽家と田安家との交渉を記した史料がある。本節では、「南部一件」、「始末取調覚書」および「心願書控」をもとに、相馬大作事件への一橋治済・田安斉匡の対応をみる。

文政四年十二月三日、津軽家の用人《ようにん》兼留守居《るすい》笠原八郎兵衛《かさはらはちろうべえ》は、藩主寧親の嫡子

図3―4　津軽家関係図

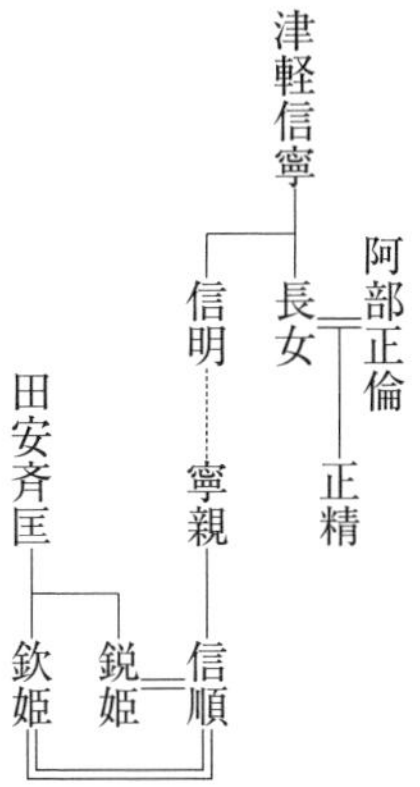

・『寛政重修諸家譜』第一〇・第一二（続群書類従完成会、一九六五年）、『徳川諸家系譜』第三（続群書類従完成会、一九七九年）をもとに作成。
・信順は、田安斉匡の六女鋭姫が成婚前の文政三年十二月に死去したことにより、斉匡の九女欽姫を正室に迎えた。

信順を従五位下から従四位下に昇進させるよう記した内願書を、田安斉匡・老中・御側御用取次の林忠英《はやしただふさ》・土岐朝旨のそれぞれへ提出した。これをうけて斉匡は、一橋治済と相談のうえ、十一日に忠英へ内願書のことを話したが、内願の時期が遅い、との理由で取り合ってもらえなかった。一方、南部家も、藩主利用を無官から従四位下侍従に昇進させるよう記した内願書を老中水野忠成の家老《かろう》土方鉄三郎に提出したが、忠成に取り次いでもらえなかった。それでも、利用は十六日に従四位下に昇進した（「南部一件」所収「南部ニ而早目御暇願幷国替取沙汰一件ニ付笠原八郎兵衛書状」「秀之進・良助御吟味一条幷南部所替風聞ニ付笠原八郎兵衛書状」、「心願書控」）。

文政五年三月、一橋治済は江戸の弘前藩邸に一橋斉礼の奥医師《おくいし》杉村元碩を派遣し、南部家の者が相馬大作のような事件をおこさないよう、藩主寧親は弘前で隠居してはどうか、との内意を伝えた。これに対して笠原は、被害者の寧親がなぜ隠居しなければならないのか、津軽家の者が南部利用を襲撃しようとしたら利用にも隠居を勧めるのか、と反論した。そして、寧親の親類田安斉匡と老中阿部正精《あべまさきよ》に、治済の内意について相談しようとしたが断念した（図3–4）。笠原は、斉匡・正精にどれほど道理を説こうとも、将軍家斉・斉匡の父である治済の意向には両名もさからえない、と考えたからである。そこで笠原は、津軽家の家老津軽監物《けんもつ》・側用人平岡群蔵と相談し、元碩に賄賂として金三〇両を贈った。そして元碩から治済に、治済の内意は大事になりかねないので津軽家に伝えられなかった、と報告してもらった（「始末取調覚書」）。治済は、元碩と笠原のやりとりに感づいていたが、この件からいったん手を引いた。

田安斉匡の折衷案と内願操作

文政五年（一八二二）十一月、一橋治済は杉村元碩に、津軽寧親の隠居について笠原八郎兵衛に話しても埒が明かないようならば、元碩から寧親に伝えるように言い含め、元碩を江戸の弘前藩邸につかわした。治済の意向を聞いた笠原は、うやむやな対応はとれない、と考えた。そこで笠原は、十八日に田安斉匡の御側御用人竹中半十郎と面会し、これまでの経緯を説明した。そして、二十五日には竹中から、治済の意向に対する斉匡の考えを伝えられた。斉匡の考えは、①寧親が来夏までに隠居することを約束すれば、今年、寧親の嫡子信順が従四位下に昇進できるよう、斉匡および治済が全力で支援する、②寧親は、信順の昇進を花道に隠居し、昇進できなければ藩主を続ける、というものである。寧親は、斉匡との間に不和が生じることを案じ、十二月三日に笠原を竹中のもとへつかわして、斉匡の考えに従う旨を報告した（「始末取調覚書」）。

寧親から隠居の言質をとれたことをうけ、斉匡は、文政五年十二月九日に御側御用取次の林忠英に、津軽信順を従四位下に昇進させるよう記した津軽家の内願書に、手紙を添えて提出した。手紙では、南部利用を従四位下から従四位下侍従に昇進させてから信順を昇進させるよう依頼している（堀新「近世武家官位試論」、「心願書控」）。

官位が同じである場合、儀礼での席次は、その官位に先に叙任された者が上席になる。そのため、信順が従四位下に昇進し、従四位下侍従の寧親が隠居して信順が藩主になれば、すでに従四位下の南部利用は信順の上席になる。しかし、利用が従四位下に昇進したのは文政四年十二月であり、信順が内願のとおりに昇進すれば、その差は一年しかない。幕府の有力者や役人への働きかけによっては、信順が先に侍従に昇進することもある。斉匡の目的は、一橋治済と同じく、信順が利用よりも上位の官位に叙任され、利用の上席になることを防ぎ、相馬大作のような事件をおこさせないことであった。そのためには、津軽家の内願を捻じ曲げて、御側御用取次ひいてはその先の家斉へと伝える必要があったのである。

斉匡の働きかけによって、信順が文政五年に従四位下に昇進することはなかった。しかし利用も、翌六年の暮に従四位下侍従に昇進することはできなかった。そのため斉匡は、文政七年十二月に御側御用取次林忠英および老中水野忠成に、信順を昇進させるよう依頼した。その結果、信順は十二月十六日に昇進し、寧親は翌八年四月に約束どおり隠居した。これにより儀式での席次は、利用が信順の上席となった。しかし利用が文政八年七月に死去し、九月に利済《としただ》が無官で跡目を相続したことにより、席次は信順が利済の上席となった。結局、相馬大作事件の余波は、利済が文政八年十二月に従四位下、同十年十二月に従四位下侍従へと昇進し、信順の官位を追い越すまで続いたのである（「心願書控」「年録」）。

4　官位をめぐる評議と家斉の意向

島津斉興の正四位下昇進一件

薩摩藩島津家の八代藩主重豪《しげひで》は、宝暦十二年（一七六二）に一橋宗尹《ひとつばしむねただ》の長女保姫を正室に迎えた。そして安永五年（一七七六）七月に、三女茂姫《しげひめ》を一橋治済の長男家斉と婚約させた。茂姫は、天明元年（一七八一）閏五月に薩摩藩邸から一橋邸に入り、九月に江戸城西丸に入った。同七年十一月には、右大臣近衛《このえ》経熙《つねひろ》の養女となって寔子《ただこ》に名をあらため、寛政元年（一七八九）二月に将軍家斉の正室として迎えられた（図3−5）。

一橋治済は、島津家との縁故から文政九年（一八二六）に、隠居となった重豪に従三位への昇進を提案した。これに対して重豪は、実現は難しい、と消極的であった。そのため治済の提案は、九代藩主であった隠居斉宣《なりのぶ》と一〇代藩主斉興《なりおき》のもとへ持ち込まれた。斉宣は、姉の寔子、親類の老中松平康任《まつだいらやすとう》および奏者番《そうしゃばん》兼寺《じ》社奉行《しゃぶぎょう》の脇坂安董《わきさかやすただ》らと、重豪の従三位への昇進を相談し（図3−5）、天保二年（一八三一）正月十九日に重豪の昇進を実現した（崎山健文「島津重豪従三位昇進にみる島津斉宣と御台所茂姫」）。

なお、治済は文政九年に、島津斉興にも従四位上中将から正四位下への昇進を提案した。これに対して斉興は、祖父重豪の従三位への昇進に支障を生じさせないよう、重豪・父斉宣に相談せず、一人で正四位下への昇進を実現しようとした。すなわち、斉興は老中に昇進の内意を伝え、老中水野忠成と御側御用取次の土岐朝旨らに昇進への口添えを依頼した。しかし昇進には至らなかった。そこから斉興は、自身の昇進について、老中が評議のうえ家斉に伺いを立てたり、御側御用取次が家斉に口添えしたりしても、下から上への働きかけでは実現できない、と考えるようになった。さらに文政十年二月には、昇進を提案した治済が亡くなった。そこで斉興は同十一年に、老中・御側御用取次に昇進を内願するにあたって、

図3-5　島津家略系図

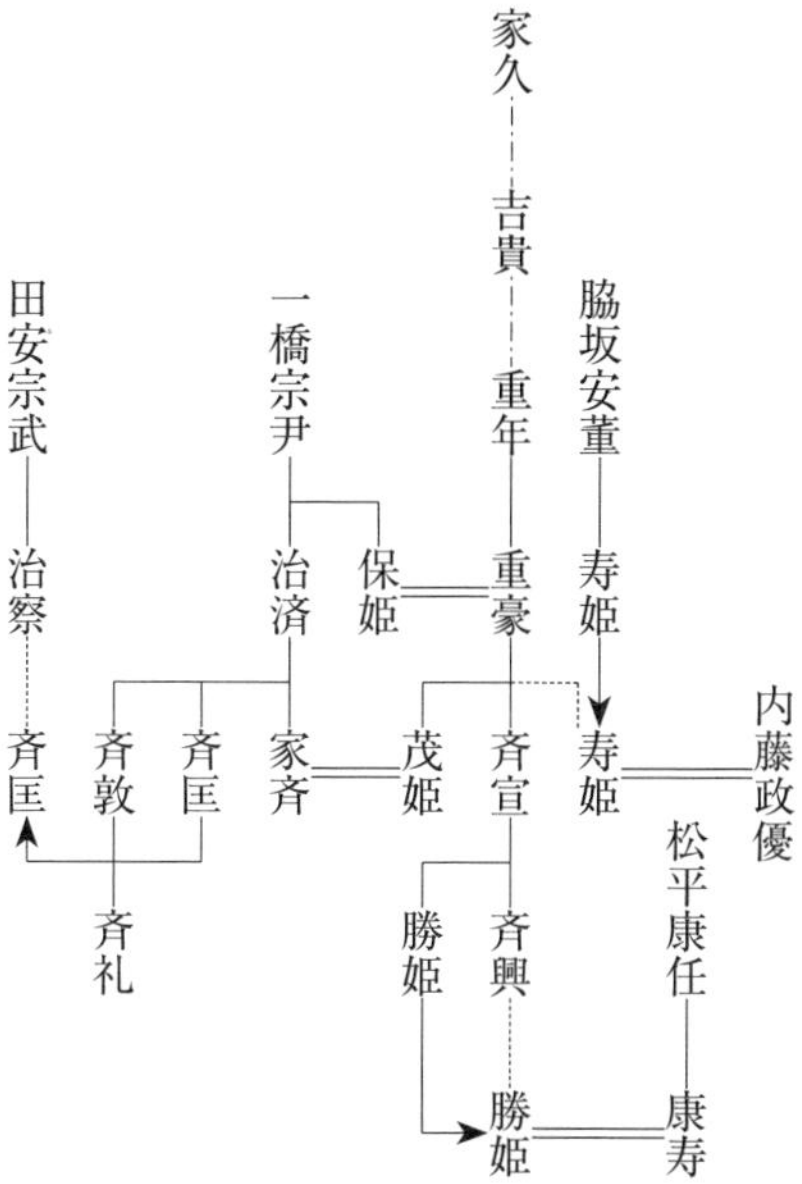

・『寛政重修諸家譜』第二（続群書類従完成会、一九六四年）、『徳川諸家系譜』第三（続群書類従完成会、一九七九年）、『平成新修旧華族家系大成』上・下巻（吉川弘文館、一九九六年）、林匡「島津氏の縁組—重豪・斉宣・斉興を中心に—」（『黎明館調査研究報告』二六、二〇一四年）をもとに作成。
・-・-は藩主の代数が離れていること、→は養子・養女に入ったこと、……は養子・養女であることを示している。

田安斉匡と一橋斉礼に内願が実現するよう口添えを依頼した。島津家の江戸留守居早川環が、田安家の番頭竹中半十郎に提出した同年十一月二十七日付の願書をみると、斉匡への依頼は、鳥取藩池田家の先例をもとに行われた。

池田家の藩主は、初代光仲《みつなか》から七代斉邦《なりくに》まで、従四位下少将を極位極官とした。これに対し、八代藩主斉稷は、文化十四年（一八一七）九月に家斉の一三男斉衆《なりひろ》を婿養子に迎え、十二月に初の従四位上に叙された。文政二年十二月には、初の中将に任じられている。斉稷の異例の昇進について、斉興は、家斉から老中への鉄砲のごとき不時の声かけによるもの、と考えた。そのため、斉興は斉匡に、老中や御側御用取次ではなく家斉に昇進の口添えをし、家斉から老中への不時の声かけを引き出すこと、つまり上から下への働きかけを実現させるよう依頼した（「心願書控」）。

斉匡にとって、近親でもない斉興からの依頼は迷惑であった（図3-5）。しかし、断っても依頼してくるので、斉匡は、文政十一年十二月九日に土岐朝旨に、斉興の依頼に迷惑しているが、できれば昇進が実現するよう家斉への口添えを内願した。そして、十二日には水野忠成に、断っても斉興が依頼してくるし、寔子の甥である斉興の依頼を無下にはできないので、老中の評議で問題なければ、斉興の昇進を実現させるよう取り計らってほしい、と内願した。斉匡は、斉興の依頼を迷惑と思っていたので、斉興の昇進が実現するよう対応したが、斉興の意向には従わなかった。その結果、斉匡は二十八日に土岐朝旨から、斉興の昇進は一橋斉礼からも依頼され、家斉に口添えしたが認められなかった旨を伝えられた（「心願書控」）。

官位昇進をめぐる評議

東京大学史料編纂所に、安政五年（一八五八）九月から幕府の奥右筆留物方《おくゆうひつとめものかた》を務めた神原徳柔が作成したと考えられる、「秘録」という全一七冊の史料が所蔵されている。「秘録」は、大名家から幕府に提出された各種の書類、書類に対する幕府役人の評議書などを収録し、なかには老中から御側御用取次を通じて将軍に提出されたものもある（山本英貴「江戸幕府の政務処理と幕藩関係」）。その全容は、同所の所蔵史料目録データベースにおいて確認できる。本節では、「秘録」に収録される、島津斉興の従四位上中将から正四位下への昇進に関する老中の評議をみる。

文政十一年（一八二八）、四〇歳になった斉興は、一橋治済が斉興の正四位下への昇進を提案したこと、四代藩主であった吉貴《よしたか》が四〇歳で従四位上中将から正四位下に昇進したこと、伯母の寔子が家斉の正室であること、の三点を理由に、正四位下への昇進を老中に内願した（「心願書控」）。しかし、昇進には至らなかった。ついで、斉興は天保元年（一八三〇）に、位階を従四位上から正四位下、官職を中将から宰相に昇進させるよう老中に内願したが、実現しなかった。そこで、斉興は同三年に、尚育王《しょういくおう》への代替わりを家斉に謝恩するため琉球《りゅうきゅう》から派遣される謝恩使《しゃおんし》を江戸に召し連れることを理由にくわえ、老中に、正四位下宰相への昇進、あるいは正四位下を飛び越えて正四位上への昇進を認めるよう内願した（「秘録」）。

これに対して老中は、まず、斉興が家督を相続してから二四年、従四位上中将に叙任されてから一五年がたち、四四歳であることを確認した。つぎに、島津家および仙台藩《せんだいはん》伊達家《だてけ》における歴代藩主の官位を調査した。その結果、島津家は初代家久《いえひさ》が従三位中納言、伊達家は初代政宗《まさむね》が従三位中納言に叙任されたが、両家ともに二代からは従四位上中将を極位極官とすることが確認できた。唯一、島津家の四代吉貴が正四位下に昇進しているが、それには琉球使節の江戸参府が関係した。すなわち、吉貴は、琉球使節を江戸に召し連れることを理由に官位の昇進を内願し、宝永七年（一七一〇）十一月十六日に従四位上中将に昇進した。十八日には、琉球から派遣された徳川家宣《とくがわいえのぶ》への将軍代替わりを慶賀する慶賀使《けいがし》、および尚益王《しょうえきおう》への代替わりを家宣に謝恩する謝恩使、この両使節を伴って江戸城に登城した。吉貴は、正徳四年（一七一四）にも同様の理由で官位の昇進を内願し、十一月二十九日に正四位下に昇進した。十二月二日には、琉球から派遣された徳川家継《いえつぐ》への将軍代替わりを慶賀する慶賀使、および尚敬王《しょうけいおう》への代替わりを家継に謝恩する謝恩使の両使節を伴って江戸城に登城した。吉貴は、おおよそ四年間で、二度にわたって慶賀使・謝恩使の両使節を滞りなく江戸に召し連れることで、正四位下に昇進した（「秘録」「年録」）。

　また老中は、琉球使節の江戸参府と島津家における藩主の官位昇進との関係を調査した。そうしたところ、七代重年《しげとし》は、宝暦二年（一七五二）に謝恩使を江戸に召し連れることを理由に従四位上中将への昇進を内願したが、認められなかったこと、九代斉宣は、寛政二年（一七九〇）に慶賀使を江戸に召し連れることを理由に従四位上中将への昇進を内願して認められたが、同八年と文化三年（一八〇六）に、謝恩使を江戸に召し連れることを理由に官位の昇進を内願して認められなかったこと、が確認できた。そこから老中は、慶賀使を江戸に召し連れることを理由に官位が昇進した先例はあるが、謝恩使を江戸に召し連れることを理由に官位が昇進した先例はない、と判断した。

　以上のことから、老中は、吉貴の正四位下への昇進は特例であり、斉興が江戸に召し連れるのは謝恩使である、との理由から、御側御用取次を通じて家斉に、斉興の正四位下への昇進を見送るよう申し上げた。家斉は、老中の意見をうけいれた（「秘録」）。

官位昇進の再評議と理由

島津家の九代藩主であった隠居斉宣は、天保二年（一八三一）正月に八代藩主であった父重豪の従三位への昇進を実現した。そのため斉宣・重豪の両名は、同三年に一〇代藩主斉興の従四位上中将から正四位下への昇進が実現するよう支援した。両名は老中に、斉宣が琉球使節を江戸に召し連れた頃とは違って、現在は他の殿席でも異例の昇進をした大名がいるので、斉興の昇進も認めるよう、しきりに内願した。

そこで老中は、家斉に昇進を見送るよう意見した斉興の件を、あらためて評議した。そして御側御用取次を通じて家斉に、琉球使節の江戸参府と島津家における藩主の官位昇進との関係を記した調査書などに、寛政元年（一七八九）から現在までに異例の昇進をした大名を記したものを添えて提出した。これに対して家斉は、謝恩使を江戸に召し連れるという理由にこだわらず、斉興を昇進させるとの意向を示した。そのため老中は家斉に、斉興を昇進させるには謝恩使を江戸に召し連れることを理由にするよう記した評議書と、斉興への昇進の申渡案を提出した。評議書には、琉球使節を江戸に召し連れることは島津家の役目であり、それを理由に斉興を昇進させれば、他の大名家の参考にはならないこと、家斉の意向あるいは伯母の寔子が家斉の正室であることを理由に、斉興を昇進させれば、伊達家をはじめ諸大名に影響を及ぼしかねないこと、などが記されていた（「秘録」）。

家斉は、評議書の内容に納得し、申渡案の通りに対応するよう老中に指示した。これをうけて老中は、天保三年閏十一月二日に、凶作などが続いて難渋している琉球を扶助し、謝恩使を滞りなく江戸に召し連れたことを理由に、斉興に正四位下への昇進を申し渡した。そのうえで斉興に、昇進は家斉の特別な思し召しによるものであり、先例にはならない旨を通達した（「秘録」「年録」）。

おわりに

本章では、大名の官位を素材として、「大御所時代」の幕府と藩との関係を解説した。最後に、その後の幕府と藩との関係について述べ、むすびにかえたい。

「大御所時代」の幕府は、将軍家斉の縁家から提出される、官位の昇進など大名家の格式を上昇させる内願、大名家から家斉の実父一橋治済あるいは異母弟田安斉匡を通じて提出される、同様の内願を認めていった。その結果、大名の官位は相対的に上昇し、大名間の序列を変動させた。そのことは、幕府と藩との関係を変容させるとともに、家斉の縁家および一橋・田安の両家と関係のある大名家など、幕府に内願した大名家から、内願を認める対価として幕府の役を務める、といった言質をとれることを意味した（千葉一大「近世大名の身分と格式」）。

一方、家斉の死去からおよそ四ヵ月後、天保十二年（一八四一）五月、老中水野《みずの》忠邦《ただくに》は、天保の改革を開始することを宣言した。そして、同年十二月には、享保・寛政の両改革に復する政治を行うことを理由に、大名の官位についても、家斉期に叙任された官位を先例として、官位の昇進を内願するのは止めるように通達した。すなわち、家斉期に家例を超える官位の昇進を実現した大名が死去し、その息子が父親の官位を先例として官位の昇進を内願することをできなくした。

以上のことから、天保十二年十二月の通達は、家斉期に変動した官位序列を是正し、幕府と藩との関係を寛政改革の頃に戻そうとするものであった。そして、その是非はともかくとして、水野忠邦が改革を進めていくうえで、官位を餌に大名家を幕府の役に動員する、という旧来の政治手法を使えなくする足かせになった、と評価できる。

〔参考文献〕

荒木裕行『近世中後期の藩と幕府』東京大学出版会、二〇一七年
小野　将「近世後期の林家と朝幕関係」『史学雑誌』一〇二―六、一九九三年
崎山健文「島津重豪従三位昇進にみる島津斉宣と御台所茂姫」鈴木彰・林匡編『島津重豪と薩摩の学問・文化―近世後期博物大名の視野と実践―』勉誠出版、二〇一五年
千葉一大「近世大名の身分と格式―盛岡・南部家の場合―」『日本歴史』五九九、一九九八年
津田秀夫『日本の歴史　第二二巻　天保改革』小学館、一九七五年
林　匡「島津氏の縁組―重豪・斉宣・斉興を中心に―」『黎明館調査研究報告』二六、二〇一四年
深谷克己「統一政権と武家官位」『深谷克己近世史論集　第三巻』校倉書房、二〇〇九年
藤田　覚『近世政治史と天皇』吉川弘文館、一九九九年
藤田　覚「近代の胎動」『日本の時代史17　近代の胎動』吉川弘文館、二〇〇三年
堀　新「近世武家官位試論」『歴史学研究』七〇三、一九九七年
松尾美恵子「大名の殿席と家格」『徳川林政史研究所研究紀要』昭和五五年度、一九八一年
松尾美恵子「近世大名の類別に関する一考察」『徳川林政史研究所研究紀要』昭和五九年度、一九八五年
松平秀治「大名家格制についての問題点―官位制を中心に―」『徳川林政史研究所研究紀要』昭和四八年度、一九七四年
山本英貴「江戸幕府の政務処理と幕藩関係―家斉期の行列道具を素材として―」『史学雑誌』一二六―六、二〇一七年
山本英貴「家斉期の幕藩関係―毛利家の家格上昇運動を素材として―」『歴史学研究』九八九、二〇一九年
横山伊徳『日本近世の歴史5　開国前夜の世界』吉川弘文館、二〇一三年

第4章

天保・弘化期の幕政

荒木裕行

はじめに

本章では、寛政改革終了から阿部《あべ》正弘《まさひろ》政権の時期、とくにそのなかでも天保改革開始（天保十二年〈一八四一〉）からペリー来航直後（嘉永六年〈一八五三〉）までを中心に取りあげたい。この時期に日本が直面していた政治的な問題をもっとも端的に示した言葉は、徳川斉昭《とくがわなりあき》が将軍家斉《いえなり》へ提出した意見書である『戊戌封事《ぼじゅつふうじ》』に記した「内憂外患」であろう。世界規模での変化やペリー来航後の日本国内での政治変動などを念頭に置くならば、とくに近世日本を大きく揺るがしたのは、一八世紀末から本格化した西洋諸国の東アジアへの進出であり、その問題に対して、幕府は紆余曲折はありながらも対応策を模索し続けていた（横山伊徳『日本近世の歴史5 開国前夜の世界』）。

寛政改革終了後の幕政運営の推移を概観すると、寛政～文化期は松平信明《まつだいらのぶあきら》、文政～天保期前半は水野忠成《みずのただあきら》、天保期後半は将軍家斉側近、天保末は水野忠邦《ただくに》、弘化～安政期は阿部正弘が中心的な存在であった。寛政五年（一七九四）に松平定《さだ》信《のぶ》が老中《ろうじゅう》を辞した後、松平信明・戸田《とだ》氏教《うじのり》・本多《ほんだ》忠籌《ただかず》など、いわゆる寛政の遺老によって寛政改革期と同様に緊縮財政策を基調とした政治が続けられた。文化十四年（一八一七）に信明が死去し、水野忠成が老中格に昇進して幕政をリードするようになると、貨幣改鋳の推進をはじめとする積極的な財政政策へと幕政は転換した。忠成の死去後、幕政に強いリーダーシップを示す老中は現れず、将軍徳川家斉の側近を中心に、積極財政を基調とした政策が続けられた。この状況は天保十二年の徳川家斉の死去まで続いた。その後、天保改革期には水野忠邦が、忠邦の失脚後は阿部正弘が老中首座として幕府を率いた。

本章前半では、水野忠邦・阿部正弘両政権について、政治構造に注意を払いながら論じる。後半では、西洋諸国の接近という政治課題を背景に、幕政への進出を意図するようになった政治勢力の一つとして、新発田《しばた》藩《はん》溝口《みぞくち》直諒《なおあき》を取りあげ、その政治行動が持った意味について論じたい。

1　天保の改革

天保十二年（一八四一）閏一月七日、徳川家斉が没した。死去はしばらく秘され、公式には同月三十日没とされている。長年にわたって強い影響力を持っていた家斉の死によって、水野忠邦は幕政の主導権を握ることに成功し、一般的に天保改革と呼ばれる大胆な政治行動を開始した（藤田覚『水野忠邦』）。

最初に行ったのが、家斉の側近として権勢を振るっていた、若年寄《わかどしより》林《はやし》忠英《ただふさ》・御用取次《ごようとりつぎ》水野《みずの》忠篤《ただあつ》・小納戸《こなんど》頭取《とうどり》美濃部《みのべ》茂《もち》育《なる》・新番頭格《しんばんがしらかく》中野《なかの》清茂《きよしげ》などの処罰であり、四月から始められた。二月に行われた家斉の葬儀では、林忠英は水野忠邦とともに責任者を務めており、この時点では林など家斉側近は権力を有していたことがわかる。表面には出ないものの、二月から四月にかけて幕府中枢部で権力抗争があったと考えられる。水野忠邦による政敵の駆逐は家斉側近に留まらなかった。大老《たいろう》井伊《いい》直亮《なおあき》・老中太田《おおた》資始《すけもと》・江戸《えど》町奉行《まちぶぎょう》筒井《つつい》正憲《まさのり》・勘定《かんじょう》奉行田口《たぐち》喜行《よしゆき》など、中心的役人が四月から五月にかけて辞任や罷免・左遷などで幕政から締め出された。

水野忠邦政権の構造

その一方で、堀田正篤《ほったまさあつ》・真田幸貫《さなだゆきつら》を老中に起用し、ほかに側用人堀親審《そばようにんほりちかしげ》・御用取次新見正路《しんみまさみち》・江戸町奉行鳥居忠耀《とりいただてる》などを登用した。天保十二年（一八四一）六月末時点での老中・西丸老中（将軍世嗣《せいし》徳川家祥《とくがわいえさち》附）は先任順に、水野忠邦（四八歳、老中八年目、老中就任前に西丸老中六年）・堀田正篤（三二歳、老中一年目、老中就任前に西丸老中四年）・土井利位《どいとしつら》（五三歳、老中三年目、老中就任前に西丸老中一年）・間部詮勝《まなべあきかつ》（三八歳、西丸老中二年目）・井上正春《いのうえまさはる》（三七歳、西丸老中二年目）・真田幸貫（五一歳、老中一年目）の六人だった。水野は年齢こそ三番目だが、老中としての経歴は一四年目と他を圧倒していた。さらに水野は、寺社奉行を八年、大坂城代を一年、所司代を二年、本丸老中就任後は幕府財政を管掌する勝手掛《かつてがかり》を四年、老中首座を二年勤めるなど、政治家としての経験を十分に積んでいた。

反対勢力を追放し、盤石の政権を築くことに成功した水野は、五月十五日、満を持して享保・寛政の両改革を理想とする改革の開始を宣言した。天保改革は、家斉治世のもとで蓄積した諸問題の解決をめざすことを目標とした。

改革の政策

改革の軸の一つが、西洋諸国の日本接近への対応であり、アヘン戦争に象徴される強大な軍事力を持つ西洋諸国に対抗するため、幕府軍事力の強化をめざした。天保十三年（一八四二）江戸湾防備のための伊豆下田《しもだ》奉行再設置・羽田《はねだ》奉行設置、翌十四年日本海側防備のための新潟奉行設置、天保十二年八月海沿いに領地を持つ大名・旗本・寺社への海防体制報告の指示、九月全大名宛の異国船と戦える大砲を中心とした軍備用意の指示など、軍事力整備を意図した組織構築を進めた。さらに蒸気機関車・蒸気船の導入をめざし、十四年四月にオランダ商館長に輸入について具体的に打診するなど、装備面での軍事強化計画にも手をつけている。

国内向けの政策としては、物価の高騰を抑えるため、奢侈《しゃし》の制限・質素倹約の指示、流通自由化による物価低下を意図した株仲間解散令などがあげられる。江戸を主な対象とした都市政策では、水野と江戸町奉行遠山景元《とおやまかげもと》との間で判断が対立する局面が多かった。水野は都市での生活が奢侈的な状況に流れがちであることを問題視していたので、節約や物価引き下げなどの景気引き締め政策を重視し、遠山は庶民の生活を維持するために、都市の繁栄に重点を置いていたとする理解がある（藤田覚『天保の改革』）。それに対して、天保十三年四月に水野が推進した店賃《たなちん》引き下げ政策について、遠山が金主の利益を維持する目的で反対の意見を表明していたことに注目し、水野は下層民救済のために直接的な影響を持つ地代・店賃の引き下げを企図し、遠山は新政策の実施によって社会に大きな変動が生じることを忌避していたのだとする見解も示されている（坂本忠久『天保改革の法と政策』）。どちらの見解が正しいにせよ、水野と遠山の意見対立の原因は、幕府権力の強化といった大きな目標の実現のために改革の成功という実績が必要であった水野と、目の前の現実的課題を処理していくことが必要であった遠山との差異と理解してよいだろう。

改革のなかには、藩の要求を受け入れて実施された政策もあった。その一つに御用頼《ごようだのみ》の規制があった。御用頼とは藩と私的・非公的につながりを持っていた幕府役人を指す。藩は御用頼になってもらった役人へ賄賂的な性格も持つ金品を贈り、それに対して御用頼は、幕府との交渉時の優遇措置、幕府内部情報の内々の伝達など、さまざまな便宜を藩に与えた。老中から江戸城の門番まで、各階層に御用頼は存在し、幕藩間を非制度的につないだ。本格的に改革が開始される前年の天保十一年二月から御用頼規制は開始された。内容を簡単にまとめると、目付《めつけ》・徒目付《かちめつけ》・小人目付《こびとめつけ》・中之口番《なかのくちばん》・表坊主《おもてぼうず》・数寄屋坊主《すきやぼうず》・百人組与力《ひゃくにんぐみよりき》・同心《どうしん》などの中級・下級の幕府役人を中心に、一つの藩が依頼できる御用頼の人数を定めて、御用頼の総数を削減しようとするものであった。表向きは規制の理由として、藩から贈られた金品によって役人が奢侈な生活をしていることが不適切であると説明していたが、本当の規制の狙いは、御用頼へ贈る金品を減らして、藩が支出しなければならない経費を圧縮することにあった。御用頼それ自体は、藩が幕府役人とのつながりを求めるという関係性であって、幕府からすれば問題はなく、本質的にはむしろ歓迎されるものだった。それにもかかわらず幕府が規制に乗り出すことになったのは、藩の側が実施を要求したためであろうと推測される。

上知令と政権の崩壊

御用頼規制とは逆に、藩・旗本の意向に反して実施された政策が上知令《あげちれい》であった。上知令は江戸城・大坂城周辺一〇里内の藩領・旗本領を幕府領にするものであり、生産性の高い江戸・大坂近郊を幕府領として幕府の収入を増加させるとともに、幕府による広域的な地域支配体制をつくり、対外的な防備体制を整備することをめざしていた。この政策は該当地域に所領を持つ藩・旗本にとっては、収入の減少を意味していたため、幕府に対する大きな不満を抱かせた。水野政権への批判は非常に大きく、それを背景に政権内部での激しい対立が発生するとともに上知令の撤回をめざす動きも生じた。最終的に大坂周辺に上知対象となる領地を持っていた老中土井利位が上知令撤回派に加わり、水野政権にとっては致命傷となった。天保十四年（一八四三）閏九月水野は老中を罷免され、改革も途中で打ち切られた。

2　阿部正弘政権

水野政権崩壊後、幕政の中心となったのは老中土井利位であった。土井は天保改革期には水野に協力して幕政を運営したが、改革末期には水野と対立し、水野辞任後の天保十四年（一八四三）閏九月に老中首座となった。しかし翌十五年、江戸城本丸が火災により全焼すると、その再建工事の資金調達に失敗し、さらに六月に水野が老中に再任され老中首座に復帰したこともあり、土井は同年十月に病気を名目として老中を辞した。

水野の老中復帰は、諸大名・庶民に強い影響を与えた。例えば鳥取藩《とっとりはん》は最初の水野の失脚時に御用頼関係を解消していたが、水野が老中に再任されると直ちに御用頼への再任を依頼した。鳥取藩の動きは、水野が幕政の中心に返り咲くと判断して、政治的なつながりの再建を図ったものであった（荒木裕行『近世中後期の藩と幕府』）。江戸市中では天保改革が再開されるのではと警戒が高まり、酒の価格下落や贅沢品の売買中止などの事態が発生した。しかし実際には老中再任後の

図 4-1　阿部正弘像（五姓田芳柳筆，福山誠之館同窓会所蔵）

水野は将軍からの信任が薄かったこともあり、政治的活動はほとんど行わず、木偶《でく》の坊《ぼう》と評されるほど存在感を持たなかった。結局、わずか在任八ヵ月で病気を理由に老中を再び辞職している。

阿部正弘政権の構造

水野再辞職後の弘化二年（一八四五）二月、老中首座となったのが阿部正弘だった。阿部はペリー来航後の安政四年（一八五七）の死去まで老中を勤め、開国前後の困難な幕政を運営することになる。阿部は天保九年（一八三八）に奏者番《そうしゃばん》に就任した後、同十一年に寺社奉行を兼任した。阿部家は正弘の曽祖父正右《まさすけ》・祖父正倫《まさとも》・父正精《まさきよ》と三代続けて老中に就任しており、正弘も当初より老中になると予想されていたと考えられる。寺社奉行在任中の天保十二年には、下総国中山法《なかやまほ》華《け》経寺《きょうじ》子院の智泉院《ちせんいん》で発生した大奥女中と僧侶との密通事件を処理した。智泉院は将軍家斉側室専行院《せんこういん》の実父である日啓《にっけい》が住職であり、家斉存命中は幕府から厚遇をうけていた。家斉死後、水野忠邦は智泉院の摘発に踏み切ったが、阿部は処罰を僧侶に限定し、大奥・前将軍家斉に影響を与えることなく事件を処理した。この処置を高く評価され、老中に任じられたとされる。このときわずか二五歳であり、老中首座となった時点でも二七歳に過ぎなかった。阿部政権成立時の老中は先任順に、阿部正弘（二七歳、老中三年目）・牧野《まきの》忠雅《ただまさ》（四七歳、老中三年目）・戸田《とだ》忠温《ただよし》（四二歳、老中一年目、老中就任前に西丸老中三年）・青山忠良《あおやまただなが》（四〇歳、老中二年目）・松平乗全《まつだいらのりやす》（五二歳、西丸老中一年目）の五人であった。一目してわかるように、二七歳の阿部が四〇～五二歳の四人の上に立つという、いびつな構造であり、しかも本丸老中在任年数も阿部の三年目が最長であった。さらに、阿部は寺社奉行から直接老中に抜擢されているため、政治経験は非常に短かった。総じて幕政を運営するにはキャリア不足の老中たちだったと評してよいだろう。阿部政権は未熟な指導層だったにもかかわらず、天保改革の失敗からの幕府立て直しという困難な政治的課題に直面したため、水野政権のような強力なリーダシップを発揮しての幕政運営を行うことはできなかった。

異国船打払令復活評議

阿部政権の政策のなかでとくに注目されるのが、異国船打払令復活の評議である。打払令はアヘン戦争での清の敗北とイギリス艦隊の日本近海接近への危惧により、戦争を引き起こしかねないとして天保十三年（一八四二）に廃止されていたが、阿部政権下で復活が数度にわたって検討されている（打払令復活評議については、藤田覚『幕藩制国家の政治史的研究』・後藤敦史『開国期徳川幕府の政治と外交』を参照）。

弘化三年（一八四六）閏五月、ビッドルの率いるアメリカ艦隊が浦賀《うらが》に来航し、日本側に通商を始める意思があるかどうか打診した。幕府が通商拒否と回答すると、ビッドルは即座に帰国したため、大きな問題とはならなかったが、浦賀への外国船来航という事態に衝撃をうけた阿部は、寺社・町・勘定の三奉行や海防掛などに打払令復活についての評議を命じた。この評議命令の背景にはいくつかの意図が想定されている。一つは、海外に強硬的方針を広めて、鎖国体制を維持するという強い意志を示し、西洋諸国の日本への進出意欲を削ぐという目的である。もう一つは、打払令復活がありうると国内に喧伝することによって危機意識をあおり、大名に海防体制を強化させようとする思惑である。さらに水戸《みと》藩主徳川斉昭・宇和島《うわじま》藩主伊達宗城《だてむねなり》などが打払令復活を主張し、それを阿部に直接求めていた点も注目される。阿部が自己の政権基盤にしようとしていた一部の外様大名の支持をえることも打払令復活評議の目的であったと考えられる。右のような意図のもと、打払令復活が評議されたが、アヘン戦争の事例を引用する海防掛の強い反対もあり、復活は見合わせとなった。阿部自身も、打払令の復活は全国の海防体制の整備が完了したのちにすべきと徳川斉昭宛の書簡で述べており、本心では打払令復活に消極的であった。

わずか二年後の嘉永元年（一八四八）、阿部は打払令復活の可否について、再び海防掛などに諮問した。阿部は繰り返される外国船の接近とそれへの対応が引き起こす国内の疲弊を危惧し、打払令を復活させるべきではないかと下問したが、海防掛からは打払令は万国を敵とする戦争を引き起こす原因となり、取り返しのつかない事態を引き起こしかねないとして、復活に反対した。このときも海防掛の意見が採用され、打払令の復活は見合わされた。

翌嘉永二年閏四月にイギリス船マリナー号が浦賀・下田に来航すると、阿部はまたも打払令の復活を諮問した。このときの諮問対象はそれまでよりも大幅に拡大され、海防掛以外に、大目付・目付・浦賀奉行・長崎奉行などの広範な幕府役人、江戸湾防備を担当していた会津《あいづ》・彦根《ひこね》・川越《かわごえ》・忍《おし》の四藩が含まれた。ほかに昌平坂学問所《しょうへいざかがくもんじょ》に勤める儒者たちにも、海防・時局に関する意見を提出するように指示が出され、実際に一五〇通ほどの意見書が提出された。このときも提出された意見書の大部分は打払令復活に反対するものであり、打払令が発令されることはなかった。しかし復活に反対する意見は、理由として海防体制の不十分さをあげ、海防体制強化を主張するものであった。それをふまえ、阿部は海防強化に向けた政策を推進した。同年十二月には諸大名以下の全領主層に向けて、将来的な打払令復活を前提とする海防体制強化が命じられた。そこでは、外国人による不敬・不法の行為は日本の国威を蔑《ないがし》ろにするものであって、日本人は皆自分の身分に応じて力を尽くして幕府に奉公し、「総国之力」で外国の脅威に対抗すべきであると説き、挙国一致体制の樹立をめざした。一方で、海防体制強化の指示は、対外的危機感を強く持つ大名への対策という側面も強かった。江戸湾防備担当以外の大名が打払令の諮問対象に含まれていなかったこともあり、一部の大名は自分たちが求める海防強化を幕府がなかなか進めていないと不満を持っていた。彼らの不満を抑えるため海防体制強化の命令が出されたという面も、阿部政権の性格を理解するうえでは重要である。

徳川斉昭グループの大名との連携

阿部政権の大きな特徴とされるのが、対外的な危機感の共有を結束の基礎とする徳川斉昭グループの大名との連携である。彼らは、徳川斉昭を中心として、天保期頃から本格的な活動を始めた。最初は、互いが所有する外国情報・西洋技術に関する本の貸し借りや外国情勢・対外政策の意見の交換などから関係を持ち、嘉永期以降になると家慶《いえよし》の後継将軍に一橋慶喜《ひとつばしよしのぶ》を擁立しようとする一橋派を形成して、幕政に大きな影響を与える勢力へと成長していった。老中・側用人・若年寄・所司代・大坂城代・寺社奉行を勤める譜代大名および町奉行・勘定奉行・目付・奥右筆《おくゆうひつ》などを勤める上級旗本により運営されるのが、近世後期の幕政の基本的な構造だったが、阿部政権は斉昭をはじめ、宇和島藩主伊達宗城・鹿児島《かごしま》藩主島津斉彬《しまづなりあきら》など斉昭グループの大名との結びつきを強めた。阿部政権は政治的基盤が弱かったため、国持クラスを中心とする大名からの支持を政権運営の後ろ盾にしようと意図していた。

柳間改革

一方で、元来は幕政からもっとも遠く位置づけられていた中小の外様大名を含む、すべての大名についても、阿部政権は幕政への積極的な参加を求めた。中小外様大名八〇家ほどと大規模旗本である交代寄合三〇家ほどで構成される、柳間《やなぎのま》詰《づめ》という大名の区分があった。江戸城に大名が登城した際の控え席である殿席による分類であり、江戸城内の柳間を殿席とし、幕府役職に就くことは基本的になかった。この柳間詰を対象に嘉永六年（一八五三）から安政二年（一八五五）にかけて、幕府による改革が行われた。この改革では、新発田藩主溝口直溥《みぞぐちなおひろ》と岡《おか》藩主中川久昭《なかがわひさあき》が取締という役に任じられ、柳間詰諸家のリーダーとされた。具体的な改革の内容は、各藩の留守居間での贈物や会合の制限、大名隠居の遊興への掣肘《せいちゅう》、大名本人を対象とする遊興での節約指示などであった。

さらに取締に任じられた溝口・中川は改革そのもの以外の場でも柳間詰大名の指導的立場として活動するようになった。柳間詰の大名が幕府へ願書を提出する際には、事前に取締が内容を確認し、老中へ提出してよいかどうかを判断するようになったり、柳間詰諸藩全体に関係する要求事項を取りまとめて老中へ提出したりすることもあった。このような立場に取締の両者がなったのは、自然発生的な流れによるものではなく、幕府がリーダーとしての活動を取締に求めていたためだと考えられる。前述した異国船打払令復活の評議にみられるように、阿部政権は挙国一致体制の確立をめざしていたが、柳間詰大名のような幕府の役職に就くことの少ない中小大名にとって、幕政は自分とはあまり関係のないものであり、西洋諸国の接近という日本規模の問題についても、それほど危機感を強く持たない者が多かった。それら大名の意識を、改革を通じて掌握し、幕政へ協力するように導こうと意図していた（荒木裕行「阿部正弘政権の大名政策」）。

3　溝口直諒の幕政参画行動

前節で阿部政権が中小大名を幕政へ参加させるための改革を取りあげたが、本節では逆に、弘化・嘉永期に幕政参加を狙って行動していた大名の事例として、新発田藩溝口直諒を取りあげたい。直諒は柳間改革の際に取締に任じられて改革をリードした溝口直溥の実父である。天保九年（一八三八）には四〇歳で藩主を直溥に譲り、以後は「健斎」「退翁」と号した。藩主退任後は隠居として比較的自由な立場となり、多数の著述を残している（溝口直諒の思想については、梅田又次郎『勤王開国の先唱者　溝口健斎公』・佐藤温「新発田藩主溝口直諒の勤王思想と文芸」・高橋礼弥「溝口直諒の尊皇開国論と直溥の勤王」も参照のこと）。

ペリー来航前の溝口直諒

溝口の政治的活動が本格化するのは嘉永期に入って以降である。嘉永四年（一八五一）四月十五日、日光奉行一柳直方《にっこうぶぎょうひとつやなぎなおかた》宅に儒者熊山沢徽・小谷正躬・川北重憙と集い、才能がある人物が減っている理由をテーマに議論を交わした。溝口は努力や心がけ次第で誰でも立派な人物になれるのであり、才知と徳行の有無は志の有無によると主張する。一柳の考えは不明だが、儒者たちの主張は儒学にもとづく一般的な内容に終始している。具体的な目的を持つ会合ではなく、現状を憂い、人のあり方を議論する、儒学を基盤とする社交の集まりと考えてよいだろう。一柳と溝口が、いつ、どのように面識を得たのかは不明だが、一柳は日光奉行の前は浦賀奉行であり、その際に溝口から接触したと推測される（「溝口家史料」「人才論集」、東京大学史料編纂所所蔵。以下、本節の史料はすべて「溝口家史料」）。翌五年八月二十日には名古屋《なごや》藩《はん》附家老竹腰《たけのこし》正富《まさとみ》の屋敷で伊勢神戸《かんべ》藩《はん》前藩主本多《ほんだ》忠升《ただたか》と、夏王朝《か》や殷《いん》王朝で禹《う》や湯《とう》といった聖君の子孫に暴君である桀《けつ》や紂《ちゅう》が生まれたのはなぜなのか議論し、その内容を儒者の岡鹿門《おかろくもん》や山口重昭などへ伝え、意見を交換している。これも一柳邸での交流と同じように、現状への憂慮を儒学にもとづいて論じるといった性格の集まりだった。溝口が儒学の素養を背景として、大名や旗本層との間に社会を論じ合うネットワークを構築していたと考えてよいだろう。なお後述するように、溝口はペリー来航以後に攘夷を主張する者を非難しているが、岡鹿門や山口重昭らは攘夷論を唱えており、溝口が交流を持っていた人びととは対外政策においては意見を異にしていた（「答鹿門書」）。

浅野長祚との交際

浅野《あさの》長祚《ながよし》との交流も注目される。浅野は詩文や書画に通じた蔵書家であり、文化人として著名だった。京都町奉行在職中に山陵調査を行ったことでも知られる。弘化四年（一八四七）に浦賀奉行になり、嘉永五年（一八五二）閏二月に京都町奉行に転じた。浦賀奉行在職中に、対外情報の入手のため、溝口の正室が浅野の本家である広島藩《ひろしまはん》浅野家出身という伝手を用いて、溝口から近づいたらしい。浅野の京都町奉行転任にあたり、宮原義直《みやばらよしなお》（高家《こうけ》）・一柳直方・竹腰正定《たけのこしまささだ》（竹腰正富父）・岡本善功（旗本）などと送別の宴を催すほどの親しい関係にあった。溝口は浅野離任後の浦賀の防衛体制に不満であり、京都に向け出立した直後の浅野へ、浦賀奉行の権限が縮小され、浦賀周辺の台場が彦根藩管轄となったことへの懸念を伝えている（「健斎梅堂贈答書」）。京都町奉行転任後も浅野との付き合いは続き、安政五年（一八五八）浅野を通じて、孝《こう》明天皇《めいてんのう》や左大臣近衛《このえ》忠熙《ただひろ》へ自らの書き記した「報国筆録」を献上することに成功している。

幕府への意見提出

嘉永六年（一八五三）のペリー来航以降、溝口の活動は一層活発になった。七月一日に幕府はアメリカ国書への対応について、庶民に至るまで意見を募り、溝口は八月二十八日に意見書を提出した。その主張は、アメリカの要求を拒み戦争になった場合、日本側に勝算はないので、無謀な打ち払い策は採用してはならず、アメリカ側に不法の行動があっても戦争回避が最優先であり、「平和の御取扱」を心がけないといけないというものであり、ペリーの国書を受け取った幕府の対応を支持していた。翌年に予定されていたペリー再来航の前に、逆に日本から使節を派遣する、またはオランダを経由してアメリカに返答を伝え、浦賀へのアメリカ船来航を回避すべきとも主張するが、これはアメリカ船が来航したときに不測の事態から戦争へとつながることを警戒したためであった。ロシアへの高い評価も特徴である。ペリーから少し遅れて、長崎にロシア使節プチャーチンが来航し、幕府に条約締結を求めた。溝口は、ロシアは礼を尽くし信義を重んじる姿勢を示しているので、アメリカよりも信頼できるとする。プチャーチンが日本側へ国書を渡したのは八月十九日であり、この時点でロシアの要求内容を溝口は知らなかったが、ともかくロシアの要求を認めるべきと主張する。ロシアとの友好関係により、アメリカや今後の来航が予想されるイギリスを牽制しようという策であった。ほかに、海軍を設立して西洋式の軍艦を導入すべきこと、諸藩にも軍艦製造を許可すべきこと、海軍よりも陸上の軍備を優先すべきこと、国内の人心を一致させるべきであること、諸大名の家族を国許《くにもと》へ帰すべきこと、陪臣であっても才能のある者の意見を集めるべきことを主張する。西洋軍備に詳しい大名を取り立てることも提唱しており、具体的な人物として鹿児島藩主島津斉彬・佐賀《さが》藩主鍋島直正《なべしまなおまさ》・津《つ》藩主藤堂高猷《とうどうたかゆき》・福岡《ふくおか》藩主黒田《くろだ》長溥《ながひろ》・宇和島藩主伊達宗城を列挙する。これらの大名と溝口は個別に交流を持っておらず、親しい人物の幕政参加を意図したものではなかった。

この意見書は幕府の募集に応じて提出したものだったが、ほかの大名との大きな違いは、溝口はすでに隠居しており、藩主ではなかったという点にある。溝口自身、自分以外の大名隠居で意見書を提出したのは、宇和島藩伊達《だて》宗紀《むねただ》・中津《なかつ》藩《はん》奥平昌高《おくだいらまさたか》・掛川藩《かけがわはん》太田資始の三人に過ぎないと自負している（「愚存書」）。伊達は斉昭グループの中心的な存在だった伊達宗城の父、奥平は蘭癖《らんぺき》大名島津《しまづ》重豪《しげひで》の実子であり、本人もオランダ商館長やシーボルトとの交流で著名、太田は水野忠邦と対立して失脚した元老中と、一癖ある面々であった。溝口の意見書は、幕府へ提出しただけではなかった。提出前の八月二十三日、老中松平乗全の役宅へ新発田藩家老溝口《みぞぐち》伊織《いおり》が派遣され、溝口が海防問題に強い関心を持っているので、意見を松平個人に内々に申し入れたいと、松平家家老鈴木《すずき》権大夫《ごんだゆう》へ申請し、許可を得たうえで意見書を提出した。新発田藩としての意見は藩主直溥から阿部正弘へ提出しており、松平へ提出したのは個人的な意見だった。松平への提出を選んだ理由は、松平が溝口にとって「間柄」、つまり親密な存在だったためである。提出後には、藩主直溥が松平役宅を訪ね、意見書は松平が一覧したうえで老中全員へ廻覧されたことを知らされ、溝口は満足の意を書き残している（「窃憂秘記」）。

松平乗全との関係

このように溝口は老中のうち松平乗全との関係が深かった。前節で取りあげた柳間改革の際、松平が担当老中だったために面識を得た可能性が高い。松平は弘化二年（一八四五）に老中に就任したが、徳川家慶の後継将軍として和歌山《わかやま》藩主の徳川慶福《とくがわよしとみ》を推す南紀派に属していたため、対立する徳川斉昭の主張によって安政二年（一八五五）に罷免され、その後同五年に井伊直弼《いいなおすけ》によって老中に復帰、井伊の死後に失脚という経歴を持つ。しかし将軍継嗣問題で溝口が南紀派に属した形跡はない。南紀派・一橋派のどちらにも属さない、独自のポジションにあったといってよいだろう。

ペリー再来航に向けて

松平乗全への意見書提出後も、溝口はペリー再来航に向けた対応策や対外政策、海防強化について多くの意見を書き記している。十月に記した「再愚存書」では、ペリーが再度来航した際には返書を渡すべきと主張する。初来航時にペリー艦隊が威圧的な行動を取ったのは、幕府が国書を受け取るのかどうかはっきりさせない態度を取っていたからであり、もし再来航時に返書を出さず、諭書でごまかそうとするならば、ペリーはただちに帰国し、アメリカ国王の許可を得て、戦争を仕掛けてくる可能性もあるとする。そもそもアメリカ側の不備は、日本が一方的に定めた鎖国を無視して来航したことだけであり、鎖国は万国通法には存在しないルールなのだから、開国を断ることは不可能であると論じる。八月の意見書から一歩踏み込み、万国法をふまえれば開国に舵を切るのが適切であるとしている。

ここでもアメリカより先にロシアと交渉して話をつけるべきと主張するが、これは長崎でのロシアとの交渉を先例とすることによって、アメリカ船の浦賀来航を回避するのが目的だった。浦賀で交渉する場合、決裂時に江戸へアメリカ使節が直接乗り込んでくる恐れがあり、その場合には江戸で交渉することになるが、日本の鎖国政策には理がないので、開国を許可する結果になり、交渉のうえで屈服するという国辱をさらす結果になってしまうため、それを回避しなければならないとする。このように開国すべきだとは主張するものの、同時に、辺境の島（具体的にはおそらく伊豆七島を想定）であっても土地の貸与は決して認めてはならないとも強く述べる。アヘン戦争での香港割譲を念頭においていると推測される。

戦争回避も繰り返し唱えるが、その前提には日本には戦争に耐えうる国力がないという判断があった。大名は長年の財政悪化に苦しんでおり、幕府も江戸城火災や相次ぐ将軍交替による多額の出費を強いられてきた。旗本や御家人は生活に困窮している者が多く、幕府から戦争を指示されたとしても対応する武備を持っていない。江戸周辺の防衛体制だけは整備できたとしても、諸大名の領国までは対応できず、その隙に乗じて内乱が起こる危険もあるとする。ほかに、藩は多額の借金を抱え、家臣へ命令を出すことも困難になっていること、藩の抱える家臣は武家奉公人が多数を占めているので軍事力としては期待できないこと、大砲や軍艦などの軍備が不足しており、とくに西洋の軍事技術に習熟した者は少ないこと、大船建造は解禁されたが中小の大名では早期の造船は不可能であること、浦賀の防衛は大大名に命じるべきことなどをあげる。なお、「再愚存書」は松平乗全へ差し出そうと考えて執筆したものの、実際には松平へ提出することはなかったが、その理由は明らかではない。

老中への提出を前提にしたものを含め、嘉永六年（一八五三）秋頃から翌七年二月頃までの間に多数の意見書が残されている。九月の大船建造解禁をうけて記された「変通考」では、ロシアと盟約を結ぶべきという松平乗全へ提出した意見書の内容を繰り返すとともに、アメリカ・オランダとは国交を持ち、イギリスについても検討しておくべきとする。右の四ヵ国以外の国については戦争になる可能性はないのだから、それらの国とは国交も貿易も必要ないと考えている。さらに長崎奉行に大名（具体的には福岡藩主・佐賀藩主）を宛てるべきと主張する。長崎奉行が担うべき外交の相手が拡大するからには、日本の威光を引き上げ、また外国に対して無礼ではない対応をするために旗本では不適切であるというのが根拠だが、同時に長崎奉行が収入の多い役職であるために、賄賂を使って就任を狙う者が多いことも指摘する。旗本の不正を指摘し、幕府の役職構成にまで言及した、踏み込んだ意見といえる。

戦争回避の主張も繰り返される。六年十一月一日、幕府はペリー再来航の際には回答は引き延ばしつつも平穏の対応をする予定である旨とともに、万が一に備えて軍備を整えておくように諸大名宛に通知した。これをうけて記された「平穏考」では、大名が幕府の命令に従って奮発した結果、戦争を引き起こしてしまうかもしれないと危惧し、一時的な憤激であれ、幕府への忠節心の表れであれ、みだりに兵端を開かないように忍耐すべきであると論じる。

熊本藩主への意見

ペリーが再度来航した嘉永七年（一八五四）正月には、相模御備場《さがみおそなえば》の防備担当にあたっていた熊本《くまもと》藩主細川斉護《ほそかわなりもり》へ手紙を送っている。細川の正室と溝口の正室が姉妹であるという縁があり、それを頼って連絡したようである。手紙では武功の家柄である熊本藩による防衛体制構築について、世間の評判もよいと褒めつつも、熊本藩の軍勢のなかに武勇にはやって戦争を開始してしまう危険性のある者がいると不安視されていること、天下・細川家のためにも戦争を引き起こさないように尽力してほしい旨を伝えており、防衛担当者の行動による偶発的な戦争突入を心配している様子をみることができる。十三日には、細川が家来に示した直書を名乗る偽書が世間で流布しているとして注意を促している。偽書の内容は、外国船が出現したならば打ち払うべきであり、万が一江戸湾内に乗り込まれて攻撃をうけたならば、それは細川家の滅亡につながる事態であり、身命を削って防衛に尽力すべきというものであった。世間でも防衛担当者の手違いによる戦争突入への不安が広まっていたということだろう（「呈熊本侯書」）。

攘夷論者への批判

戦争回避に尽力すべきという意見とともに、それとは逆の攘夷を主張する者への激しい批判も目立つ。「大和魂幷弁」では、嘉永六年（一八五三）八月に国学者・易者の高松貝陵《たかまつばいりょう》が著した「野馬台魂《やまとだましい》」を誹議し、攘夷を非論理的で愚かな論と断じる。例えば高松は、日本国内が一致して、討死覚悟で戦うならば、神風がおこって数万の外国船であっても微塵となるだろうと主張するが、これを「愚痴の説」であり、子どもをたぶらかすようなものであって、取るに足らないとする。また、高松の詠んだ和歌「人に似てひとにあらさるゑミし等か神の御国をいかになすへき」（人間に似てはいるが人間ではない外国人などには、神の国である日本へ手出しをすることもできない）について、容貌や風俗に違いがあるとはいえ、高度な国家機構を持ち、人情や智恵も日本人に劣らない外国人を、人間ではないと述べる高松は、外国人について何もわかっていないのだと論評し、高松が唱える攘夷について、無知から来る暴論であると指弾している。

ほかにも、幕府へ提出することを前提に書かれた「返翰考」では、儒者と国学者を強く非難する。昌平坂学問所の教授であり、ペリー再来航時に条約文を起草したことで知られる河田迪斎《かわだてきさい》についてのみ、軍事面については信頼できる能力を持たないが現状把握は正確であると評価し、それ以外の儒者・国学者については、理からはずれた議論ばかりしていて、役に立つ者は少ないとする。高松貝陵の神風が日本を守るという主張については、ここでも厳しく批判する。元寇のときの神風は偶然に過ぎず、それにいつまでも頼るのは非常に馬鹿馬鹿しく、そもそも日本を守る神が風をおこすのであれば、江戸の人民が大風による大火によって何度も苦しめられているのは何故なのだ、と小馬鹿にした論調となっている。

攘夷論を唱える大名へも批判を加える。幕府がペリー艦隊に対して打ち払いを行わず、戦争を避ける方針を採ったのは、熟慮のうえでの判断であったにもかかわらず、老中が臆病だったからだと密かに軽蔑にしている者もいるが、そういった人びとは外国船を海賊と誤解していると非難する。大大名のなかに戦争を主張する者がいるのは、領国に在国していて江戸の様子や浦賀の実情を理解していないからであって、非常に危険な意見である。江戸にいるにもかかわらず戦争を主張する大名については、何を考えているのかもわからないと、嘲笑しつつ批判する（「御仁意之記」）。攘夷主張者は日本を取り巻く情勢を認識できていない浅学・無知の者であり、それに対して自らは、日本と世界との軍事力・国力の歴然とした差を正しく認識できているのだという、強い自負心を見て取ることができる。

幕府への批判

幕府に対しても、容赦なく糾弾を加える。アメリカが使節を派遣することは、嘉永五年（一八五二）にオランダから伝えられていたにもかかわらず、大名の意見を募ることもせず、浦賀でも何ら準備をしていなかったために、不意打ちの渡来となってしまったのであり、事前に対応策を考えておけば、大きな問題は発生しなかったはずと難じる。ペリー艦隊が来航した際に江戸湾内への侵入を許してしまい、江戸が大混乱に陥ったことについても、事前にオランダからの通知を民衆にまで開示しておけば、混乱は生じなかったはずと指摘する。ほかに、幕府が備える大砲が質・量ともに不十分であること、ペリー上陸時に警衛に派遣された下曽根《しもそね》信敦《のぶあつ》率いる幕府部隊が陣立てを間違えたこと、幕府の防衛体制が不十分であったためにアメリカによる江戸湾内の測量を止めることができなかったことなどを嘆く。さらに測量船が江戸近海に侵入した日の夜に老中・若年寄が緊急に登城した際、就寝していた将軍家慶を非常に驚かせたという噂を聞き、将軍の病気に悪い影響を与えたのではと推測する。表面上は老中・若年寄の軽挙への批判だが、緊急事態に病気で寝込んでいる将軍の指導力不足に向けた批判が本音であろう（「永歎録」）。ペリーとの交渉にあたった浦賀奉行戸田《とだ》氏栄《うじよし》についても評価は低い。前奉行浅野長祚在任中には西洋式軍艦が一艘あったものの、奉行が戸田に交代して以降は、浦賀の軍備は手薄になってしまった。戸田は勘定奉行と通じていて、幕府の出費を削減するための改革を実施し、その功績によって勘定奉行次席への昇進と毎年二〇〇両の支給の褒美をもらったのだと批判する（「窃憂秘記」）。

一方、自分と同じ考えの者へは高い評価を与える。例えば、儒者大槻磐渓《おおつきばんけい》（大槻玄沢《げんたく》の子）について、西洋諸国との対抗のためロシアと手を結ぶべきとの意見を幕府に提出したと知って、賞賛している。ほかに鹿児島藩主島津斉彬が蒸気船や大砲・銃の長崎奉行への注文を願い出たことについて、自分と同じ考えであると喜んでいる（「返翰考」）。

六年十一月に執筆した「両書考」では、十一月一日に出された幕府の達書などについて、自分が八月に松平乗全へ提出した意見書が幕府に受け入れられたと満足し、自分の意見がどのように採用されたかを記述する。具体例をいくつかみてみると、大船建造の解禁、陪臣の意見提出が許可されたこと、洋式軍備の増強が命じられたこと、江戸湾防備を熊本・萩《はぎ》・岡山《おかやま》・柳川《やながわ》・鳥取藩へ命じたこと、幕府によるオランダへの蒸気船を含む洋式船や銃剣の発注、熊本・萩・柳川藩主の格式上昇などがあげられる。これらの施策が本当に溝口の意見を取り入れたものであったかどうかはわからないが、幕府の政策の背景に溝口のような大名側からの意見が存在していたことは間違いないであろう。

筒井政憲への接近

さらに溝口は西丸留守居の筒井政憲に接近し、自分の意見を繰り返し伝えている（「密告鑾渓書」）。筒井は文化十年（一八一三）に西丸目付となって以後、実務系役人として活躍した、幕政の中心的存在の一人であった。西丸目付の後は、目付・長崎奉行となり、文政四年（一八二一）から天保十二年（一八四一）まで二〇年の長期にわたって江戸町奉行を務めた。天保改革の際に水野忠邦と対立して、差控の処罰をうけたが、阿部正弘政権となった弘化四年（一八四七）に西丸留守居に任じられた。弘化二年には、オランダ国王からの開国勧告への対応について幕府へ上申書を提出し、翌年には株仲間再興の上申を行うなど、積極的に幕政に関与していた（上白石実『幕末期対外関係の研究』）。嘉永二年（一八四九）頃には水口《みなくち》藩《はん》で発生した家中騒動の調停にあたるなど、西丸留守居の職務に留まらない広範な役割を担っていた。嘉永六年にロシア使節プチャーチンが長崎に来航すると、ロシア使節応接掛となり、川路聖謨《かわじとしあきら》とともに長崎で交渉にあたり、翌年には再度来航したプチャーチンと下田で交渉して、日露和親条約締結に尽力した。

筒井への働きかけ

筒井と溝口がいつから交際を持っていたのかは不明だが、嘉永六年（一八五三）九月には書状の往復があったことが確認できる。九月十六日に溝口が出した書状では、まず自分が松平乗全へ提出した意見書について感想が欲しいと申し入れる。さらに幕府はアメリカへ開国を許容するつもりなのか、内々に教えてほしいと頼む。ほかに、アメリカの要求を拒めば戦争になり必ず敗北するだろうこと、戦争に負けて開国するよりも、事前に開国と決める方が日本にとって利益があること、そもそも清・オランダと貿易をしているのだから、アメリカ・ロシア・イギリスとも貿易しても問題はないことを述べる。天皇から勅許《ちょっきょ》をえて開国すれば、幕府の武威に影響を与えないだろうという策も述べられるが、のちの条約勅許問題などを考えるうえで重要な内容であろう。さらに阿部正弘や徳川斉昭も心中では貿易許容に決めているという噂を聞いたとも伝えており、さまざまなルートを用いて幕府内部の情報を集めていた様子がうかがえる。筒井はしばらく返事をせず、溝口から催促の使者が送られたため、九月二十七日になってようやく返信している。六月から毎日登城し、帰宅も遅く、夜も書き物や読み物に忙殺されていたと弁解しているが、おそらく幕府情報を伝えることを嫌い、無視しようとしたというのが実情ではないか。とはいえ、返書では溝口の質問に答えており、まだ結論は出ていないものの、おそらくは開国することになるであろうこと、そうしなければ危険であると考えていると伝えている。

十月九日には、長崎への派遣が決まった筒井へ再び書状を送っている。そこでは筒井からの返事で幕府が開国する方針であることを知って安堵・歓喜したと伝えるとともに、ロシアへの対応について私見を述べる。老中松平乗全へ差し出した意見書と同じく、アメリカより先にロシアと条約を結んで、それによってアメリカを牽制すべきであると主張する。ロシアとの友好関係は非常に重要であるので、ロシア側を騙すような交渉は決して行ってはならないと力説し、長崎での交渉が日本の安危を左右し、庶民の生死の岐路となる重要なものであると述べるなど、ロシアとの交渉にあたる筒井へ大きな期待と心配を伝えている。ほかに、自分が軍艦を注文することを前提に、フリゲート・コルベット・蒸気船それぞれのサイズや搭載する大砲の門数をオランダ人に問い合わせてほしいとも願っている。十三日にも再び手紙を送り、進物を贈るとともに、「再愚存書」を送っている。「再愚存書」は松平乗全へ提出しようと意図して執筆したものだったが、松平へ差し出すことは何らかの理由で断念していた。筒井からは十月十四日に返事が届けられた。ロシアへの返事をどうするかは幕府内でまだ決着がついておらず、筒井や幕府儒者の討議中であること、ロシアとの交渉の重要性は認識していることが述べられる。さらにペリー再来航前にオランダからフリゲートを購入できた場合には、筒井自身がアメリカへ渡海して、アメリカ側を論破し、日本の国威を向上させたいと考えていること、アメリカへの渡航が無理ならばロシア使節プチャーチンへ依頼して、ロシアに渡航したいと考えていることが記されるが、これは本気ではなく、溝口向けのリップサービス程度のものであろう。

筒井との交際の断念

十月二十一日の筒井宛書状では、ペリー再来航時に申し渡す返事の私案が述べられる。長崎へ廻航することを求めるとともに、ロシアと日本が盟約を結んでいるという内容である。アメリカよりも先にロシアと条約を締結し、ロシアとの関係を背景にアメリカを牽制するという溝口の計画に従ったものであった。このように自らの意見を強く主張する溝口に対して、筒井は困惑したのだろうと推測される。十月二十五日に溝口へ返信を送ってはいるが、伝えたい話はあるけれども、長崎への出立が近く寸暇もないため、詳しくは翌年江戸に戻ってから述べたいというだけに留まるものだった。翌年二月に江戸に帰着したが、ペリーの再来航もあってか、一ヵ月ほど溝口に連絡を取ることはせず、三月二十四日になってからようやく返書を出している。内容も前年に溝口から意見を貰ったことへの礼を述べる程度であって、ロシアとの交渉やアメリカへの幕府の対応などについては一切ふれていない。溝口はロシア・アメリカとの交渉の内容や清で発生している太《たい》平天国《へいてんごく》の乱の情報などを尋ねていたが、筒井は職務に忙殺されて返事を出せていないと丁寧に謝罪するだけであって、内容のある返答は一切しないままであった。結局、溝口も筒井と交流を持つことを諦めたらしく、四月には筒井の大目付役就任を名目に文通を終了させている。

溝口の政治行動の特徴

ペリー来航前後に溝口は活発に政治的に活動を行ったが、徳川斉昭を中心とする大名たちとの違いは、自身や自身に近い大名を幕政の中枢に送り込もうという意図がなかった点にある。老中松平乗全や筒井政憲へといった、すでに幕府の中心にある役人へ自らの意見を述べるという形での幕政参加をめざしていた。意見書などで、自分は表大名（外様大名）であり、幕府に意見をいうのもおこがましいというような表現を溝口は繰り返し使っている。斉昭グループにとっての徳川斉昭にあたるような、幕政に参加できる可能性を有する「核」を持たなかった溝口の政治行動の限界をみることができる。

おわりに

最後に本章の内容をまとめておきたい。

第1・2節では、天保改革期とその後の阿部正弘政権期の幕府と藩との関係に重点を置いた。天保改革は幕府主導ではあったが、日本全体および幕府の問題に対処するだけではなく、藩側の要求にも対応しようとした。阿部政権は従来の政権と比較すると権力基盤が弱かったこともあり、藩の幕政への参加意識を高めさせることに尽力し、藩が幕府を支える基盤となるように意図した。

第3節では、ペリー来航前後に積極的な幕政参加行動を始めた溝口直諒を取りあげた。溝口は西洋諸国への対処を主な関心としながら、老中への意見提出や幕府役人との私的なつながりを通じて、みずからの意見を幕政に反映させようとしていた。これまで幕政への参加行動を取った大名としては、徳川斉昭を核としたグループが知られてきたが、溝口はそこには属していなかった。幕政へ参入しようとしていた大名は溝口だけに留まらない。例えば、彦根藩井伊家や会津藩松平家などの溜詰《たまりづめ》大名も、弘化期頃から海防問題などを契機として、幕政への参加をめざす政治行動を積極的に推進するようになっていた（荒木裕行『近世中後期の藩と幕府』）。一橋派、さらには倒幕勢力へとつながっていく斉昭グループの大名の行動が注目されがちではあるが、同様の動きをさまざまな大名が始めていたのである。

さらに、本章で取り扱った時期ののち、開国後になると、諸藩の幕政への参加要求はより一層激しさを増していった。幕府の運営にも大きな影響を与えるようになり、それが最終的には幕府―藩という近世日本の基本的な政治構造を瓦解させることになった。幕藩関係の観点からとらえると、天保～弘化期はそれまで長く続いた江戸幕府の統治システムが幕末に向けて崩れていく起点となった時期とみなせるだろう。

〔参考文献〕

荒木裕行「阿部正弘政権の大名政策―嘉永六年柳間改革―」藤田覚編『幕藩制国家の政治構造』吉川弘文館、二〇一六年
荒木裕行『近世中後期の藩と幕府』東京大学出版会、二〇一七年
梅田又次郎『勤王開国の先唱者　溝口健斎公』民友社、一九〇七年
上白石実『幕末期対外関係の研究』吉川弘文館、二〇一一年
後藤敦史『開国期徳川幕府の政治と外交』有志舎、二〇一五年
坂本忠久『天保改革の法と政策』創文社、一九九七年
佐藤　温「新発田藩主溝口直諒の勤王思想と文芸―『報国筆録』と退隠後の文事について―」ロバート・キャンベル監修『十九世紀の文学―百年の意味と達成を問う―（近世文学史研究三）』ぺりかん社、二〇一九年
高橋礼弥「溝口直諒の尊皇開国論と直溥の勤王」『新発田市史　上巻』新発田市、一九八〇年
藤田　覚『幕藩制国家の政治史的研究―天保期の秩序・軍事・外交―』校倉書房、一九八七年

藤田　覚『天保の改革』吉川弘文館、一九八九年
藤田　覚『水野忠邦―政治改革にかけた金権老中―』東洋経済新報社、一九九四年
横山伊徳『日本近世の歴史5　開国前夜の世界』吉川弘文館、二〇一三年

第5章

一九世紀の蝦夷地と北方地域

谷本晃久

はじめに

本章でテーマとする一九世紀の蝦夷地《えぞち》、ひいては日本列島の北方地域を考えるとき、二つの観点からみるとその特質が際立つようだ。一つは、地理的空間が限定性を帯びていくこと。いま一つは、アイヌ・和人間の人口比率の劇的な変容がそれである。

前者については、寛政二年（一七九〇）二月に松前藩《まつまえはん》が幕府へ提出した蝦夷地沙汰方針書ともいうべき「蝦夷地改正」で明示された「異国境《いこくざかい》」により、「蝦夷地」ははじめて有限性を持った範囲として認識が共有された。これは、直接的にはアイヌ民族と松前藩との最後の交戦となったクナシリ・メナシの戦いの戦後処理をめぐっての「改正」であったが、その背景には千島《ちしま》方面へのロシアの南下やサハリンにおける清朝の辺民編成の自覚とそれへの対応という側面があった。いわば、同時代の国際環境の変化に応じ、一九世紀前期の幕府の示した対外政策の変容に連動した施策という意味を帯びている。この「異国境」の範囲は、以後とくに日露間の事実上の境界として機能し、開国後の安政元年十二月二十一日（一八五五年二月七日）の日魯《にちろ》通好条約（日露和親条約）における国際法上の国境規定にも踏襲されることになる。

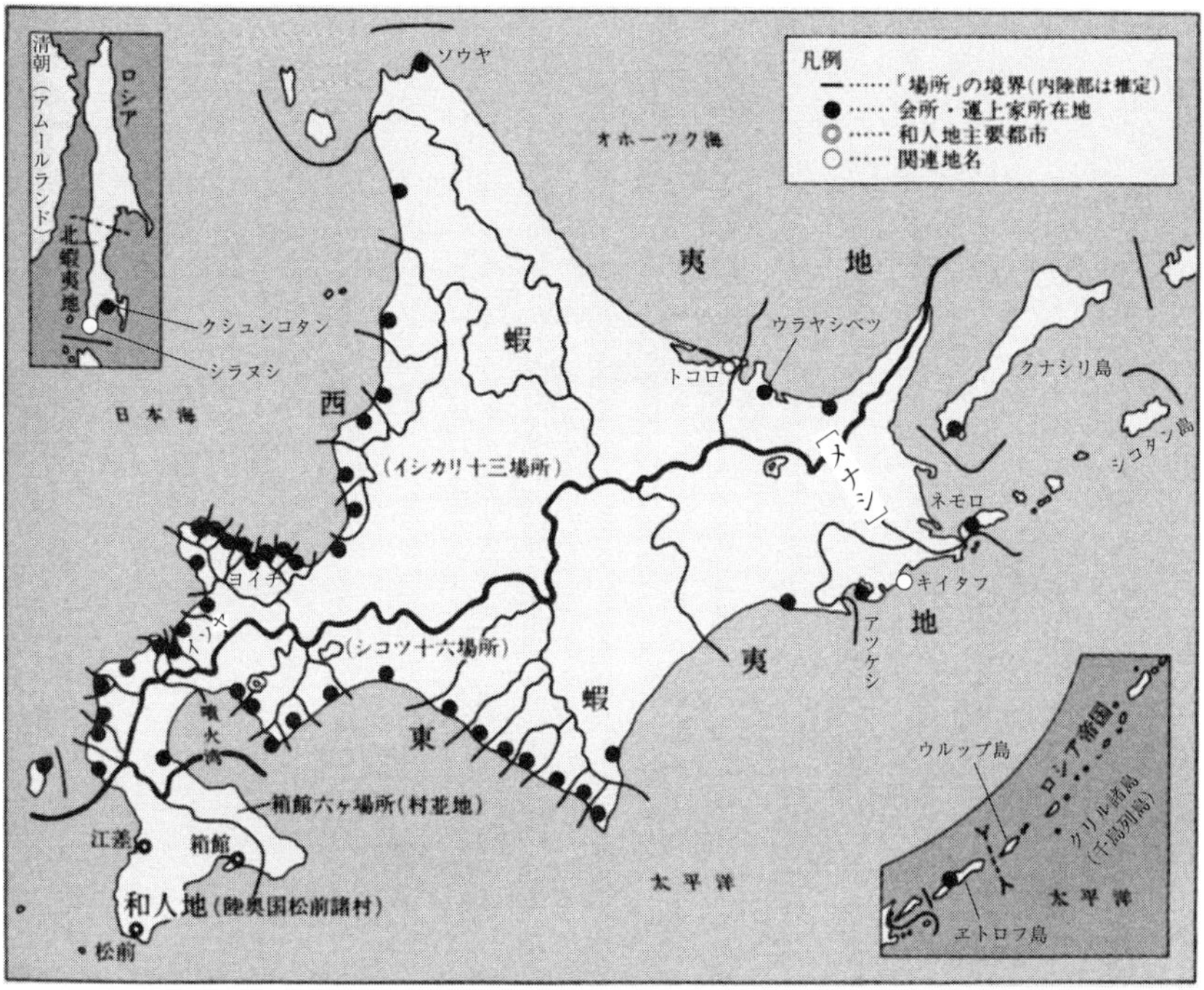

図 5–1　蝦夷島周辺の地域区分（安政３年〈1856〉）

後者については、統計上、一九世紀初頭に六万人弱だった松前・蝦夷地の人口が幕末には八万人を超え、さらに二〇世紀初頭には一〇〇万人を超えたことが指摘されなければならない。これは当然、明治二年（一八六九）の北海道設置と、それ以降の開拓・入殖政策の進展を反映しているが、一八三〇年代以降に松前・北奥方面からの出稼《でかせぎ》和人が蝦夷地に入域し、その人別は出身地に置かれるから統計上はみえづらいものの、事実上、代を重ねて定住したことにも目を向けておくべきだろう。それに応じて、太平洋岸の蝦夷地のうち渡島半島《おしまはんとう》東部は一九世紀初頭に「村並《むらなみ》」とされてもいる。一方、先住のアイヌ民族の人口は、一九世紀前期に大きく減じ、幕末以降は二万人前後で推移しその規模を維持するが、近代の入殖の進展のなかで、二〇世紀には人口比のうえで圧倒的な少数者に転じることになる。

こうして俯瞰してみると、当該地域にあって、近代に続く国境の範囲と人口の比率とに関する画定・変容の端緒が、いずれも一九世紀初頭前後にあることに気づくだろう。この画期の意義を検討することは、当該期・当該地域に暮らす人びとの営みの変化を考えることに加え、「体制危機」ともとらえることのできる日露関係を軸とした新たな国際環境の変化に、同時代の幕府がどのような対応をとったか、という点を個別具体的に考えることにも通じていくことになるだろう。

当該期・当該地域をフィールドとした研究には、これまで北海道史・日本北方史の研究の分厚い蓄積があり、また、〝アイヌ史〟叙述の試みも重ねられつつある（谷本晃久「北方史・蝦夷・アイヌ」、松本あづさ「〝境界地域〟蝦夷地の眺め方」）。本章では以下、これらの成果に立脚し、日本近世史を見通す、という視座をふまえ、一九世紀の蝦夷地、および北方地域について、いくつかのトピックをとりあげるかたちで論じてみたい。

なお、近世の蝦夷島周辺の地域区分については、図5―1を参照されたい。蝦夷島のうち、松前・江差《えさし》・箱館《はこだて》の所在する渡島半島南西部は「和人地」や「松前地」と呼ばれ、陸奥国の内と認識され、村請制《むらうけせい》や宗判寺檀《しゅうはんじだん》制度が貫徹した。太平洋岸の山越内《やまこしない》と日本海岸の熊石《くまいし》には関所が置かれた。松前地から関所を越えると和人の人別が置かれない「蝦夷地」とされ、太平洋岸が「東蝦夷地」、日本海・オホーツク海岸が「西蝦夷地」とみなされ、一九世紀以降はサハリン南部が「北蝦夷地」とされた。蝦夷地には、五〇ほどの「場所」が置かれ、それぞれ日本市場との出入荷の独占権益を認める場所請負制度が機能した。第2節でふれるが、一八世紀末以降、「蝦夷地」の先に「異国境」が意識され、東蝦夷地はヱトロフ島まで（南千島）がその範囲とされた。本章ではこうした蝦夷地の範囲の地名表記につき、基本的に当時用いられていたカタカナでの表記とし、明治二年の北海道設置後については漢字表記としたが、ロシア領時代のクリル諸島（中・北千島）やサハリン島については、その限りではない場合もある。

1　〝長期の一九世紀〟のなかの「蝦夷地」——秩序と特質

劇的な人口変容とセトラー論

さきに一九世紀の蝦夷地・北海道に生じた劇的な人口構造の変容についてふれた。一九世紀近世にあって、すでに出稼ぎ和人の入域・定住があり、幕末には「浜中《はまちゅう》」などと呼ばれるコロニー（事実上の定住社会）が成熟したことについては、第3節で具体的にふれる。旧蝦夷地地域での劇的な人口構造の変化は、近代以降の開拓・入殖の成功により立ち現われ、各地でアイヌ民族を圧倒的な少数者とする社会が形成され、それが北海道のほぼ全体を覆ったのが維新後の三〇年の変化ということになる。開拓使《かいたくし》は当初、札幌《さっぽろ》近郊のアイヌ民族を東京へ「留学」させるなど、先住のアイヌ民族をも開拓の担い手として期待した形跡があるが、こうした施策は明治初年にとどまり、明治三十二年（一八九九）に北海道旧土人保護法が制定された時点では、すでに「保護」政策の対象としてみなされる状況となっていた（高倉新一郎『アイヌ政策史』）。

移住者が定住し多数者として政治・経済の主人公となり、先住民族を少数者として同化抑圧、あるいは不可視化していく社会の形成過程を、セトラー・コロニアリズムという概念で分析することがある。主にアメリカやオーストラリアなどのいわゆる「新世界」における分析概念であるが、シベリアにおけるロシア、内モンゴルにおける中国、あるいはパレスチナにおけるイスラエルなどにもこれを適用することができ、近年は蝦夷地・北海道にもそれを試みる動きがある（『思想』一一八四など）。出稼ぎ・定住・殖民の和人をセトラーととらえる視座が、それである。

一九世紀を通じて、当該地域にそうした側面が確認できることは、人口構造の劇的な変容から明らかである。幕末の西蝦夷地（日本海岸）南部には、すでにアイヌ民族が人口比で数%に過ぎない地域が出現してもいる。ただし、そうした地域でも、場所請負（後述）条項のうえで「撫育」すべき存在である「蝦夷人」（開国後は「土人」）の存在は不可欠で、多くの地域では、アイヌ民族が交易品生産者または労働者としてあることを前提とした社会秩序が形成されていた。いわば、圧倒的かつ単一的なセトラー（和人）社会に覆われる以前、先住のアイヌ集団の存在を前提とした秩序と特質を備えた社会――近世蝦夷地在地社会――が存立したのが、一九世紀の蝦夷地／北海道の姿であったととらえることもできるだろう。これを出稼ぎ・移住の和人（「浜中」）の社会に目を転じてみるならば、アイヌの儀礼の組み込みやアイヌの信仰との習合など、独自の個性化（いわば土着化）の傾向が示される例を、この時期にはいくつも数えあげることができるのである（谷本晃久「蝦夷地・北海道に暮らした人びとの信仰と宗教」）。

かつて浪川健治らは、エリック・ホブズボームによる「長期の十九世紀」論を応用し、一八世紀中期から二〇世紀初頭の北奥・東北地方の歴史・地域像の転換を総体的に把握しようとした（河西英通・浪川編『グローバル化のなかの日本史像』）。ここでは以下、こうした視角を意識しながら、右に示したような社会的特質を持つ蝦夷地という場の経てきた歴史的経緯を、主に政治秩序の変遷に即して概観する。

松前藩と松前氏

幕藩制国家の一翼をなす松前藩は、中世以来の旧族大名たる松前氏を藩主とした。しばしば誤解がなされるが、松前氏やその家臣団のエスニシティ（帰属意識）は和風・和人である。由緒を清和源氏若狭国守護武田家に求め、一族は旗本にもあり、また一八世紀には松前藩主家から大和国柳生《やぎゅう》藩主柳生氏や寄合旗本池田氏（元播磨国新宮《しんぐう》藩主家）へ養子に入った者もある。一七世紀には家格の安定しない時期もあったが、一八世紀に入ると江戸城の殿席《でんせき》（控えの間）を柳間《やなぎのま》とする諸侯としての格式が定まった。

松前氏は肥後国米良《めら》氏（交代寄合《こうたいよりあい》）とともに無高《むだか》の領主として知られ、一七世紀初頭には松前城下に日本の船と蝦夷地のアイヌ船を迎え、それを独占的に検断する特権を、中世以来の領主権として幕府に安堵《あんど》された。これを城下交易体制という。次第に交易の現場は蝦夷地に移り、蝦夷地の交易ポイント（商場）へ交易船を派遣する権利が知行《ちぎょう》権として家臣に分与されるようになる。これを商場《あきないば》知行制度という。アイヌ民族はこれにより、松前からの交易船を唯一の対日本市場出入荷相手とされ、いわば押し売り・押し買いを強いられることから、紛議は絶えなかった。寛文九年（一六六九）、こうした不満を背景に比較的広範囲のアイヌ民族の軍勢を動員することに成功したシャクシャインらが松前藩に敗北したことにより、この構造が一般化するに至る。

その後、一八世紀に至ると、商場知行主（松前藩士）や松前藩主の困窮などを背景に、交易船派遣の権利を藩主や藩士の金主である日本商人へ請け負わせることが恒例化するようになる。これを場所請負制度という。この段階では、商場知行制下の場所請負制で、商場での交易を商人に委任したかたちであり、「前期場所請負制」と理解される。場所請負商人は、請負年季のうちに巨額の運上金《うんじょうきん》（実際には金主としての債権）を回収し、さらに利益をあげる動機があったから、交易に加え、次第に商場に集うアイヌ民族を雇用し、大網を用いた漁業経営を行うようになっていく。この形態が、「後期場所請負制度」と理解される（中西聡『近世・近代日本の市場構造』）。

商場の置かれた範囲は、一八世紀後半には日本海岸は蝦夷島最北端のソウヤ（宗谷）、太平洋岸は蝦夷島東端のキイタフ（霧多布）やクナシリ（国後）島に及んでおり、その先のサハリンや蝦夷島オホーツク海岸、また千島列島からのアイヌ船を迎えていた。サハリンの先には清朝支配のアムールランドが、クナシリ島の先にはエトロフ島やロシア支配の北千島（クリル諸島）があったから、当該地域のアイヌ社会は中継交易者として振る舞う側面があり、松前に対して比較的自立性が高かった。

従来の儀礼を伴った交易から、大網漁業経営を前提としたアイヌ民族に不利益を強いる前貸精算制の構築への転換は、蝦夷地の各地で雇用労働を恒常化させたが、こうした転換により生ずる軋轢《あつれき》はとくに蝦夷島東端・南千島方面に顕著に現れた。一八世紀末、寛政元年（一七八九）に生じたクナシリ・メナシの戦いは、その軋轢の延長線上に生じたものと理解すべきだろう。松前藩・松前民は、このような転換・軋轢に直面しつつ、一九世紀を迎えることとなったのである。

第一次蝦夷地上知と松前藩復領―北からの体制危機の到来

ところで、一八世紀後半の松前藩は、無高ながら一万石格とされ、藩主は従五位下《じゅごいのげ》志摩守《しまのかみ》もしくは若狭守といった武家官位を帯び、江戸に屋敷を与えられ、参勤交代をした。津軽海峡《つがるかいきょう》を藩船で渡海する、東国では唯一船を参勤に用いる大名であった。城主《じょうしゅ》の格式を許されるのは幕末であり、ながく陣屋《じんや》大名として遇されている。家臣団は一八世紀最末期・寛政十年（一七九八）の記録によると諸士一二九名、足軽《あしがる》九六名、役付地侍《じざむらい》二四名の計三四九名とされている（「家中及扶持人《かちゅうおよびふちにん》列席調《れつせきしらべ》」）。これは藩主直臣《じきしん》の数で、「諸士」の抱えた陪臣《ばいしん》はあっただろうし、一方でこの人数の内には「江戸詰士《えどづめし》」（江戸藩邸勤役の者）もあったわけだが、いずれにせよ、こうした規模の軍勢で、松前蝦夷地全域の沙汰がなされていたことになる。

田沼時代の末期に実施された天明の蝦夷地調査で、千島方面へのロシアの南下とサハリンにおける清朝支配の浸透が明らかとなり、その状況を松前藩が秘していたことも明るみに出た。田沼の失脚直後、松平定信《まつだいらさだのぶ》の時代に先述したクナシリ・メナシの戦いが生じたことや、ロシア使節ラクスマンの東蝦夷地ネモロ（根室）ならびに松前来航・応接を契機に、定信を後継した松平信明《のぶあきら》の幕閣は改めて蝦夷地調査を実施した。結果として、寛政十一年の東蝦夷地上知《あげち》を皮切りに、段階的に上知範囲を拡大し、文化四年（一八〇七）には松前地を含む東西蝦夷地全域を上知するに至った。松前藩は陸奥国内陸部の伊達《だて》郡梁川《ぐんやながわ》に転封《てんぽう》となり、九〇〇〇石の交代寄合とされ、中世以来の松前・蝦夷地にかかる領主としての沙汰権を失った。

幕府は蝦夷地の警衛を東北諸藩に命じ、翌文化五年の松前蝦夷地への駐屯人数は仙台《せんだい》・会津《あいづ》・南部《なんぶ》・津軽の四藩で計四〇〇〇人であったとされる（『通航一覧《つうこういちらん》』）。計算上、実に松前藩家中の一〇倍以上の防備体制を整えた格好である。

旧族大名である松前氏の転封をめぐっては、一八世紀末から一九世紀初頭におこった、当時の国際情勢、直接的にはロシアの南下と、幕閣内の対立とが連動し、複雑な経緯をたどっている。具体的には、前者はラクスマンの来航（寛政四～

五年）、ロシア使節レザノフの長崎来航（文化元～二年）、ロシアに襲撃された文化露寇《ろこう》事件（文化三～四年）、ならびにゴロヴニンと高田《たかだ》屋《や》嘉兵衛《かへえ》の抑留・解放（文化八～十年）がそれである。この間には、イギリス海軍士官ブロートンの東蝦夷地来航・測量という事件も生じている。一七世紀には想定されていない、北からのキリスト教を奉ずる異国の到来への直接的な対応を、公儀《こうぎ》たる幕府が迫られる局面が生じたということである。その過程で、藤田覚が明示的に論じたように、新規の通商を回避するための論拠として、いわゆる「鎖《さ》国《こく》祖《そ》法観《ほうかん》」が幕府によりロシア（レザノフ）に示され、以後その認識が幕府の外交方針として内在化していくことになる（藤田覚『近世後期政治史と対外関係』）。

一方、後者については、これも藤田覚や横山伊徳が明確に整理したように、幕府の方針が幕府直轄か松前藩委任か、開発か非開発か、という方向性のなかで変遷推移している（藤田『近世後期政治史と対外関係』、横山『日本近世の歴史5 開国前夜の世界』）。その背景には、幕閣内部の対立があり、琉球《りゅうきゅう》の沙汰を委任される薩摩《さつま》藩《はん》など従来の公儀体制の維持を望む勢力が、将軍実父徳川治済《とくがわはるさだ》らと結び、松前藩委任・非開発論に与《くみ》した（保守）のに対し、老中《ろうじゅう》松平信明らは新たな状況に対応した直轄・開発策を推進しており（改革）、将軍親政か老中主導かという幕政対立に連動したという構図を描くこともできるだろう。

実際、ロシアへの直接的な対応に迫られた際には改革方針がとられ、それが薄らぐと保守の方針が示される、という推移が確認される。例えば、当初東蝦夷地の上知範囲がロシアとの接触の前線である南千島・蝦夷島東部から、東蝦夷地全域と箱館を含む松前地東部へと拡大したが、享和二年（一八〇二）に将軍家斉《いえなり》は、蝦夷地開発策に不同意という下知を出し、上知範囲を凍結し松前藩を存置する。これにより、翌三年には松平信明は老中を解かれ、また蝦夷地開発策を体現した近藤重蔵《こんどうじゅうぞう》は小《こ》普《ぶ》請方《しんかた》へ異動し、蝦夷地行政の現場から一時遠ざけられるに至っている。

その後、文化二年のレザノフへの交易謝絶回答に伴う緊張感のなかで、翌三年に松平信明が老中へ復帰、同四年には松前藩を転封させ松前蝦夷地一円が上知されたことは、先述の通りである。実際、上知決定直後のタイミングで、前年に生じた文化露寇（サハリン南部クシュンコタン番家《ばんや》襲撃）の知らせが江戸に届いている。文化四年の露寇ではエトロフ島が襲撃されたが、勤番の幕吏と駐屯の南部藩兵は敗走し、武具がロシア側に接収されている。徳川の武威が損なわれた事件であり、幕府は朝廷への報告を余儀なくされている。これは、文字通り体制の危機が自覚された一件とみなければならない。

文化露寇の延長線上に、日露間でゴロヴニン事件・高田屋嘉兵衛事件が生じ、捕虜交換の形でそれが解決されるなど緊張感は継続し、蝦夷地上知は維持された。ただしその後、文化十四年に信明が没すると、将軍家斉は側用人《そばようにん》兼老中格の水《み》野忠成《ずのただあきら》を老中首座とし、その幕閣のもとで文政五年（一八二二）に松前蝦夷地一円が松前氏に還付されることとなった。松前藩の復領であり、松前氏は再び諸侯の格式を帯びることとなる。

一般的に、この松前藩復領は、徳川治済と水野忠成への松前氏の賄賂が奏効してなったと理解されることが多い（『松前町史 通説編第一巻上』）。直接的にはそうした側面は指摘できるだろうが、構造的には、治済が将軍実父であり、また忠成が側用人出身で、それぞれ将軍親政派＝公儀体制維持派（保守）を体現していた構図を、ここでも想起すべきだろう。つまり、幕府による蝦夷地の沙汰は、ロシアの日本への接近という現実の国際情勢のみならず、幕閣内部の路線対立とも連動して推移したとみる必要がある、ということだ。

そうであっても、「鎖国祖法観」の内在化や、東北諸藩の松前蝦夷地警衛による経済的疲弊など、蝦夷地上知に象徴される新たな対応は、この時期――家斉将軍期（いわゆる「大御所時代」）――に幕府が直面することとなった、いわば北からの体制危機の到来として見通すことができそうだ（岩﨑奈緒子『近世後期の世界認識と鎖国』）。ここでいう体制とは、「祖法」として観念された対外関係のあり方である。異国船来航状況の変化に伴う沿岸防備体制の強化（松尾晋一『江戸幕府の対外政策と沿岸警備』）や、ナポレオン戦争に伴うオランダ屈服期の長崎貿易の不安定化など、それを「祖法」として主張しなければ所与の前提として機能しえない新たな国際情勢に、幕府は以後対応を余儀なくされるわけだが、その端緒は北からもたらされたものと位置づけることもできるだろう。

開国と第二次蝦夷地上知

主張された「祖法」が実際に貫徹しえない状況は、ペリー来航に端を発する「開国」によって現実のものとなった。それにより松前蝦夷地の沙汰は再び変動する。はじめに開港場《かいこうば》となった箱館が安政元年（一八五四）に、ついで東西北蝦夷地と松前地東部が翌二年に、上知された。第二次蝦夷地上知と呼ばれる変動である。

ここで留意すべきは、開国に伴い安政元年に結ばれた、日魯通好条約（日露和親条約）により、国際法上の国境が蝦夷地に引かれたことである。国境は、東はエトロフ島・ウルップ島間の択捉海峡《えとろふかいきょう》とされ、北は北蝦夷地（サハリン島）が国境未画定とされた。幕府は箱館に遠国奉行《おんごくぶぎょう》を置き、開港場での貿易や駐在外交官との応接にあたらせると同時に、国境地域を含む蝦夷地の防備や行政を担わせた。松前藩には「開国」以前の嘉永二年（一八四九）から松前城《まつまえじょう》（福山城《ふくやまじょう》）を築かせ、藩主松前崇広《たかひろ》を城主格と改めていたが、蝦夷地上知に伴い松前地西部は藩領として存置され、奥羽のうちに三万石を加増され、格式も三万石格とされた。なお崇広は西洋通として知られ、元治元～慶応元年（一八六四～六五）には老中に抜擢され、従四位下侍従《じじゅう》の武家官位をえている。

第一次の蝦夷地上知期と同様、幕府は松前蝦夷地の警衛を、松前藩に加え奥羽諸藩に分掌させた。箱館奉行は当初こそ蝦夷地を直接沙汰したが、安政六年に至り、枢要の地を除き奥羽六藩（津軽・南部・秋田・会津・鶴岡《つるおか》・仙台）へ領分として給することとした。いわゆる蝦夷地分領である。分領支配の形は維新後にも引き継がれ、廃藩置県以前の府藩県三治制《ふはんけんさんちせい》期に、箱館府にかわって置かれた開拓使、松前藩が改称した館藩《たてはん》、華士族ならびに寺院・兵部省《ひょうぶしょう》のほか、全国二四藩に分領させている。これは、幕藩制国家や府藩県三治制下において、幕府や明治政府が蝦夷地・北海道の行政・警衛を単独で担保しえない限界を示しているととらえるべきだろう。

松前藩復領期には、松前藩の蝦夷地勤番人数は約二〇〇といい（『湯《ゆ》浅此治日記《あさこのはるにっき》』）、一八世紀の家臣団に比べて規模が増加しているものの、第一次上知期当初の警衛人数からは大きく減じており、それは三万石格の一大名による蝦夷地防備の限界を示している。蝦夷地警衛体制の担保増強は、「開国」に際して幕府の直面した外交・安全保障上の課題といえるが、それを松前藩単独で委任させることも、幕府単独で整えることも事実上難しく、第一次蝦夷地上知期と同様、東北諸藩に分掌させるほかないのが現実であった。蝦夷地分領は警衛人数を派遣する諸藩への代償という側面を看取せざるをえず、それは取りも直さず幕藩制国家それ自身の限界とともに、幕末の幕府権力の構造的低下を具体的に示す事例とみるべきだろう。北の国境策定と警衛体制、とりわけ安政六年以降における蝦夷地分領は、体制の危機が具体的に立ち現れる現場でとられた措置であり、そこからはこの時期以降の国家構造の特質が透けてみえてくるようだ。

以上、駆け足に「長期の十九世紀」の蝦夷地の経てきた歴史的特質を、主に政治秩序の変遷に即して概観した。次節以降、こうした歴史的経緯のなかで確認できる「国境」の意識と、そこに暮らす人びとの社会の変容につき、個別に瞥見してみたい。

2 「異国境」と「国境」

「松前口」の先の「二つの口」

近世日本の対外通交体制を考える際に用いられるモデルに、「四つの口」論がある（荒野泰典『「鎖国」を見直す』ほか）。朱印船《しゅいんせん》貿易に象徴される徳川家康《とくがわいえやす》・秀忠《ひでただ》期の初期外交の後、家光《いえみつ》期に相次いで出された寛永の「鎖国」令の後に整えられた実態を説明したもので、鹿児島（対琉球国）、対馬《つしま》（対朝鮮国）、長崎（対オランダ商船・中国商船）ならびに松前（対アイヌ船舶）の四ヵ所を対外通航の窓口とし、長崎は幕府の直轄港市として、それ以外は対外通航に実績を持つ旧族大名へ家役として通交を果たさせるモデルである。寛政期（一七八九～一八〇一）に「祖法」と観念されたいわゆる「鎖国」の体制で、基本的に幕末の「開国」までの二〇〇年ほど、このモデルが機能したことになる。

このうち松前口では、前節で概観したように、当初は港市たる松前へ日本商船とアイヌ船舶を迎え、それを検断する「城下交易」の形が、将軍から安堵された松前氏の領主権のすがたであった。来航するアイヌ船舶の範囲は、日本海岸はテシホ（天塩）、太平洋岸はアツケシ（厚岸）であり、それぞれその遠方のサハリンや千島列島の産物が招来されていた。しかしながらその後、蝦夷地の「商場」といわれる交易ポイントへ交易船が派遣されるようになり、一八世紀には日本海岸はソウヤ（宗谷）、太平洋岸はクナシリ島に及んでいる。

元文四年（一七三九）頃成立とされる「蝦夷《えぞ》商賈聞書《しょうこききがき》」によれば、ソウヤへはサハリン島の「カラプト」（樺太）・「タライカ」（多来加）、ならびに蝦夷島オホーツク海岸の「ツコロ」（常呂）～「ウラヤシヘツ」（浦士《うらし》別《べつ》、網走《あばしり》近傍）からアイヌ船舶の「積来《つみきたり》」があり、クナシリ島へは「右之所」（ヱトロフ島以東）からアイヌ船舶の「積参《つみまいり》」があったと記される。つまり、交易の現場が松前から蝦夷地の「商場」に移行するとともに、その限界地が外の世界との窓口として事実上機能することとなっているのである。サハリンに通ずる蝦夷島北端のソウヤと、千島列島に通ずる蝦夷島東端のキイタフ（霧多《きりたっ》布《ぷ》、厚岸東部）・クナシリ島が、いわば松前口の先に開かれた二つの口として機能した、ということである。

よってこの二つの口の所在する西蝦夷地ソウヤ場所と東蝦夷地キイタフ場所・クナシリ場所（キイタフ場所から宝暦四年〈一七五四〉分離開設）は、いずれも藩主直轄の場所であった。舶来品の直接管理は、収益の独占とともに、政治的に取り扱いに注意を要するセンシティヴな問題を含んでいたからでもあったろう。

アムールランド近世史との接点―山丹交易をめぐって

このうち、ソウヤに関しては、サハリン方面からの「積来」が重要である。金座《きんざ》役人坂倉源次郎《さかくらげんじろう》の筆になる元文四年（一七三九）成立とされる「北海随筆《ほっかいずいひつ》」によれば、「ソウヤ交易物の内、錦《にしき》・青玉《せいぎょく》等はカラフト嶋より持来る」といい、錦・青玉はカラフトの北にある「サンタン・マンチウと云処」から渡来するものをカラフト・タライカの者が常にソウヤへ交易に出すと記す。ここでいう「錦」は蝦夷錦を、「青玉」は樺太玉を、それぞれ指し、いずれも中国産物である。サンタン（山丹）やマンチウ（満洲《まんしゅう》）から樺太アイヌがそれら中国産物を中継してソウヤへ交易に出し、松前藩が入手する恒例であったというのである。

坂倉はまた、ソウヤへ来航した「サンタンの者共」から松前の船頭が、「梵字《ぼんじ》」のような「蛮字」や、「漢字」による「真文字」で書かれ、大きな「朱印」を伴う「はなはだ美なる巻物」を入手し、松前藩庫に収められていたことを記している。谷澤尚一の考証によると、ここにいう「サンタンの者共」すなわち山丹人は、アムール川下流に拠点を置いたウリチ民族を指すから（洞富雄・谷澤編『東韃《とうだつ》地方紀《ほうき》行《こう》他』）、そのサハリン・ソウヤへの来航は「山丹交易」のルートとみてよいだろう（佐々木史郎『北方から来た交易民』）。そして、「梵字」のような「蛮字」とは満洲文字（満文）を指し、漢文とともに用いられた清朝の公用文書とみられる。

当時ネルチンスク条約（一六八九年）により、アムール川（黒竜江《こくりゅうこう》）流域（アムールランド）からロシアの勢力を排除することに成功していた清朝は、同地の先住諸民族を「辺民」として編成する体制を敷いていた。一七一四年（康熙五十三）以降、吉林将軍《きつりんしょうぐん》管下の副都《ふくと》統《とう》をアムール川支流松花江《しょうかこう》流域の都市三姓《さんせい》（現依蘭《いらん》）に置き、その衙門《がもん》（役所）を辺民編成の要とした（松浦茂『清朝のアムール政策と少数民族』）。三姓副都統衙門はその出先機関をアムール川下流域のデレンに置き、先住諸民族から毛皮貢納をうけ、代わりに官職や官服などを賞与する「収貢頒賞」の実務を管掌させたが、その対象はアムール川下流域の諸民族に加え、サハリン島のニヴフ民族やアイヌ民族にも及んでいた。文化六年（一八〇九）にデレンを訪れた間宮林蔵《まみやりんぞう》が、同地に赴任した清朝官人がハラタ（「長夷《ちょうい》」）やカーシンタ（「次夷《じい》」）といった官職やそれに伴う官服（蝦夷錦）をニヴフやアイヌに授け、毛皮や鉄製品を貢物として受け取っている様子を記録している（『北夷分界余話《ほくいぶんかいよわ》』）のは、こうした支配構造をふまえて理解すべきだろう。清朝による辺民編成の浸透という、いわばアムールランド近世史上の新たな状況が、山丹交易を介して日本近世史と接点を持つに至ったと評価することもできるだろう。

坂倉は、こうした実態を松前で取材したわけだが、間宮による現地踏査にもとづく報告以前に、幕府は公式にそれを認識してはいなかった。一方、天明期（一七八一～八九）に最上徳内《もがみとくない》が伝聞で、清朝からハラタ（ハラ・イ・ダ、姓の長）の官職をえていたサハリン中部西岸のナヨロに拠点を置くヨーチテアイノ（唐名《とうみょう》は楊忠貞）につき、その行動範囲が「山丹国」から「松前所在嶋ソウヤ」にまで及び、安永七年（一七七八）にソウヤで松前藩士と対面・会談していることを記している（「蝦夷国風俗人情之沙汰《えぞのくにふうぞくにんじょうのさた》」）。ヨーチテアイノはソウヤに蝦夷錦や青玉などの中国製品をもたらし、日本産の鉄製品や蝦夷島産の毛皮（千島のラッコ皮も含まれるか）を調達したものと考えられる。松前藩では、中国産品を伴う山丹交易を「蝦夷」との交易とみなし、一八世紀前半から継続していたことになる。

一九世紀に入り蝦夷地上知がなされたのち、幕府はこれを問題視せず、背後に清朝の影を把握しつつも、ウリチ民族（山丹人）への負債が嵩んだサハリンのアイヌの債務を清算し、アイヌを中継交易の現場から原則としていわば排除したうえで、直接山丹人と交易をなす体制を構築する（山丹交易仕法替《しほうがえ》）。交易はサハリン南西端のシラヌシにて、松前藩復領期（一八二一～五五）・蝦夷地第二次上知期（一八五五～六七）を経て維持され、カラフト島仮規則によりサハリン先住民の自由交易が保証されたことをうけた慶応四年（一八六八）の廃止に及んでいる（佐々木史郎「山丹交易と蝦夷地・日本海域」）。つまり、松前の先に開いたソウヤ（シラヌシ）の口は、近世を通じて機能し続けたことになる。

クリル近世史との接点―安永のロシア来航とクナシリ・メナシ地域

それでは、東に開かれた口はどうか。「蝦夷商賈聞書」にあったように、キイタフ（蝦夷島東端、メナシ〈アイヌ語で東の意〉地域）やクナシリ島には、ヱトロフ島方面からの「積参」がみられた。クナシリ・メナシ地域は、松前の交易船の限界地であったが、その東方に位置する千島列島との交易があったということになる。

これは、地域間交易という以上の意味を持つ。一八世紀を通じてカムチャツカから千島列島（クリル諸島）に進出したロシアを、その背景にみる必要があるからである。ロシア近世史の豊川浩一が的確に整理する「ロシアの「大航海時代」」の最前線と、松前の商場交易の限界地との接点に生じた、先住民族による中継交易の現場として、この「口」は機能した

（豊川「ロシアの「大航海時代」と日本」）。

ロシアの千島列島進出は一七一一年（正徳元）に始まり、一七六八年（明和五）にはウルップ島へ至っている。一方、松前からの交易拠点がクナシリ島に置かれたのは、先述の通り宝暦四年（一七五四）とされる。こうした状況のもと、ロシア帝国イルクーツク県知事ならびにカムチャツカ長官の訓令書を根拠に、ヤクーツクの商人ラストチキンが千島列島・日本調査航海を実施した。航海にはイルクーツクの商人シャバーリンやウルップ島駐留通訳のアンチーピンらが従事し、一七七八年（安永七）に根室半島東部のノッカマップへ渡来し松前藩士と遭遇・会談、次いで翌年にはアッケシ（厚岸）に渡来し松前から派遣された藩士と会談を行った。

この会談では結果的に、ヱトロフ島のアイヌを介した中継交易の余地を示唆したものの、松前藩は直接通商を謝絶した。翌年の地震によりウルップ島が被災したこと、またイルクーツク県知事が通商に消極的な書簡をサンクトペテルブルクへ送致したこともあり、以後一七九二年（寛政四）のラクスマン派遣まで、ロシアの使節派遣は行われなかった。では、この時期のクナシリ・メナシ地域のアイヌ社会は、こうした状況のなかで、どのような動きをみせていたか。その一端が、ロシア側の航海記録に示されている（佐々木利和監修、谷本晃久、鈴木建治、ワシーリー・シェプキン編『ロシア国立古文書史料館所蔵　ロシア人による18世紀後半クリル航海記録』）。

記録には、千島列島のアイヌ民族が、北方の「クリル人」と南方の「毛深いクリル人」とに区分して記される。これは、近代のアイヌ民族誌のいう、中・北千島の「千島アイヌ」とヱトロフ島以南の「北海道アイヌ」の区分に合致する書き分けである。前節で整理した蝦夷地第一次幕領期の幕府が、ヱトロフ島以南のアイヌを「此方《このほう》蝦夷人」と認識し、それ以北のハリストス正教を受容したアイヌを「ヲロシア属島ラシヨワ島人」とみなす（「休明光記《きゅうめいこうき》」）のと合致した区分でもある。ここですでに、日露間の認識区分が重なっていることは、重要である。

他方、航海記録によれば、シャバーリンらは「クリル人」に加え、「毛深いクリル人」をも毛皮税（ヤサーク）徴収対象としロシアの編成に附そうとした形跡がみられる。実際、ヱトロフ島・クナシリ島・シコタン島ならびに蝦夷島ノッカマップやアツケシのアイヌ首長層に、これに応じた者のあったことが記される。ただ、記録を注意深く読むと、毛皮税徴収の代償として長靴などの物品が渡されているから、その実態は交易であった蓋然性が高い。また、この航海のさなかに、女帝エカテリーナ二世により「毛深いクリル人」への毛皮税賦課を禁ずる勅令《ちょくれい》が出されており、シャバーリンらの試みは継続されることはなかった。

　ここで重要なのは、ヱトロフ島を含むクナシリ・メナシ地域のアイヌ首長層のうちに、シャバーリンらの働きかけに応じ、毛皮税の賦課、実際には交易に応じた者がいたという点である。実は毛皮取引に応じたアイヌ首長には、日本側の記録にみえる者があり、そこにはクナシリ惣乙名《そうおとな》ツキノエやノッカマップ惣乙名ションコ、アツケシ小使《こづかい》シモチといった、のちに松前藩家老《かろう》蠣崎広年《かきざきひろとし》（波響《はきょう》）の筆になる「夷酋列像《いしゅうれつぞう》」の像主となる人物が含まれており、さらにクナシリ・メナシの戦いで松前藩に毒殺されたと認識されたクナシリ惣乙名サンキチや、松前藩と交戦し敗死したマメキリ（ツキノエの子）やセッパヤ（サンキチの子）の名もみえる。

　つまり、この時期この地域のアイヌ首長層には、松前とロシアのはざまで利益を追求しようと振舞った者があったということであり、クナシリ・メナシの戦いでアイヌ側が示した行動（紛争と収拾）についての背景は、松前との関係性のみで解釈されるべきではないだろう。そして留意すべきは、それと呼応するように、日本側の記録によると、応接にあたった松前藩士がロシア側に、直接交易は謝絶しつつも、ヱトロフ島のアイヌ（北海道アイヌ）と千島アイヌ（クリル人）との間の交易で、和製品を入手するルートを示唆している点である。どうやら松前藩は、サハリンを舞台とした山丹交易と同様、千島列島にもアイヌ民族を介した中継交易のルート構築の可能性をみていたようだ。

　このように、松前の先に開いたアツケシ・ノッカマップ・クナシリ方面の口は、一八世紀を通じてのロシアの進出を迎え、新たな関係性が表出する独特の場、いわばクリル近世史との接点として機能することとなった。ただし、松前藩が意識した展開とは異なり、結果的にソウヤやシラヌシの口のようには、それが継続することとはならなかった。

クナシリ・メナシの戦いと「蝦夷地改正」

安永のロシア来航は、結果的に松前藩から幕府に秘され、それが明らかとなったのは田沼時代末期に実施された天明の蝦夷地調査に際してであった。ただしこの件で松前藩が譴責されることはなく、また蝦夷地でのロシアとの通商も開かれることはなく、将軍家治《いえはる》が没するとともに田沼意次《たぬまおきつぐ》は老中を罷免される。

そんな折に生じたのが、一七八九年（寛政元）のクナシリ・メナシの戦いである。松前藩とアイヌ民族との間の最後の武力紛争であったこの戦いについては、すでに多くの先行研究がある（菊池勇夫『十八世紀末のアイヌ蜂起』、川上淳『近世後期奥蝦夷地史と日露関係』など）。ここで注目するのは、松前藩・幕府ならびにクナシリ・メナシ地域のアイヌ集団によるその戦後処理のかたちについてである。

松前藩は、この戦いで和人を殺害したアイヌ民族を拘束し、そのうち三七名を殺害している。その際しばしば指摘されるのが、戦いにおけるアイヌ乙名層と惣乙名層の温度差で、前者は紛争の当事者として和人襲撃・殺害を実行し、後者は紛争後にその収拾につとめた、などと評される。松前藩側の記録では、後者は「御味方」などと記され、「夷酋列像」の像主となり、それに附属する「夷酋列像附録」（家老松前広長《まつまえひろなが》の作）でその功績が強調される。しかしながら、さきにみたロシア側の記録では、前者も後者も等しくロシアとの交易をなしている。かつて田島佳也は惣乙名層の行動について「高度な政治的判断」を看取すべきと指摘したが（田島「「帳秘録　完」と奥蝦夷地場所を取り巻く環境について」）、「御味方」と評価される行動の背景を、同時代の日露関係史やアイヌ史の視点から見通す作業の重要性はひとしおである。

目を江戸に転ずると、戦後処理の一環として、寛政二年四月に幕府が松前藩に提出させた「蝦夷地改正」策が重要である（谷本晃久『近世蝦夷地在地社会の研究』）。松前藩への蝦夷地支配委任継続を前提とした「改正」策であるが、それ以前の支配体制とは質的に大きく異なっている。一つは松前藩支配の自明な「蝦夷地」の先に「異国境」を定めた点、いま一つは「異国境」の先との通交を制限し、「場末」に位置しその取締りを管掌するソウヤとアツケシに藩士の常駐する「番所《ばんしょ》」を設置した点である。つまり、松前口の先に事実上開かれてきた二つの口を、いわば「鎖国」の内の限界地としてとらえなおし、「蝦夷地」を有限の範囲とみなし、その内外の通行の管理を松前藩へ委任した格好である。「場末」の先の「異国境」に接する「異国」が清朝とロシアであるのは明白で、その存在を前提とした沙汰の「改正」が松前藩には求められているわけであり、定信の政権は一七世紀以来の松前藩への蝦夷地支配委任のかたちを、大きく改めているのである。

その後、前節でふれたように、幕府による寛政十年の蝦夷地調査と、その翌年に始まる段階的な蝦夷地上知により松前氏への委任体制は大きく毀損され、結果的にレザノフ来航後の文化四年（一八〇七）に至り、転封という結果となった。一方、「蝦夷地改正」で示された「異国境」の取締りは、蝦夷地第一次上知期はもちろん、文政五年（一八二二）以降の松前藩復領期にも継続し、安政二年（一八五五）の蝦夷地第二次上知に至り、前年締結の日魯通好（日露和親）条約の定める国際法上の国境（サハリンは国境未画定、千島はヱトロフ島・ウルップ島間が国境）として機能することになる。幕末以降、近代日本の直面した国境問題のうち、北方のそれに関する歴史的経緯を見通すには、このように、「蝦夷地改正」に至る経緯や論理と、その後の対応とを、それぞれの地域性に即して個別具体的に検討する必要があると考える。

3　在地社会の変容

「近世蝦夷地在地社会」という視角

前節までに述べてきた状況のなかで、蝦夷地の「在地社会」はどのような変容をみせたのだろうか。冒頭に示したセトラー論は、主に維新後の「開拓」「殖民」政策により、いわば単一的な和人社会が旧蝦夷地地域全体に及んだ状況に応用しうる分析概念といえるが、それ以前はどうであったか。筆者はかつて、主に幕末期における場所請負制下の西蝦夷地中部をモデルに、①先住のアイヌ民族、②出稼ぎ和人（浜中）、③場所請負人の手代《てだい》・被雇用者、④駐在の幕吏などからなる「場所」の社会構造を「近世蝦夷地在地社会」とみなし、分析対象としたことがある（谷本晃久『近世蝦夷地在地社会の研究』）。民族で区分するならば、①はアイヌ語を母語としたアイヌ民族、②〜④は日本語本土方言（和語）を母語とした和人である。和人のうち②には事実上世代を重ねた者たちがあり、地域によっては①を凌駕する人口を擁した「場所」もあったが、それが蝦夷地全域を覆ったわけではなく、オホーツク海沿岸など地域によっては、②の存在が確認できない「場所」もあった。

つまり、地域によって濃淡はあるものの、総体的には「場所」における②はコロニーとしての集団とみなされる。むろん、政治的・社会経済的には場所請負制度のもと、アイヌ社会は日本の国家・市場から支配・搾取され、華夷《かい》観念のもとに②〜④から蔑視された存在であることを前提にしなければならないが、それでも、独自の言語・文化のあることが前提とされ、また毛皮や工芸品、鮭鱒《さけます》や昆布《こんぶ》・煎海鼠《いりこ》・鮑《あわび》などの生産者や、②の乏しい「場所」にあっては鯡《にしん》や鰯《いわし》など大網漁業の被雇用者として、「場所」には欠かせない存在でもあった。こうした社会構造を分析する枠組みとして、「場所」を単位とした「在地社会」という視角を工夫してみたわけである。

ここで少々巨視的にこの時期のアイヌ社会をとらえるならば、場所請負制度への包摂が蝦夷地全域に及んだ一方で、一九世紀初頭の二つの画期に目を向ける必要がある。一つは前節で確認した、中継交易のプレイヤーとしての立場の終焉、いま一つはチャシの構築の下限がそれである。前者は、松田伝十郎《まつだでんじゅうろう》による山丹交易仕法替により、山丹人（ウリチ民族）と幕府との直接交易に移行したことによるもの（文化六年〈一八〇九〉）と、ヱトロフ島・ウルップ島間の「異国境」を跨いでの通交遮断によるもの（享和三年〈一八〇三〉）。後者は、アイヌの城砦であるチャシ（casi）の構築年代が、寛政九年（一七九七）のヱトロフ島での事例が文献上の下限というものである（川上淳『近世後期の奥蝦夷地史と日露関係』）。つまり、幕藩制国家の蝦夷地支配のかたちが、寛政一一年の「蝦夷地改正」を契機に改まり、蝦夷地第一次上知へ至るのと軌を一にするように、アイヌ史上の画期もこの時期に見通すことができそうだ。

こうした環境のもとに、場所請負制度が浸透し、アイヌ民族との主な取引関係が交易から雇用（前貸精算制による債務の恒常化を伴った）へと転換するなかで、西蝦夷地南部を中心に、「浜中」などと呼ばれる出稼ぎ和人集団のコロニーが形成されることになる。幕府はロシアを意識しアイヌ民族の和風化を奨励したが、経済的メリットを求め、それに呼応する者のあった例も確認できる。他方、場所請負人の現地差配機関である運上家の年中行事や和人の信仰のなかに、アイヌの信仰を組み込んだり習合したりしたケースも確認できる。幕末蝦夷地の在地社会のみせるこうした相貌は、近代以降の「殖民社会」（君尹彦「殖民社会の出版事業」）のそれとは大きな隔たりがあるものとみてよいだろう。

ここでは以下、一枚の絵を読み解きながら、この時期の社会の特質を考えてみたい（谷本晃久「「恵曽谷日誌」に描かれたアイヌ」）。

一枚のアイヌ絵から―アイヌ風俗の意義

後期場所請負制度のもと、西蝦夷地南部（蝦夷島日本海岸南部）の「場所」のなかには、人口のうえでアイヌ民族を遥かに凌駕する出稼和人漁民の集団（「浜中」）が形成される場合があった。このうち、場所請負制度の最末期の明治二年（一八六九）～四年、府藩県三治制下の後志国《しりべしのくに》磯谷《いそや》郡《ぐん》（旧西蝦夷地イソヤ場所）は、その北半が肥前国五島《ごとう》旧富江《とみえ》領主五島銑《せん》之丞《のじょう》領、南半が羽前国米沢藩《よねざわはん》領となった。図5-2は、藩領の支配にあたった米沢藩士山田《やまだ》民弥《たみや》の日誌「恵曽谷日誌《えそやにっし》」の挿図で、藩絵師浜崎八百寿《はまさきやおす》（木麟《もくりん》）の筆になる。

明治二年当時の磯谷の人口構造は、アイヌ二軒六人、永住和人一五九軒八九六人と、和人人口が圧倒的に優位な地域で、それは幕末以来のものであった。一方、六名のアイヌは「土人」として明示的に弁別され、うち三名が「役土人」に任じられている。裏を返せば、場所請負制度下の「場所」には、アイヌ民族の存在が不可欠であった構造がうかがえる。図5-2には、場所請負人の現地手代である「支配人代」と「通辞《つうじ》」、ならびに三名のアイヌ（いずれも「役土人」）が描かれて

図 5–2　支配人代・通辞とアイヌ（山田民弥「恵曽谷日誌」壱より，明治 2 年〈1869〉，浜崎八百寿筆，北海道大学附属図書館所蔵）

いる。

アイヌにはいずれもカタカナのアイヌ名が付記され、描かれる衣装は和風の着こなしではない。日誌によればこれらの衣装は、「シヤランヘアミシ」(sarampe amipi ヵ、絹衣)に「山丹錦」で仕立てた陣羽《じんば》織《おり》と「アッシ」(attus、厚司)地の脚絆《きゃはん》とを着けたものであったという。中央には行器《ほかい》に柄杓《ひしゃく》が副えられ、三つの台盃《だいはい》が描かれる。台盃とは天目台《てんもくだい》に漆椀《しつわん》を載せたものである。酒を満たした行器や台盃は、和製漆器ではあるが、和風ならざるアイヌ風の用い方である。右手の台盃には箸がわたされてあり、これはアイヌの祭具であるイクパスイ(ikupasuy、捧酒箸《ほうしゅばし》)を示す。

注目すべきは通辞の存在で、これは和人のアイヌ語通訳であり、場所請負人の現地手代として必須の役職であった(佐々木利和『アイヌ史の時代へ』)。日誌にはこの場で、アイヌ語が用いられていたことが明記されている。すでにアイヌ民族が圧倒的なマイノリティ(少数者)となっていた維新期の磯谷郡にあっても、アイヌ語・アイヌ文化のあることを前提とした秩序が機能していたことの象徴である。それだけではない。通辞が手にしているのは、台盃である。日誌には中央に描かれるシエトというアイヌから「箸を返し」て渡された台盃に満たされた酒を、通辞が飲んだことが記されている。つまりここには、アイヌ文化を可視的にも儀礼のうえでも共有する場所請負制度のすがたをうかがうことができそうなのである。近世蝦夷地に醸成された在地社会の個性は、異文化を組み込んだようにもみえる、いわば土着化のうえに見通されるべきものと考える。

おわりに――維新後を見通す

以上、本章では三節にわたって、一九世紀の蝦夷地と北方地域をめぐる諸問題につき、主に対外政策の変化と、それに連動する側面を帯びる社会構造の変化に目を向け、概観してきた。日露間の国境問題への対応や、アイヌ民族を圧倒的なマイノリティとする社会における先住権のあり方などは、現代社会が直面している課題といえるだろう。それを検証するためには、歴史的な形成過程をふまえることが求められようが、これらの問題の端緒としてこの時期を歴史的に見通し考えることの意義はひとしおであるとの印象もえられるところだろう。

一方で、先住のアイヌ民族史の視点から考えるならば、この時期の持つ可能性にも気づく。前節でふれた米沢藩士山田民弥の日誌によると、通辞によりアイヌ語を介在させる場は、維新期磯谷郡にあっては改まった場に限られた「古風」なもので、日常にはアイヌ民族が「倭語」、すなわち日本語も用いる、いわばバイリンガルであったことが記されている。日誌には同時に、アイヌの伝統儀礼をふまえてなされる熊猟の様子も記される。

一九世紀の後期場所請負制度下に展開した近世蝦夷地在地社会は、社会経済的にアイヌ社会を搾取抑圧する側面が指摘され（高倉新一郎『アイヌ政策史』、榎森進『アイヌ民族の歴史』）、それはいくら強調しても強調しすぎることはない。ただし、アイヌ社会が圧倒的なマイノリティ集団となってもなお、それが存在することを前提とした秩序が機能する例のあったことの意義は、近代北海道に主に二〇世紀以降に形成され一般化した「殖民社会」における対アイヌ同化・保護政策と比較するとき、際立つ側面があるものというべきではないか。

このように、一九世紀の蝦夷地・北方地域を歴史的に見通すということは、現代的諸課題との向き合い方を鍛えることにも通ずるものと考える。

〔参考文献〕

荒野泰典『「鎖国」を見直す』岩波書店、二〇一九年
岩﨑奈緒子『近世後期の世界認識と鎖国』吉川弘文館、二〇二一年
榎森　進『アイヌ民族の歴史』草風館、二〇〇七年
川上　淳『近世後期の奥蝦夷地史と日露関係』北海道出版企画センター、二〇一一年
河西英通・浪川健治編『グローバル化のなかの日本史像―「長期の一九世紀」を生きた地域―』岩田書院、二〇一三年
菊池勇夫『十八世紀末のアイヌ蜂起』サッポロ堂書店、二〇一〇年
君　尹彦「殖民社会の出版事業」北海道の出版文化史編集委員会編『北海道の出版文化史―幕末から昭和まで―』北海道出版企画センター、二〇〇八年
佐々木史郎『北方から来た交易民―絹と毛皮と山丹人―』日本放送出版協会、一九九六年
佐々木史郎「山丹交易と蝦夷地・日本海域」長谷川成一ほか編『日本海域歴史大系　第四巻』清文堂出版、二〇〇五年
佐々木利和『アイヌ史の時代へ』北海道大学出版会、二〇一三年
佐々木利和監修、谷本晃久、鈴木建治、ワシーリー・シェプキン編『ロシア国立古文書史料館所蔵　ロシア人による18世紀後半クリル航海記録』北海道大学アイヌ・先住民研究センター、二〇二二年
『思想』一一八四号（特集　北海道・アイヌモシリ―セトラー・コロニアリズムの一五〇年―）岩波書店、二〇二二年

高倉新一郎『アイヌ政策史』日本評論社、一九四二年
田島佳也「「帳秘録 完」と奥蝦夷地場所を取り巻く環境について」『近世北海道漁業と海産物流通』清文堂出版、二〇一四年
谷本晃久「北方史・蝦夷・アイヌ」歴史科学協議会編『戦後歴史学用語辞典』東京堂出版、二〇一二年
谷本晃久「蝦夷地・北海道に暮らした人びとの信仰と宗教」林淳編『シリーズ日本人と宗教―近世から近代へ―6 他者と宗教』春秋社、二〇一五年
谷本晃久『近世蝦夷地在地社会の研究』山川出版社、二〇二〇年
谷本晃久「「恵曽谷日誌」に描かれたアイヌ」北海道博物館ほか編『アイヌのくらし―時代・地域・さまざまな姿―』アイヌ民族文化財団、二〇二一年
豊川浩一「ロシアの「大航海時代」と日本」『岩波講座世界歴史15』岩波書店、二〇二三年
中西　聡『近世・近代日本の市場構造―「松前鯡」肥料取引の研究―』東京大学出版会、一九九八年
藤田　覚『近世後期政治史と対外関係』東京大学出版会、二〇〇五年
洞富雄・谷澤尚一編『東韃地方紀行他』平凡社、一九八八年
松浦　茂『清朝のアムール政策と少数民族』京都大学学術出版会、二〇〇六年
松尾晋一『江戸幕府の対外政策と沿岸警備』校倉書房、二〇一〇年
松本あづさ「〝境界地域〟蝦夷地の眺め方」『歴史評論』八一三、二〇一八年
横山伊徳『日本近世の歴史5 開国前夜の世界』吉川弘文館、二〇一三年

column I

幕藩体制下の「異国」

福元啓介

近世琉球を取り巻く秩序

慶長十四年（一六〇九）に島津《しまづ》家久《いえひさ》の侵攻をうけて以後、琉球《りゅうきゅう》王国は薩摩《さつま》藩《はん》の実質的な支配下におかれ、近世日本の支配秩序のなかに編入された。しかしその一方で、以前から中国との間で続いていた東アジアの伝統的な国際秩序＝冊封《さくほう》体制は温存された。このため近世の琉球は、薩摩藩の干渉をうけつつも、表向きは独立国のまま中国（明《みん》、ついで清《しん》）を宗主国《そうしゅこく》として自らは臣下の国としてふるまい、朝貢《ちょうこう》と呼ばれる貿易関係を継続する。国際的には薩摩藩による支配は隠蔽されたものの、日本国内においては、琉球は日本に従属する「異国」として取り扱われ、支配者である薩摩藩島津家、ひいては徳川《とくがわ》将軍家の権威を高める役割を果たすことが期待された。このような二つの支配—従属関係の秩序が併存する日中「両属」の状態が、近世琉球の特徴である。

しかしこれは、ひとたび琉球が危機に直面した場合は、支配者である薩摩藩には琉球を保護し救済する責任があるということも意味する。ここでは、そのような琉球の保護・救済を指す言葉として同時代に用いられた、琉球国の「救助」をキーワードに、両者を取り巻く伝統的な秩序が動揺・解体していく過程をみていきたい。

島津重豪の財政改革と琉球

一八世紀末から一九世紀初頭は、古気候学でいう小氷期への変わり目にあたり、全国的に気候不順や災害がもたらされた。薩摩藩領内では農村の深刻な荒廃が進み、琉球でも台風や津波・飢饉《ききん》・疫病の流行といった災害が頻発した。

気候変動と災害の影響は、財政難という形で藩政当局・王府に重くのしかかる。これに対処すべく、文化六年（一八〇九）、前薩摩藩主であった島津《しまづ》重豪《しげひで》は、隠居の身でありながら、藩政の実権を握って自ら改革に乗り出した。重豪が藩財政再建のために着手したのは、琉球を通じた中国貿易の拡大を、幕府に認めさせることであった。

もともと薩摩藩は、琉球経由で中国から輸入した唐物《からもの》のうち、白糸《しらいと》・紗綾《さや》などの生糸《きいと》・反布《たんぷ》類について、京都問屋を通じて日本国内で販売することを認められていた。重豪はこの唐物を、より多くの利益が見込める品目（薬種類など）へと拡大し、藩の財源とすることをめざしたのである。

このときの幕府に対する一連の願書のなかで重豪が打ち出したのが、琉球国に対する「救助」という名目だった。打ち続く災害、飢饉で困窮する琉球に対して、薩摩藩は支配者として救済をほどこす責任がある。しかし、薩摩藩もまた財政難にあえぎ、これを十分に果たすことができない。よって「救助」を行き届かせる財政的な手当として、藩が取り扱いを許された貿易品目を増やしてほしい……そのようなロジックを執拗に幕府へ訴え出たのである（「薩州唐物来由考《さつしゅうからものらいゆこう》」東京大学史料編纂所蔵）。そこでは、琉球の危機を放置することは、薩摩藩だけでなく、徳川将軍の威光をも傷つけるものとみなされた。幕府としても許容できるものではない名目を押し立てたのである。

もちろん、貿易を掌握し管理する幕府としては、このような願い出を簡単に認めることはできない。事実、重豪が改革に乗り出す以前の文化元年に藩が同様の願い出をした際は、あえなく不許可となっている。その後、重豪によって執拗に再願という形で願い出が繰り返されるが、それもやはり「容易ならざる」ものとして幕府内部では慎重に判断されていた。しかしそうした状況も、文化五年に重豪が藩政の実権を握って表舞台に戻って以降、変化が生まれる。

当時、重豪の娘である茂姫《しげひめ》が将軍徳川家斉《とくがわいえなり》の御台所《みだいどころ》（正室）となっており、重豪は将軍の義理の父として絶大な権勢を有していた。さらに彼は、将軍実父の一橋治済《ひとつばしはるさだ》とも親しいばかりか、奏者番《そうしゃばん》の有馬誉純《ありましげずみ》、寺社奉行《じしゃぶぎょう》の脇坂安董《わきさかやすただ》、老中《ろうじゅう》水野忠成《みずのただあきら》の分家である水野忠実《ただみつ》といった当時の幕府要職や将軍の側近、またはそれに関係の深い大名家へ、次々と子女を養子入り・縁組みさせていた。このような縁故を通じ、重豪は幕府との交渉に多大な便宜をえることができたのである。

結果として、文化七年の唐紙《とうし》など唐物八種の取り扱い許可を皮切りに、幕府は相次いで薩摩藩の再三にわたる願い出を認めていく。年限つきではあるものの、藩が長崎で販売できる唐物は、利益の大きい薬種類にまで拡大していった（黒田安雄「文化文政期長崎商法の拡張をめぐる薩摩藩の画策」『史淵』一一四、一九七七年）。

だが、やがて許可を隠れ蓑とする抜け荷（密貿易）が横行し、琉球国救助を名目とした薩摩藩の利益追求は、早々に幕府の貿易管理体制と衝突することになる。さらに藩は、蝦夷《えぞ》地《ち》や日本海側からもたらされる昆布や俵物《たわらもの》を集荷して中国へ輸出しており、長崎会所がこれらを入手するのを妨げていた。幕府自身もこうした状況をある程度把握しており、たびたび大規模な抜け荷の摘発がなされている。しかし以後も抜け荷が止むことはなく、それどころか、薩摩藩は唐物取扱の許可年限延長を琉球国救助の名目で繰り返し幕府に認めさせ、利益の拡大につとめていくのである。

対外危機の到来

一九世紀以降、琉球を襲ったもうひとつの危機は、西洋列強各国の相次ぐ来航だった。特に弘化元年（一八四四）のフランス艦アルクメーヌ号の来航を皮切りに、翌年以降、イギリス・フランス艦がほぼ二年に一度のペースで次々と那覇《なは》に現れ、通商を要求した。列強諸国は琉球を、日本開国のための重要な中継拠点として位置づけており、通商要求を突きつけるとともに、宣教師を滞在させてキリスト教の布教をも模索した。ペリー来航の約一〇年前から、琉球はいち早く近世日本の「鎖国」体制下での外交最前線と化していたのである。

対する琉球王府は、これまでの散発的・偶発的な来航時とは明らかに異なる各国の強い要求を前にして、おおいに対応に苦慮した。独力で対応することが難しくなると、薩摩藩の指示・承諾を仰ぎつつ、もう一方の支配者である清国へ「救助」を求めて外交活動を展開し、自国の存立を守ろうとする。

一八四六年（弘化三、道光二十六）以降、琉球王府は英仏の通商要求と宣教師滞在といった窮状を清国に陳情し、救援要請を行うようになる。清側もこうした琉球の態度を忠誠心の表れとみなし、宗主国として問題解決に意欲をみせた。しかし当時の清国は、後述するアヘン戦争以降の混乱のなかで、自らが英仏との外交問題に苦慮しており、もはや列強の動きを制御する力を持たなかった。皇帝の勅諭《ちょくゆ》にもとづき、清国広東《カントン》当局は英仏に対する交渉を行ったものの、事態は一向に改善されなかった。やがて清国当局はその困難を悟り、琉球側の相次ぐ陳情を受け入れつつも、交渉を継続するよう指示するにとどまるようになる（西里喜行『清末中琉日関係史の研究』京都大学学術出版会、二〇〇五年）。日本と琉球、そして中国を取り巻く東アジアの国際情勢は、もはや伝統的な秩序では対応できない段階を迎えていた。

一方の日本側では、琉球が外圧の到来をいち早く受け止めたことが薩摩藩に危機感を与え、諸藩に先駆けて近代化に取り組むきっかけとなった。琉球という独自の海外情報ルートを持つことも、薩摩藩には強みとなった。

なかでも注視されたのが、清国がイギリスに敗北したアヘン戦争と、その後に発生した清国内の農民反乱＝太平天国《たいへいてんごく》の乱に関する情報である。これらについての情報は、福州《ふくしゅう》の琉球館《りゅうきゅうかん》に在留する役人から王府へ伝えられ、王府から薩摩藩、そして幕府へも報告された。さらに、大名同士の情報共有や知識人のネットワークを通じ、全国へと伝わっていく。大国の清が西洋列強に敗北し、さらに大規模な農民反乱によって支配体制そのものが大きく揺らいでいるという報せは、幕藩領主層に深刻な衝撃をもたらした。清の苦境は、日本の支配階級である彼らにとって他人事ではなく、清国の覆轍《ふくてつ》を踏んではならないと反面教師にされていく。このように、琉球ルートでもたらされる最新の海外情報は、幕藩領主層が自国の「内憂外患」に対して危機意識を共有する要因のひとつにもなった（真栄平房昭『琉球海域史論（下）―海防・情報・近代―』榕樹書林、二〇二〇年）。

島津斉彬像（キヨソネ筆，鶴嶺神社所蔵，尚古集成館保管）

島津斉彬と琉球の「救助」

国際情勢が緊迫するさなか、嘉永四年（一八五一）に薩摩藩主となったのが島津斉彬《しまづなりあきら》である。琉球の外交問題を通じて危機意識を深めていた斉彬は、藩主となるや、領内に西洋式工場群「集成館《しゅうせいかん》」の建設を始め、藩の近代化事業に着手したことで知られる。

同時に彼が試みたのが、不正の温床ともなっていた従来の琉球国「救助」のあり方に対する修正であった。斉彬は、これまで藩が「琉（球）国救助之為」として行ってきた貿易品の取り扱いでは、「琉球之救は表通り計り之姿」＝琉球国の救助が全く名目だけになっていると断言する。重豪時代より続く藩の利益追求を第一とする姿勢を厳しく問題視したのである。そして、貿易の利益を琉球に還元すべきだとして、琉球の窮状に配慮した取り組みを模索している（「安政元年四月四日付新納久仰宛書翰」鹿児島県歴史資料センター黎明館編『斉彬公史料　第三巻』一九八三年）。

斉彬が藩主として存命中の安政年間（一八五四〜五八）には、薩摩藩に奪われていた鬱金《うこん》・紅花《べにばな》の日本国内での販売権を取り戻そうとする琉球側の動きが活発化するという（上原兼善『近世琉球貿易史の研究』岩田書院、二〇一六年）。斉彬の政治姿勢に対応した王府独自の対薩摩外交とみられる。

ただし、斉彬による取り組みのすべてが、琉球王府にとって望ましいものというわけではなかった。

まず斉彬は、琉球・奄美《あまみ》大島《おおしま》の開港と、中国沿岸に出向いての外国交易をめざしていた。琉球を開港するというプラン自体は、斉彬の藩主就任以前から薩摩藩内で検討されてきたものではある。しかし、斉彬はその実現に向けてより積極的に動き、側近の市来《いちき》四《し》郎《ろう》を琉球に派遣して王府と直接交渉に当たらせている。そこでは汽船・武器の輸入をはじめ、留学生の派遣、将来的には中国への武器輸出までもが構想されていたのである。

だが、これらは西洋列強と対峙する条約体制への参入にもつながるもので、中国を宗主国とする伝統的な冊封体制に身を置きたい琉球王府の激しい拒否反応を生んだ。結局、安政五年に斉彬が死去したことで貿易構想は立ち消えとなっている。

また斉彬は、琉球のみで通用する独自貨幣「琉《りゅう》球《きゅう》通《つう》宝《ほう》」を鋳造することも構想し、幕府と交渉を進めていた。その際にも用いられたのが、「貨幣不足で困窮する琉球を「救助」するため」という常套句である（「竪山利武公用控」『斉彬公史料　第四巻』一九八四年）。この計画も斉彬の死去によって一時的に頓挫するが、その遺志を継承することを掲げた弟の島津久光《ひさみつ》が藩政の実権を握ると、文久二年（一八六二）から実行に移されることになる。

けれどもその実態は、近代化事業に伴う莫大な出費に対応するため、幕府が発行する正貨の天保通宝を大量に密造して財源にあてるという「偽金づくり」であり、幕府の掌握する貨幣鋳造権に公然と挑戦するものであった。そればかりか、密造された天保通宝は、最終的に藩の討幕資金源として活用されてゆくのである。

このように、近世の薩摩藩と琉球の特殊な支配―従属関係は、体制危機の時代にあって、維持されるべきものとして繰り返し強調されるとともに、利用もされた。薩摩藩による琉球支配を正当化し、近世日本の支配秩序を維持することを目的とした数々の「琉球国救助」の試みは、結果として幕藩体制を内側から揺るがし、突き崩していく要素の一つになったといえよう。

第6章 民衆運動からみる幕末社会

野尻泰弘

はじめに

本章では、近世後期の民衆運動から当時の社会状況を考察する。まず、近世の民衆運動に関する研究史を①百姓一揆《ひゃくしょういっき》、②訴願、③村方騒動《むらかたそうどう》・打ちこわしから概観したい（青木美智男ほか編『一揆』、新井勝紘ほか編『民衆運動史』、久留島浩「百姓一揆と都市騒擾」、谷山正道「近世後期の民衆運動」、若尾政希『百姓一揆』）。①は、被支配層である百姓が自らの要求を掲げて、領主権力と先鋭的に対峙する運動である。階級闘争・人民闘争の研究として、一九六〇年代から七〇年代、現実の国家権力に対する社会運動と重なりあって盛行をみた研究である。その後、これを起点に視角と関心が拡大・深化し、②③の研究が進められた。②は、被支配層に許されていた領主層への訴願行為に着目し、要求実現の行動に伴う人びとの連帯や自立、リテラシーなど民衆の知識や教育を評価し、運動について研究する。とりわけ国訴《こくそ》や郡中議定《ぐんちゅうぎじょう》は広域訴願闘争として注目され、運動を民衆の政治参加ととらえたり、運動とその担い手が発生する地域社会の内部構造を分析したりする研究視角が提示され、以後大きな研究潮流になった。③は、百姓の平準化によって一般百姓が有力百姓を掣肘《せいちゅう》する村内民主化運動、また村の小前《こまえ》層や都市下層民による生活防衛のための富裕層への暴動を対象とし、運動組織や社会構造、領主政治との関連で運動を検討する。

かつての近世における民衆運動のイメージは、強権を振るう支配者である幕藩領主層やそれに連なる富裕層が人びとを搾取し、抑圧され追い詰められた民衆がその憤懣を爆発させたというものだったかもしれない。しかし、現在はそのようなイメージは後退し、領主・民衆それぞれの力量を真摯に明らかにし、そのうえで双方の関係性を描く姿勢へと変化した。大雑把にいえば、民衆による対領主・対富裕層への激しい抵抗と、運動の勝利や挫折を強調するといった単線的な見方ではなく、民衆運動から被支配層の意思や希求するもの、当時の社会や政治のあり様を、運動が発生した社会構造、運動の行動様式、思想形成などの深みから読み取ろうとする研究へと展開したのである。

さて、さまざまな形態を有する民衆運動だが、法からみると合法・非合法に大別される。幕藩体制下では徒党を組むことは違法行為であり、示威行為や手順をふまえない訴えは非合法であった。一方、合法的な訴訟（訴願）は容認されていた。近世は身分制社会なので、被支配層は支配層の裁定をありがたくうける建前であった。だが、現実的には、民衆は自らの利益のために合法・非合法の両方の手段を巧みに用いて繰り返し要求を訴えたり、幕藩領主の裁定をただ頑強に拒んだりして（志村洋「地域社会の変容」）、その政治や判断に対して自分たちの意見を主張した。こうして近世において膨大な数の民衆運動が発生した。

このような民衆運動のなかでも、天保期（一八三〇～四四）の三方領知替《さんぽうりょうちが》え反対運動は著名である。これは民衆による領知替え反対運動であり、幕府の権威を失墜させた一大事件であった（国立歴史民俗博物館編『地鳴り山鳴り』、藤田覚『幕藩制国家の政治史的研究』）。大名の配置換えである転封《てんぽう》は将軍の専権事項であり、これに反対するのは幕府の統治に従わないということ、つまり幕府が支配を貫徹できないことを意味する。しかし、この三方領知替えほど大規模でなくても、領知替えへの反対は駕籠訴《かごそ》でしばしば決行された。駕籠訴は非合法な訴えだが軽い処罰であったため、民衆運動の手段として頻繁に行われたのである（大平祐一『近世の非合法的訴訟』、保坂智『百姓一揆と義民の研究』）。近世後期には数多くの民衆運動が発生し、結果的に幕藩体制を解体に向かわせた。本章では、民衆運動を複雑に混迷した近世社会の縮図ととらえて分析する。事例は、越前国で発生した藩札《はんさつ》使用および領知替えに関わる民衆運動である（野尻泰弘『近世日本の支配構造と藩地域』）。

1 越前国内の所領構成と福井藩札問題

越前国の藩領・幕領

近世の日本には、一つの藩が一国以上を統治する場合もあれば、複数の藩や幕領などが一国内に混在する所もある。本章でみる越前国は後者である。幕末の越前国には、福井藩《ふくいはん》（三二万石）、鯖江藩《さばえはん》（五万石）、丸岡藩《まるおかはん》（五万石）、大野藩《おおのはん》（四万石）、勝山藩《かつやまはん》（二万二七七七石）が藩庁を置いて領地を支配し、越前国外に拠点を置く藩や旗本の領地もいくつか存在した。また、福井藩領に次いで大きい幕領（幕府領）もあった。幕領の大きさは時期により変遷するが、幕末には一一万石余あり、そのうち約四割が福井藩預所《あずかりどころ》（委任統治）であった（『福井県史 通史編三』）。幕末、越前国の幕領は、飛驒郡代《ひだぐんだい》が代官を兼務して支配した。飛驒郡代は飛驒国高山陣屋《たかやまじんや》に常駐し、越前国には本保陣屋《ほんぼじんや》が出張所として設置された。支配系統は、勘定奉行《かんじょうぶぎょう》—飛驒郡代—本保代官で、訴えがある場合は本保陣屋から上位の役所に訴えをあげていくことが所定の手順である。

福井藩は重要な都市や港を有し、越前国内の政治・経済の中心であった。一方で、越前国に拠点を置く藩もそれぞれ城下町を形成して独自の統治を行っていた。越前国には広大な福井藩領がありつつも、領地が錯綜する場所も多々存在していた。このため支配の違いを越えて、各領民は福井藩や各領主の動向に影響をうけていた。

福井藩札への不満と運動

福井藩の慢性的な財政難は一九世紀になるとさらに深刻化し、年貢増徴、領内への御用金《ごようきん》賦課、家臣からの知行《ちぎょう》借り上げも限界に近づいていた（『福井市史 通史編二』）。専売制などの産物趣法にも期待できず、借金に依存し、天保期（一八三〇〜四四）には藩の借金が九〇万両に達したという。借金は、各地の豪商にすがるだけではなく、福井藩松平家《まつだいらけ》が徳川家《とくがわけ》の家門であること、藩主や妻が将軍家や御三家《ごさんけ》などの出であることから、幕府・徳川氏一門を利用することにもなった。福井藩が幕府権威を利用する動きは、石高の増加や藩主の官位・家格などの上昇運動とともに展開された。文化十一年（一八一四）には、かつて福井藩が越前一国を支配していたことをあげて、越前国内の幕領五万石を預所にしてほしいと願っている。これは拒否されたが、文政元年（一八一八）には二万石の加増をうけ、福井藩は石高三二万石となった。天保四年には、領地五万石分を実入りのよい関東あたりの村と交換するように願っている。

天保八年、藩の資金不足によって福井藩札の価値は下落し、正金との両替が困難になると、実質的に両替は停止され、越前国内の経済は混乱した。福井藩のほか、多くの藩では藩札を発行し領内に流通させ、正金を藩庫に集中させる財政策を実行していたが、福井藩札は越前国内の他領や隣国でも通用していたため、影響が多方面に表れたのである。またこのとき、天保飢饉《ききん》が深刻になり、福井藩は三国湊《みくにみなと》での穀物・諸産物の津留《つどめ》を行った。その際、他領の諸産物にも同様の措置を取ったため、他領から猛烈な反発がおこった。鯖江藩領の村々は、福井藩の札所元締役《ふだしよもとじめやく》（藩札両替を担当する役）に対して江戸出訴を行う構えをみせている。丸岡藩や本保陣屋は、領民たちの福井藩への不満をうけ、幕府へ混乱と窮状の打開を訴えた。福井藩は幕府勘定所から説明を求められ、藩の由緒や石高の割に生産力が低いため米穀不足が生じるなどの釈明をしたが、幕領では不満が高まっていた。天保十年には幕領からの訴訟は激しさを増した。同年十二月には老中《ろうじゅう》水野《みずの》忠邦《ただくに》から藩札の混乱などを改善するように指示があり、福井藩は弁解したが聞き入れられなかった。天保十一年三月、再び水野から改善が指示された。この頃、福井藩札の民間両替相場は、かつての金一両あたり六五匁から一二〇匁台に高騰しており、人びとの生活は苦しくなっていた。

天保十一年八月二十五日から二十七日、多数の幕領民たちが札所へ押しかけ、両替を要求する騒ぎがおこった。また同時期、江戸では丹生《にゅう》・南条《なんじょう》・今立《いまだて》・大野四郡の幕領代表として丹生郡上石田村《かみいしだむら》庄屋《しょうや》与助と今立郡上真柄村《かみまがらむら》長百姓《おさびゃくしょう》金右衛門が、福井藩札の両替相場を改善するように求めるなどの駕籠訴を行った。事態を重視した幕府は福井藩を説得し、福井藩もこれに従い、領内からの上納銀収集や大坂商人からの協力など、資金の確保を進めた。さらに天保十三年八月十五日、新札を金一両あたり六五匁、古札は一三〇匁で両替し、古い藩札を一挙に半額扱いとする策を打ち出し、乱発した藩札を回収しようとした。だが、高山陣屋や幕府はこれを強く批判し、撤回を求めた。結局、天保十四年、領内の豪商などから資金を確保することにし、古札半減策を中止した。そして、両替相場を四年後には六五匁に戻すこと、福井藩領民の持つ藩札と他領民の藩札を区別し、他領民の藩札両替は年貢上納に限ってしか認めないこととした。藩札両替を所領によって区別することについて幕領民は反対したが、福井藩側は他領札の両替を優先するなどと説得した。翌弘化元年（一八四四）には、領内の有力者で構成される札所元締役らが本保陣屋に出向き、幕領民の代表である郡中惣代《そうだい》らを説得し、同年九月頃には世情も落ち着くようになった。弘化三年末、藩札両替相場は天保飢饉以前の金一両あたり六五匁に戻った。ただし、完全には収束せず、嘉永三年（一八五〇）には再び、幕領郡中村々組惣代が解決を求め本保陣屋に訴えをおこした。

運動の経験と記憶

福井藩札問題と幕領民の運動では、国元の代官所への訴えと江戸での駕籠訴など、合法・非合法の運動が長期間展開されたこと、本保陣屋を通じて幕府へ上訴し、福井藩に大きな打撃を与えたことが注目される。合法・非合法の運動は、自分たちの生活を守ろうとする動きであり、結果として福井藩の藩札政策に変更を迫った。これには幕領陣屋の加担があり、幕領民の行動で問題のすべてが解決したわけではないが、民衆は自らが行動する重要性、あるいは行動することによって変化が生じる可能性を実感したであろう。

　福井藩主松平慶永《まつだいらよしなが》の側近である中根雪江《なかねせっこう》は、一連の藩札問題の原因を藩の失策と認めつつも、幕領民は非道の行いが甚だしいこと、本保陣屋の役人である手付《てつき》の働きに問題があること、このような悪弊は福井藩領を蚕食しかねないことを指摘し、越前国の幕領を福井藩預所にするよう慶永に進言している（『福井市史　資料編四』）。今回の運動が一定の効果をあげたのは、民衆の主張に正当性があり、本保陣屋を巻き込んだことが大きな要因である。そして、運動の経験と記憶は知識として蓄積され、次の運動に継承されたのである。

2　鯖江藩村替えと反対運動の始まり

鯖江藩と間部詮勝

鯖江藩間部《まなべ》氏《し》は、六代将軍徳川家宣《とくがわいえのぶ》・七代将軍家継《いえつぐ》の側用人《そばようにん》として幕政を主導した間部詮房《あきふさ》を祖とする大名である。詮房は八代将軍徳川吉宗《よしむね》の代になると中央政治から退き、享保二年（一七一七）に上野国高崎《たかさき》から越後国村上《むらかみ》へ転封となり、同地で没した。享保五年、間部氏は越後国村上から越前国鯖江へ転封となり、これを機に鯖江藩が立藩した。当時、藩庁が置かれた鯖江には武家屋敷もなく、転封後に城下町設営が始まった。なお城下町と述べたが、鯖江藩には城がなく、陣屋を藩庁とした（便宜的に城下などと表記）。鯖江藩領五万石の村数は約一三〇村であったが、越前国内にある領地は藩庁から離れたところに散在していた。これらの事情により、藩は初発から財政的に困窮していた。

文化十一年（一八一四）、間部詮勝《あきかつ》は先々代・先代藩主の死去により一一歳で家督を相続して藩主となった。詮勝は藩財政立て直しのため、家中の上米《あげまい》（藩への上納米）や領民への調達金・御用金を頻繁に課し、大坂金主《おおさかきんしゅ》などから借金をしたが、詮勝が幕閣として活動したこともあり、財政難は回復しなかった。一方で、天保期には大庄屋《おおしょうや》ら領内有力者を中心として産物問屋・会所《かいしょ》が展開した。これは領内の産物を集めて領外へ移出するものであった。そして、福井藩札両替停止の影響もあって、領内有力者を中心に鯖江藩札が発行された。

間部詮勝は間部詮房以来、久々に幕閣の要職に就き、奏者番《そうしゃばん》・寺社奉行《じしゃぶぎょう》・大坂城代《おおさかじょうだい》・京都所司代《きょうとしょしだい》を経て、天保十一年

（一八四〇）から同十四年まで西ノ丸老中《ろうじゆう》を務めた。その後しばらく幕政から離れたが、安政五年（一八五八）四月に井伊《いい》直弼《なおすけ》が大老《たいろう》に就任すると、その直後に老中となり、また勝手掛《かつてがかり》兼外国掛を務め、同年日米修好通商条約調印の説明のため上洛した。京都では井伊政権に反対する勢力を弾圧し、安政の大獄を主導した。安政六年三月、詮勝は江戸へ戻ったが、その後、井伊直弼と不和になり、同年十二月老中を辞任した。この安政期の動きのなか、鯖江藩領一万石の村替えが発表され、村々による反対運動が発生する。

鯖江藩領一万石村替え

安政六年（一八五九）三月十八日、間部詮勝は越前国内の領地五万石のうち、一万石の村替えを仰せ付けられた（『福井県史 通史編四』）。これは詮勝の京都での働きに対する恩賞で、年貢収入の少ない村を実入りのよい村と交換し、藩の収入を増やす狙いであり、実質的な加増である。

ところが、鯖江藩の村はこの村替えに反対の声を上げた（『間部家文書 第四巻』）。鯖江藩領のうち、春山村《はるやまむら》（旧今立町）・西袋村《にしぶくろむら》（鯖江市）・小野谷村《おのだにむら》（旧武生市）・保田村《ほたむら》（勝山市）から各一人ずつが三五村の小前村役人惣代として江戸に行き、大老井伊直弼と老中太田資始《おおたすけもと》に駕籠訴をし、自分たちの村は「薄地」（農業収益の薄い土地）なので上知《あげち》されることを悲嘆すると訴えた。惣代を出した村々は鯖江城下の近隣・遠方などさまざまに位置し、三五村の全村名は不明であり、訴えの詳細も判然としない。だが、他の訴えの例から考えて、村替えにより藩からの救恤《きゆうじゆつ》をうけられなくなること、既存の地域的なルールに変化が生じて治安や経済が悪化することなど、既得権益や現状の暮らしの変化に不安を募らせた結果による訴えと思われる。

ところで駕籠訴・駆込訴などの越訴《おつそ》は近世を通じて数多くみられたが、それらは所定の手順を踏まずに管轄外の役所・役人へ訴える手段であり、非合法な訴訟（訴願）であるため訴えは受理されず、訴人は管轄する支配役所へ引き渡される。本章で取り上げる鯖江藩領村替えに関する駕籠訴なども同様に処理された。ただし、大名の領内統治など幕府の全国統治について重大な問題と判断された場合は審理されることもあった（大平祐一『近世の非合法的訴訟』）。

万延元年（一八六〇）二月、江戸幕府勘定奉行は鯖江藩領の村替え対象について鯖江城下近辺は除くとした。城下に近い村は鯖江藩領として残し、城下から遠い村を上知するとしたのである（『内閣文庫所蔵史籍叢刊第四九巻　御勝手帳（一）』）。これは領地が散在する鯖江藩への配慮とも受け取れる。村替えは具体化し、同年三月には越前国内の鯖江藩領一万一四石が上知され（表6―1参照）、越後国頸城《くびき》郡《ぐん》内の一万一一九六石が与えられることになった。上知された鯖江藩領は幕府の飛騨郡代（本保代官兼帯）増田《ますだ》作右衛門《さくうえもん》の支配に組み込まれる予定であった（『福井県史　資料編六』岡文雄家文書）。だが、越後の村々が村替えに反対した。

越後国の村の反発

万延元年（一八六〇）三月、鯖江藩領に替地《かえち》される越後国頸城郡の幕領三一村（高一万一〇〇〇石余、高田《たかだ》藩《はん》預所）は、高

表6–1　万延元年（1860）3月鯖江藩領上知の村

郡名	村名	村高
今立郡	橋立村	595.38
	金谷村	328.138
	河和田河内村	349.17
	金屋村	166.875
	野大坪村	150.94
	池田河内村	79.257
	安善寺村	144.74
	河内新田楢俣村	4.131
	田代村	11.531
	杉谷村	208.973
	荒谷村	144.47
	馬上免村*	205.507
大野郡	木本領家村*	643.249
	今井村*	538.513
	稲郷村*	1109.388
	森政地頭村	174.12
	東大月村	194.983
	大矢戸村	293.167
	矢戸口村	559.852
	本郷村	226.343
	西俣村	545.571
丹生郡	甑谷村	905.333
	三留村	961.337
	小羽村	492.92
	風巻村	523.91
	丹生郷村	457.405
村高合計		10015.203

土蔵昇家文書「八　御上知御触書控」（『大野市史 第2巻諸家文書編（一）』大野市史編さん委員会，1980年）より作成．
・ 拙著『近世日本の支配構造と藩地域』表4「鯖江領村方一覧」により史料中の村名の間違いを訂正した．
・ ＊は本村新田または本村枝村の高を合計した．
・ 村高は史料のまま表記し，村高合計はそれを集計した．

表6-2　鯖江藩領から幕領になる村

郡名	村名	村高
丹生郡	風巻村	523.91
大野郡	東大月村	194.936
今立郡	橋立村	595.38
	河和田河内村	349.17
	野大坪村	150.94
	馬上免村（新田含）	205.507
村高合計		2019.843

『間部家文書 第4巻』万延元年（1860）12月7日条より作成.
・村高の単位は石.

表6-3　幕領から鯖江藩領になる村

郡名	村名	村高
丹生郡	下川去村	965.72
	気比庄村	1503.262
	八田新保村	120.262
今立郡	新堂村	492.548
	新村	179.95
	上真柄村（新田含）	1000.712
	下真柄村	617.7
	杉崎村之内	561.4855
大野郡	新保村	352.24
	下郷村	172.447
	西大月村	195.53805
	杉俣村	165.765
	本郷村	554.665
村高合計		6882.29455

『間部家文書 第4巻』万延元年（1860）12月7日条より作成.
・村高の単位は石.
・合計の内訳は，代知2019.843石，込高4862.45155石.

田藩預所役所に村替え反対を述べたが聞き入れられず、同年三月十八日から三日間、村々の代表者が老中や勘定奉行に駕籠訴をした。訴えでは、高田藩預所として藩からの救恤によりたびたび凶作から救われたこと、幕領の威光によって生活を続けてきたこと、幕領三一村が所属する用水組合は大過なく運営してきたが、今回の村替えで争いが生じる可能性があること、鯖江城下までは八〇里と遠距離であるため諸費用が嵩むことなどが述べられた。この訴えは受理されず、代表者は高田藩江戸屋敷に引き渡しとなり、預所役所を通じて願い出るように命じられた。しかし、庄屋たちは、このまま帰国すれば一揆が発生するとの嘆願書を作成し、再び駕籠訴を行った。それも不受理になると、さらに越訴を続け、評定所《ひょうじょうしょ》への箱訴《はこそ》、間部氏の屋敷に門訴《もんそ》を行ったという（『新潟県史　通史編五』）。

万延元年十一月、詳細は不明だが越後国の村との村替えは中止になり、今度は越前国内の幕領との村替えが仰せ付けられた（『間部家文書　第四巻』）。鯖江藩領から幕領になる村は六村（高二〇一九石余、表6-2参照）、幕領から鯖江藩領になる村々は一三村（高六八八二石余、表6-3・図6-1参照）である。後者の村高が大きいのは、同じ知行高でも替地の生産性や

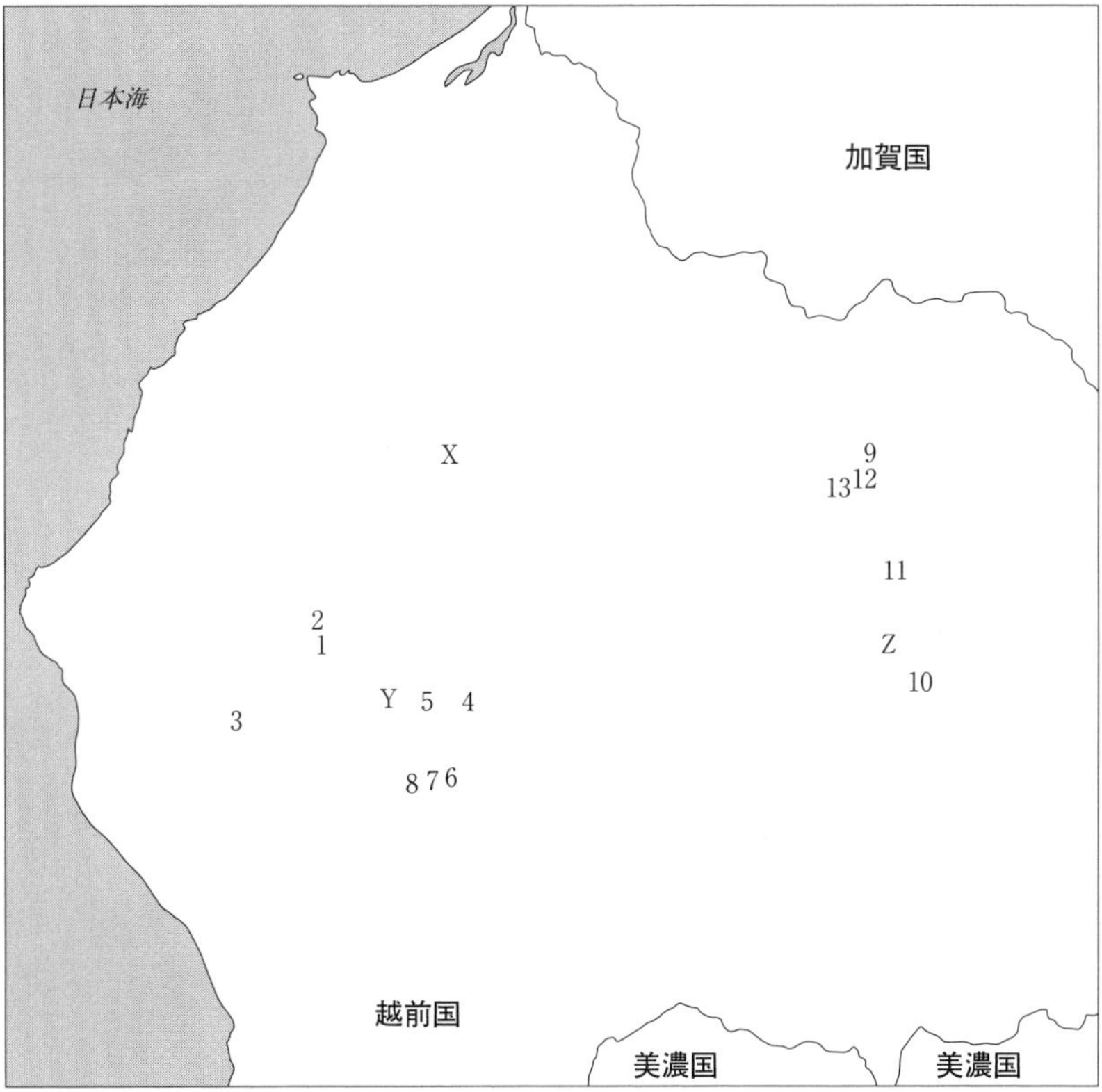

図6-1　村替え反対幕領13村

主要城下	幕領村	直線距離
X 福井	1 下川去村	X-Y 間 約14km
Y 鯖江	2 気比庄村	X-Z 間 約25km
Z 大野	3 八田新保村	Y-Z 間 約28km
	4 新堂村	
	5 新村	
	6 上真柄村	
	7 下真柄村	
	8 杉崎村之内	
	9 新保村	
	10 下郷村	
	11 西大月村	
	12 杉俣村	
	13 本郷村	

年貢率によって年貢収入の減少を補う石高（込高《こみだか》）が含まれるためである。鯖江藩領から幕領になる村は大野郡東大月村《ひがしおおつきむら》のように鯖江藩庁から遠い村もあるが、藩庁に比較的近い村もある。一方、幕領から鯖江藩領になる村のうち、丹生郡・今立郡の村は鯖江藩庁に比較的近いが、大野郡の村は遠方に位置する。この村替えで鯖江藩城下近辺に藩領を集める様子はみえない。

越前国内での村替えが発表された直後、鯖江藩では藩役人に、村替えに関して根拠のない噂を吹聴する者を戒めること、まだ受け取っていない代地であるが、新領地として丁寧に扱うことなどが通達されている。藩は新領地の統治に注意を払っていたのである。

今立郡上・下真柄村の村替え反対運動

鯖江藩領に村替えされることになった幕領一三村は反対運動を展開する。まず万延二年（一八六一、二月十九日に文久元年に改元）正月から二月、今立郡上真柄村・下真柄村が行動をおこした。正月十三日、上真柄村百姓代《ひゃくしょうだい》伊右衛門と下真柄村長百姓助右衛門が小前村役人惣代として老中に村替え反対を訴えた。その嘆願書には以下の点が記されていた。土壌の劣悪さ、山影、冷たい湧水など、耕作に不利な村であること。鯖江藩領になると元々鯖江藩領の村が用水使用で増長する懸念があること。幕領から私領になると隣村の福井藩領北村《きたむら》が上・下真柄村を軽んじるようになり、用水使用に支障が生じること。幕領では特別な御用金や課役《かやく》・夫役《ぶやく》がなく、年貢米は一俵につき四斗二升入りとするが、鯖江藩の年貢米は一俵につき四斗六升余とするため、余計に米が必要になること。つまり、農業条件の不利、鯖江藩領村や福井藩領村との軋轢が生じる可能性、俵の容量の差異に起因する損分、これらを理由として幕領据え置きを訴えたのである。この訴えは受理されず、即日惣代たちは勘定奉行松平出雲守《まつだいらいずものかみ》（康正《やすまさ》）へ引き渡され、さらに上・下真柄村を管轄する郡代増田作右衛門の江戸役所へ引き渡しとなり、惣代らは村替えを承知するように諭された。

しかし、村替えを承知できない上・下真柄村は、二月六日に増田作右衛門に次の七ヵ条を訴えた（『武生市史　資料篇諸家文書（二）』長谷川金左衛門所蔵文書）。

①年貢米の俵について、幕領は一俵あたり四斗二升入りとするが、鯖江藩では四斗六升入りであるため、一俵につき四升の差が生じ、困窮の村方は立ち行かない。

②鯖江藩ではさまざまな名目で御用金・才覚金が賦課され、上納できないと罰せられる。田畑などを質入れ・売却してで

も上納させるような取り扱いであり、難渋である。
③鯖江藩領内では、産物を直接売買することが禁止され、産物問屋を経由することになっている。問屋からは切手によって買い上げられるが、この切手は他領で通用しない。そのため仕方なく切手を両替すると、金一両につき銀一匁五分の手数料がかかる。産物も品物に応じて口銭《こうせん》（手数料）が発生するので損が多く、難渋である。
④鯖江藩の用事で城下の郷宿《ごうやど》へ出向くと余計な酒肴を出されるため、入用が幕領の一〇倍になり、難渋である。
⑤鯖江藩家中は臨時の廻村をしたり、百姓に急に昼食を要求したりし、迷惑をかけるので難渋である。
⑥幕領の郡中村入用《むらにゅうよう》は高一〇石につき一年で銀二〇匁くらいだが、鯖江藩領では増減があるものの銀二〇〇匁くらいかかる村もある。これは鯖江藩領へ出作《でさく》する者の書類からもわかることであり、難渋である。
⑦鯖江藩では金納の場合、四斗六升入りをそのまま一俵に換算し、さらに特別な高値で納めさせているため、損が発生する。越前国では各藩の銀札が流通し、金納にあたりこれを両替する。幕領の者であれば、札場役所で両替できるが、私領の者だと容易に両替できず、難渋している者が多数いる。
そして七ヵ条に続いて、自分たちはこれまで何度か私領になった土地ではあるが、長く幕領の支配のもとで安定していたこと、鯖江藩の支配方法では村が離散することなどを述べている。一般的に嘆願書では訴えを聞き入れられるように、誇張や虚実を交えて自分に都合のよいことを記すことが多い。この場合も同様であろう。七ヵ条の虚実を詳細に明らかにすることは難しいが、例えば②④などは大げさに思えるし、その他も事実と実態の歪曲が混在しているとみられる。百姓たちはときに狡猾に知識を駆使し、自らの主張を正当化する文章を作成して訴えたのである。だが郡代増田作右衛門は訴えを聞き入れなかった。惣代たちは二月十一日にまたも老中に訴えたが、受理されなかった。

大野郡西大月村の村替え反対運動

同時期、他村でも同様の行動があった（『大野市史　第三巻』佐々木信治家文書）。万延二年（一八六一）二月、大野郡西大月村百姓代甚右衛門は老中久世《くぜ》大和守《やまとのかみ》（広周《ひろちか》）に駕籠訴をし、次のことを訴えた。自村は大野藩領の村々に隣接し用水使用で困難がありつつも幕領の威光でこれまで成り立ってきたので、私領になると不利が生じること。隣村東大月村は鯖江藩領で領主を慕っているが今般幕領になり、自村は幕領に恩徳を感じているが私領になるため、両村は望みを失う。両村は村高も同等（西大月村一九五石余、東大月村一九四石余）なので、両村の人別を入れ替えてほしいこと。それが不可能ならば、自村は大野藩の村に囲まれているので、大野藩領にしてほしいこと。この訴えは不受理となり、甚右衛門は勘定奉行を経由して郡代の江戸役所に引き渡され、村替えを承知するように説得された。だが、甚右衛門は説得を受け入れず、今回の出府は小前・村役人からの強い要請によると説明しながら再び幕領への据え置きを役所に願ったが、聞き入れられなかった。

二月十一日、今度は庄屋甚助が老中久世大和守に駕籠訴をした。その訴状には先述した二月六日の上・下真柄村による七ヵ条の訴えとほぼ同様の文言が記されていた。だが、この訴えも受理されなかった。その後、二月十四日、国元から二人ほどが江戸に来て、若者が村から離散していること、老人は積気《しやつき》・欝気《うつき》により煩う者が多いこと、女子は上気・乱気し嘆いていること、「狂ヒ死」の者もいることを伝えたという。これをうけて、百姓代甚右衛門はまたも老中久世大和守に訴えたが受理されなかった。三月末、たびたび駕籠訴を行った甚右衛門・甚助について支配不行届きであるとして、久世大和守公用五人衆が勘定奉行へ連絡した旨を増田作右衛門へ伝えている。

万延二年正月から二月の村替え反対運動

上・下真柄村や西大月村は、鯖江藩の支配上の問題点を指摘し、自村が幕領に属することでうける恩恵と地域的秩序の維持を願って、短期間のうちに江戸で訴えを繰り返した。幕領村は国元の本保陣屋や飛騨高山の郡代役所にも同様の訴えをしており、合法・非合法の両面から反対運動を展開していた。

上・下真柄村と西大月村は事実と誇張が入り混じった訴えをしていること、西大月村が隣村との人別入替えや大野藩への村替えなどの代案を提示していること、村の窮状を大げさに述べていることに注目したい。これらは百姓たちの主張として今後の運動にも反映される。また、鯖江藩の支配を批判する訴えの文面が上・下真柄村と西大月村で酷似している点から、村替え反対運動をおこした村々は連絡を取り合っていたとみられる。それは同時期（万延二年〈一八六一〉二月）、村替え対象である幕領一三村が同内容の訴えを高山陣屋に宛て行っていたことからも想定できる（『福井県史　資料編五』山本喜平家文書）。江戸では各村が個別に駕籠訴をし、飛騨高山では一三村連名で訴えているが、この時期の村替え反対運動は今後の組織的な運動の起点になったのである。

ところで、万延二年正月、気比庄村《きひしょうむら》周辺の幕領村々は、気比庄村は大村であるため最寄りの幕領組合村の親村《おやむら》であり、人馬継立などの中心であるので幕領に据え置くように本保陣屋に嘆願している。同年五月にも、気比庄村周辺の幕領二七村が同様の嘆願をしている。気比庄村を含む近隣の幕領村々では人馬継立役の分担が構築されており、村替えで気比庄村がそこから抜けると従来の分担が崩れると考えたのであろう。地域内のルール変更を回避し、これまでの態勢を維持するため、村替え対象外の村も運動をしたのである（山本喜平家文書）。

3　繰り返される幕領一三村の村替え反対運動

幕領一三村の反対運動①（文久元年四月）

文久元年（一八六一）四月、幕領一三村惣代西大月村甚右衛門は、福井藩に自分たちを福井藩預所にしてほしいと嘆願した（『武生市史　資料篇諸家文書（二）』長谷川金左衛門所蔵文書）。その経緯は以下の通りである。老中への訴えは所定の手順ではないため、江戸の支配役所は飛騨高山の郡代から添翰《そえかん》をえてその筋へ願い出るように幕領村々を説得した。幕領村々は高山へ行き添翰を願ったが聞き入れられず、途方に暮れた。そのとき、村々では老人の話から八〇年以上前は福井藩預所であった由緒を思いおこし、福井藩預所とするように願うことを思いついた。それが難しければ、人家だけは福井藩の支配となるように願うことにした。

幕領村が幕府ではなく福井藩に嘆願している点、福井藩預所への村替えを願い、それが不可能ならば人家だけを福井藩の支配とするように願っている点が興味深い。ただし、幕領村は八〇年以上前に福井藩預所であったという由緒を持ち出しているが、これは正確ではない。

越前国の福井藩預所は一七世紀から一九世紀にかけて増減を繰り返し、元文元年（一七三六）には越前の全幕領一七万石余が福井藩預所となった。その後六万四〇〇〇石余の減少を経て、寛延二年（一七四九）には福井藩主が幼年であることを理由に預所は全廃された。宝暦十三年（一七六三）に預所が復活したが、このとき今立郡に預所は置かれず、大野郡に存在した預所は明和元年（一七六四）に、丹生郡の預所は天保十一年（一八四〇）に消滅した。天保十一年以降、福井藩預所は越前国北部で三国湊を有する坂井郡《さかいぐん》に集中した（『福井県史 通史編四』）。

福井藩預所の変遷をふまえれば、幕領一三村の主張はまったくの虚偽ではないが、多分に福井藩預所への村替えを主張するための粉飾が読み取れる。幕領据え置き願いを聞き入れられない幕領一三村は、訴えの内容と訴え先を変更する策を試したのである。しかし、これも実現せず、反対運動はさらに展開する。

幕領一三村の反対運動②（文久元年五月）

文久元年（一八六一）五月、幕領一三村惣代として丹生郡気比庄村伝左衛門・今立郡上真柄村伊右衛門・同郡新堂村《しんどうむら》弥左衛門が老中内藤紀伊守《ないとうきいのかみ》（信親《のぶちか》）歎願所に次のことを訴えた（『朝日町誌 資料編三』山本喜平家文書）。これまで老中へ駕籠訴し、飛騨高山陣屋に嘆願した。だが願いは取り上げられず帰村を諭され、またこのまま村替えを拒否すると「御法」により処罰されると説得され、困惑している。惣代は高山陣屋から江戸に出て嘆願することにしたが、聞き入れられなければ国元の百姓が残らず江戸に出て嘆願するしかないと国元から連絡があった。国元では不安が募り、惣代はろくに嘆願をしていないから訴えが取り上げられないのではないかという疑念も生じており、これからは惣代任せにせず、村の百姓たち皆で出府するという話もある。惣代は出訴の雑用を貪っているとの噂もあり、国元の皆を諭すことは難しい。一旦発表された村替えであるため「御免」（撤回）は難しいと思うので、田畑山林は鯖江藩領とし、屋敷と人別は幕領に据え置くように願う。

この訴えも受理されなかったが、国元百姓の様子と惣代たちの提案について考えておこう。前者には誇張もあるだろうが、繰り返される村替え反対運動が実を結ばず、訴訟費用が嵩み、惣代への不信が高まり、焦燥感と徒労感が募ったことは事実であろう。後者は、田畑などは鯖江藩支配とし、人別などは幕領支配にしてほしいという願いである。土地と人の支配を分離するという要求は、先述した福井藩への嘆願でもみられた。しかし、それは村という枠組みを通じて領民を把握し、年貢徴収や法令順守を行わせる村請制《むらうけせい》の原則から外れる。近世の支配のあり方を崩すような要求は、幕藩領主が承認できるものではなかった。

幕領一三村の反対運動③（文久元年十月）

前述の文久元年（一八六一）五月の訴えは江戸・高山・国元の三方へ手分けして実行された。五月十日に高山陣屋から添翰をえて、五月二十三日に江戸の郡代役所へ出訴した。これは所定の手順を踏んだ訴えであったが、しばらく役所から呼び出しはなかった（『福井県史　資料編五』山本喜平家文書）。その間、村替えに伴う年貢納入待機により、保管していた米が虫痛になったなどと国元から連絡があった。このまま役所から呼び出しがないと年貢米納入に差し支えるので、幕領として年貢納入を仰せ付けてほしいと、文久元年十月、幕領一三村および村々小前惣代村役人代の六名が支配役所である増田作右衛門役所へ訴えた。これは村替えが実行される前に幕領としての年貢納入実績をつくり、幕領据え置きを実現させる策と考えられる。

十月二十四日、役所から呼び出しがあり、願いは聞き入れられないので一同帰村せよとの指図があった（同前）。十月二十八日、一同はさらに嘆願したが、十一月三日、役所は、願いは取り上げられないこと、これまで同様に高山陣屋の郡代に訴えることを仰せ聞かせた。十一月六日、一同は老中久世大和守・勘定奉行松平出雲守に、このままでは「亡村」「格外之難渋」になると駕籠訴をした。だが訴えは受理されず、一同は松平出雲守から支配役所へ引き渡され、高山陣屋に願うように仰せ渡された。これに当惑した杉俣村《すぎまたむら》忠左衛門・新保村《しんぼむら》三右衛門・新堂村久左衛門は、十一月二十九日、老中久世大和守に駕籠訴をしたが勘定奉行に引き渡され、さらに宿預《やどあずけ》による謹慎となった。十二月七日、彼らは願いが取り上げられないことを説得され、支配役所に引き渡しとなり、そこで帰村を命じられた。

十二月二十日、納得しない幕領一三村惣代たちは、今回の村替えは「公命」なのでやむをえないことではあるが、自分たちもやむをえず嘆願しており、惣代は「御私領渡御免除之儀」を願うことを「心底ニ相決居候もの共」であると強い決意を表明し、増田作右衛門役所へ訴えた。だが結果は同じで、帰村を命じられた。

文久二年正月九日、それでも納得しない惣代たちはさらなる訴えを画策する。宛先が記されていないので実際に提出されたのかは不明だが、次の内容の嘆願書が残っている。鯖江藩は領内へ御用金を賦課し、断った者を村払い（追放）にしていること。村払いで百姓が減少した村について、鯖江藩は他領の身元がよい者へ「村株御商」（村の本百姓になる権利を販売）しており、今は他領の者によって村が運営されていること。鯖江藩が御用金を賦課したのは確かだが、それを拒否した百姓を追放し、他領の者へ百姓株を売るとは考え難い。そのような行為によって年貢徴収に支障が生じたり、藩の横暴さを幕府に訴えられたりすると、領内統治の不行届きとして藩が処分される可能性もある。

手順に従って訴えても返答を延引され、再三の駕籠訴も効果がないという現状に鑑みれば、鯖江藩を誹謗し貶めるかのような嘆願は、単なる文章としての誇張表現だけではなく、百姓たちの苛立ちを反映しているのかもしれない。

幕領一三村の反対運動④（文久二年六月〜八月）

文久二年（一八六二）六月四日、一三村小前惣代七名と差添人《さしそえにん》二名は、勘定奉行松平出雲守に幕領据え置きを願い、次の点を訴えた（『福井県史　資料編五』山本喜平家文書）。村々は水旱損の被害をうけやすいこと、他村に比べ高免であるが以前から幕領の取り締まりがよいため成り立ってきたこと。村替え反対のために、昨年から惣代が駕籠訴などを繰り返しているが実を結ばず、村々では惣代に嘆願を強いる「強談」があり、惣代たちは人びとをなだめていること。百姓たちは農業を止め、田畑山林を質入れし、離散しようとする者もいること。幕領の威光をもって農業を続けてきたので、屋敷・人別だけでも幕領支配とするように願うこと。このまま鯖江藩に村替えされては立ち行かないこと。訴えの内容はこれまでとほぼ同じである。

この訴えも所定の手順を踏まないため受理されず、勘定奉行所は村替えを承知するように説得したようである（『朝日町誌　資料編三』山本喜平家文書）。しかし、惣代たちは説得を承知する返事を先延ばしにした。先延ばしは、六月二十六日から二度行われ、七月十三日には勘定奉行所で吟味をうける予定だったが、奉行所が取り込み中で差し控えるように仰せ渡された。七月二十七日、奉行所から呼び出しがあり説得されたが、惣代七人・差添人二名は他の出府惣代とも相談すると述べ、また返事の猶予を願い、その後さらに八月三日まで猶予を願った。結局、八月四日、惣代たちは勘定奉行松平出雲守の説得を拒んだ。八月十四日、勘定奉行所は惣代らを呼び出し説得したが、惣代らは「強而申張候」と主張を曲げなかったので、八月十六日には「銘々手鎖《てじょう》」をかけられ宿預となった。八月二十五日、寺社奉行が松平出雲守から小栗豊後守《おぐりぶんごのかみ》（忠順《ただまさ》）に交代した。この間、手鎖となった願人と差添人の一部が病気により交代を願うなどしたが、少なくとも手鎖は翌閏八月二日までは継続された。閏八月七日、病気の者も回復し、閏八月十五日には再び勘定奉行に説得されるが、閏八月二十日まで返事の猶予を願い、閏八月二十一日、惣代たちは村替えを拒否する返事をした。

惣代たちの村替え反対の態度は頑なである。そこには幕府の仰せを恭《うやうや》しく承る様子はなく、さまざまな条件を提示する法廷戦術もない。ひたすら自分たちの主張を曲げない強情な百姓たちの姿があった。

4 村替え中止と反対運動の内実

村替え中止と反対運動の終了

文久二年（一八六二）十一月、間部詮勝は老中在職中の行動を咎められて、一万石減知のうえ、隠居・謹慎となり、鯖江藩四万石は詮実《あきざね》が継いだ。この結果、村替えは中止になり、文久三年二月十八日、幕領一三村の小前村役人惣代たちは勘定奉行所に次の内容を記した一札を提出し、村替え反対運動を終えた。村替え反対運動により難渋を申し立てた心得違いを後悔していること。村替えなどすべての仰せを受け入れるので、村替え反対願いを取り下げたいこと。老中への駕籠訴など心得違いの始末として、庄屋たちは過料《かりよう》銭三貫文ずつ、長百姓・百姓代は急度《きつと》叱り、惣百姓《そうびやくしよう》は御叱りの処罰を承知すること（『武生市史 資料篇諸家文書（二）』長谷川金左衛門所蔵文書）。百姓たちは過料や叱りといった処罰を受け入れ、運動を終えたのである。

だが、今度は一万石減知となった鯖江藩の村で反対運動がおきた。文久三年七月十二日、今立郡杉谷村《すぎたにむら》と大野郡木本《このもと》領家村《りようけむら》ほか七村は、小前村役人惣代二名によって老中水野《みずの》和泉守《いずみのかみ》（忠精《ただきよ》）に駕籠訴をした。そこでは、村々は土地柄が悪く、これまで鯖江藩から御救をえていたことなどを述べ、しかしながら上知の仰せ渡しに背くことはできないので、鯖江藩預所にしてほしいと訴えている（『間部家文書 第五巻』解説）。今立郡谷口村《たにぐちむら》ほか一八村も同内容を老中井上《いのうえ》河内守《かわちのかみ》（正直《まさなお》）に訴えている。これらの訴えは受理されず、駕籠訴は領主を慕っての行動として処罰もなく、惣代たちは帰村を命じられた。翌元治元年（一八六四）四月十二日、今立郡杉谷村と大野郡木本領家村ほか九村の小前村役人惣代らは再び同内容の駕籠訴をしたが（『大野市史 第二巻』土蔵昇家文書）、受理されなかったようである。

一万石減知の対象となった村々は鯖江藩の支配を願っており、村替え反対運動を展開した幕領村とは対照的である。だが、双方に共通するのは、支配の変更を嫌い、既得権益と現状維持を固守したいという意識であろう。

幕領村による村替え反対運動の内実

これまでみたのは幕領一三村による村替え反対運動であるが、この幕領一三村は必ずしも強固に結束した一枚岩ではなかった。反対運動を振り返り、その内実を探ってみよう。

文久元年（一八六一）四月、村替え対象である幕領一三村は、所定の手順に従い、高山陣屋の郡代に歎願をするかまえであった。そのための入用は一三村の「村懸高懸り割合」（村別の高割）で行うとした。ただし、一三村のうちには反対運動に消極的な村（「代地之内不出合村方も有之」）もあるので、入用に関する規定書に調印した今立郡上真柄村・下真柄村、丹生郡川去村《かわさりむら》・気比庄村、大野郡杉俣村・新保村・本郷村《ほんごうむら》・新堂村の八村がこれを負担すると申し合わせている。また追々江戸出府惣代についても同様に取り計らうと述べている。なお、江戸出訴は費用がかさみ、極難渋村はさらに悪化するので、村高が大きい村に頼み、雑費は規定通りの割合で出金するとも述べている（『勝山市史　資料篇三』本保御免状保存講文書）。

文久元年五月、村替え反対運動を展開する村々は、出訴惣代を頼む「差入申頼書一札之事」を作成した（『武生市史　資料篇諸家文書（二）』長谷川金左衛門所蔵文書）。一札では、村役人や頭百姓《かしらびゃくしょう》に出訴を願うところ、困窮の村方であり、諸色《しょしき》高値であるため、惣代を頼むとしている。そして、日数や諸雑費がどれほど発生しても、村々が家財を売り払って出金すると述べている。ただし、出訴の代表を委任するこの一札の差出には注意が必要である。村替え反対運動は幕領一三村によって行われたが、この一札の差出は一二村であり、大野郡下郷村《しもごうむら》が記されていない。後述するように、下郷村は初発から村替えを受け入れる姿勢であり、出訴惣代を頼むことを拒んだ可能性がある。

訴訟費用の取り決めや惣代を頼む一札は、反対運動における村々の紐帯を確認する意味があり、また別な見方をすれば、運動に消極的な村を動員したりつなぎとめたりする意味があった。細かい取り決めがなされていることや差出に一村が連名していないことは、つまり、幕領一三村の村替え反対運動への意識が必ずしも一致していないことを示しているとみてよいだろう。

村替え受け入れを表明した村々もみてみよう（『福井県史 資料編五』山本喜平家文書）。文久二年五月付、丹生郡下川去村百姓次野右衛門と大野郡五村惣代杉俣村百姓勘左衛門を差出とし「五老中」に宛てた嘆願書は、実際に提出されたかは判然としないが、村替え反対運動へのさまざまな意識を知ることができる。

文久元年正月、幕領一三村の惣代が江戸へ出訴した。正月二十七日、支配役所は村役人（惣代）を呼び出し、翌日に村引き渡しの請印《うけいん》をするように仰せ渡したが、村役人たちは考えて返答するとして宿へ引き取った。その夜、一部の者たちが宿から逃亡した。残った者たちに行方を尋ねたがわからず、取り調べたところ、村役人は小前たちの印形《いんぎょう》を庄屋の手元に集め、それによって小前惣代として江戸出訴をしたという。村替え反対運動が延引し、江戸へ出た村役人が時々交代するなどで費用が嵩み、幕領据え置き願いが聞き入れられても、村は困窮し百姓が減少すると危惧するようになった。また、逃亡した惣代たちは心から村のことを思って出訴した者たちばかりではなく、村では水呑百姓同然の者、あるいは他村から雇われた者も加わっており、雇料が目当てで、願意を気にかけず、無駄に金を使う者もあった。惣代たちに出訴を願った者のなかには、費用増大を迷惑に思っている者も多い。だが、一旦惣代に出訴を頼んだこともあり、いまさらそれを取り下げれば恨まれると思い、口を閉ざしている。下川去村百姓次野右衛門と大野郡下郷村は、初発から重き仰せ付けである村替えを受け入れるつもりだったので、村替え反対運動には参加しなかった。そのため自分たちは余計な出費もなく、問題なく暮らしているが、他の者たちは年貢を納めると潰れる者も出てくるだろう。惣代たちによる村替え反対願いを後悔し、村替えを受け入れるので、出府などの心得違いを許してほしい。また、惣代や村役人の権威によって口をつぐんだ者たちも私たちと同じ気持ちであるから、反対運動から退き、余計な費用を使わないので、無事に百姓として暮らせるように仰せ付けてほしい。

歎願書には、出訴費用への不満、惣代の適格に関わる疑義、出訴に反対しづらい雰囲気などが記されている。村の代表を委任した運動であっても、運動に参加したすべての村が一致した意識ではなかった。そして、それぞれの村の内部でも運動に対して意見が割れていたのである。

最後に村替え反対運動を発端とする村方騒動をみておこう。村替え反対運動終了後の元治元年（一八六四）三月、上真柄村では一連の運動をめぐり村方騒動が発生した（『武生市史　資料篇諸家文書（一）』前沢甚兵衛家文書）。上真柄村金左衛門は本保陣屋に同村小兵衛らを次のように訴えた。万延元年（一八六〇）に鯖江藩への村替えが発表された際、百姓一同が村替え反対を申し立てたので、金左衛門らは出府することになった。反対運動が長引き、願人の交代を村へ連絡したが、国元からはいろいろ理由をつけて金左衛門らで運動を継続せよとの返信であり、最終的に村替え中止により帰村した。元治元年二月十二日、雑用割（運動費用の割り掛け）のため村の百姓たちは集まった。金左衛門が雑用費の内訳を記した帳面に請判《うけはん》を取ろうとした時、小兵衛らが出府雑用には金左衛門持高の一〇〇石を差し出す約束だったと述べた。金左衛門は、村の願いであるため個人の持高を出す約束はしていないと答えた。小兵衛らは増長し罵ってきたので、この日は一同帰宅した。二月二十四日に再び集まったが、前回同様罵り合いになった。金左衛門は、雑言は聞捨てられるが、村内の付き合いを断っては田畑の耕作や小作《こさく》に支障が生じるとし、村の様子を調べた。すると、主に小作である小高持や無高《むたか》の者たちが小兵衛に加担して、金左衛門に異論を唱えていることがわかった。小兵衛らは村の者たちに手をまわし、金左衛門の貸金や小作などの経営を妨害しようとしていたという。

これに対して小前惣代小兵衛らは次の反論をした（前沢甚兵衛家文書）。金左衛門が江戸出訴へ賛成するように強引に小前たちへ迫ったこと。金左衛門は持高一〇〇石の拠出を確約し、一同申し合わせたこと。出府費用は金六〇〇両に達し、大半を村内の者へ割り掛けたが一同困窮していること。金左衛門は貸金を帳消しにするなどと述べて徒党を企て、出入りを好む心底の者であること。

金左衛門らと小兵衛らの対立は、村内の大前《おおまえ》・小前の争いとして以前からくすぶっていたとみられる。それが今回の村替え反対運動によって噴出し、村方騒動を引きおこしたのである。

おわりに

大名・旗本に対する知行地の割り当ては将軍の専権事項であるにもかかわらず、それに意義を唱え、訴えが却下されても執拗に運動を繰り返す百姓たちの姿からは、幕府の権力にも容易に屈しない民衆の力強さが読み取れる。一方、繰り返される訴願を封じきれない点からは幕藩体制の脆弱さが垣間みえる。また民衆の不服従の態度は、結果として、将軍権威を傷つけるとともに、幕府の統制力の低下を暴露した。

民衆は自分たちの主張を掲げて運動を展開したが、それは数々の訴願の経験に立脚したものでもあった。運動では、虚実が混交した巧みな訴状の執筆、訴願条件の変化や訴願先の変更など、多様な戦術が用いられており、訴訟に関わる知識・技術の蓄積と応用が看取できる。そして、村には運動を継続するだけの経済力・組織力も備わっていた。これらは近世民衆の成長である。

しかし、最終的には役所の説得に対し返答を先延ばしにするという、強情な性分によって自分たちの意見を主張する点があったことも見逃せない。加えて彼らの主張内容は、現状維持と既得権益の固守が基本であり、幕府の制度や体制そのものへの異議申し立てではなかった。そして、惣代を委任した訴願であっても、運動への意識や姿勢は必ずしも一枚岩ではなく、出訴をきっかけに旧来の村の問題が顕在化することもあった。これらは運動の限界である。

本章の事例にとどまらず、近世の日本では多種多様な民衆運動が発生した。時代を経るに連れ、運動の経験は継承され、より明確で練られた自己主張がなされるようになった。もちろん運動には限界もあったが、身分制社会のなかにあって、自分たちの生活を守るため果敢に幕藩領主へ挑んだことは、運動規模の大小にかかわらず、民衆の力量や心性を示すものであり、新しい社会の到来を予感させるものであった。数多の民衆たちの強い願いと大胆な行動は、大きなうねりとなって幕末社会に影響を与えたのである。

〔参考文献〕

青木美智男ほか編『一揆』全五巻、東京大学出版会、一九八一年
新井勝紘ほか編『民衆運動史』全五巻、青木書店、一九九九～二〇〇〇年
大平祐一『近世の非合法的訴訟』創文社、二〇一一年
久留島浩「百姓一揆と都市騒擾」大津透ほか編『岩波講座日本歴史第一三巻 近世四』岩波書店、二〇一五年
国立歴史民俗博物館編『地鳴り山鳴り―民衆のたたかい三〇〇年―』歴史民俗博物館振興会、二〇〇〇年
志村　洋「地域社会の変容―幕末の「強情者」と寺領社会―」藤田覚編『日本の時代史17 近代の胎動』吉川弘文館、二〇〇三年
谷山正道「近世後期の民衆運動」『民衆運動からみる幕末維新』清文堂出版、二〇一七年
野尻泰弘『近世日本の支配構造と藩地域』吉川弘文館、二〇一四年
福井県文書館写真帳複製本、前沢甚兵衛家文書「乍恐以書附返答旁奉願上候（村替反対難訴出府費用割出入ニ付）」
福井県文書館写真帳複製本、山本喜平家文書「乍恐書付奉歎願上候（鯖江藩へノ領知替ニ付）」、「乍恐以書附奉願上候（気比庄村是迄通幕府領据置願）」、「乍恐以書附奉願上候（気比庄村ヲ是迄ノ通幕府料ニ居下サレタク願書）」
藤田　覚『幕藩制国家の政治史的研究―天保期の秩序・軍事・外交―』校倉書房、一九八七年
保坂　智『百姓一揆と義民の研究』吉川弘文館、二〇〇六年
若尾政希『百姓一揆』岩波書店、二〇一八年

column Ⅱ

貿易都市長崎再建の試み

吉岡誠也

「貿易に寄生する」都市長崎

近世長崎は、日蘭《にちらん》貿易・唐船《とうせん》貿易により栄えた江戸幕府直轄の貿易都市だった。両貿易は幕府が設置した長崎会所《ながさきかいしょ》に一元管理され、貿易利潤のうち最低金七万両が毎年都市住民へ助成されるなど、「町の存続と貿易の存続が表裏一体の、貿易に寄生する町」（松井洋子「出島とかかわる人々」松方冬子編『日蘭関係史をよみとく 上巻』臨川書店、二〇一五年）といわれている。その長崎にとって、安政五年（一八五八）に幕府が欧米列強と通商条約を締結し自由貿易を開始したことは、貿易と都市との関係が大きく変わる転機でもあった。新たに関税が徴収されるようになったが、これは一義的には幕府財政に組み込まれるため、長崎は貿易利潤の多くを失った。通商開始時の長崎奉行岡部《おかべ》長常《ながつね》が、会所の収入が大幅に減少したことに危機感を覚え、「土地永続の基に相成るべき仕法相立て申さず候而は、一港の興廃にも拘《かかわ》り候」（『幕末外国関係文書』四六巻九四号、以下『幕外』と略記）と述べているように、長崎の維持・再建という課題が以後の奉行にも重くのしかかってゆく。

貿易依存から脱却し「永続」可能な都市にすべきだという考え方は、輸出品が枯渇し貿易縮小を志向した寛政期から現れるという。しかし、管理貿易から自由貿易へと貿易のしくみが根底から変わった現状はより深刻で、長崎は条約に規定された新たな貿易業務だけでなく、「貿易に寄生」する都市の体質から脱皮するという大きな課題も抱えていたのである。このような問題については、これまでにもいくつかの個別政策が紹介されてきた。しかし、全体を見渡して正面から論じられることはなかったように思われる。そこで本コラムでは、転換期に奉行を務めた岡部長常の政策に着目し、少しくこの問題を考えてみたい。

会所財政立て直しへ向けて

安政四年（一八五七）締結の日蘭追加条約は、自由貿易規定を欠いてはいたが、わが国初の通商条約であり、従来の日蘭貿易は大きく変容した。岡部によると、条約締結後、日蘭貿易からの会所の利潤は直近五ヵ年の平均利潤と比較して年間金四万四四〇〇両余も減少したという。また一九世紀前半から来航船数が減少していた唐船貿易は、この時期さらに低調となり、太平天国《たいへいてんごく》の戦いの影響をうけた嘉永六年（一八五三）は前代未聞の欠年を経験した。唐船貿易の停滞により会所財政は大きなダメージをうけており、自由貿易開始以前からすでに逼迫《ひっぱく》し始めていた。

安政五年六月、長崎奉行荒尾成允《あらおしげまさ》と同岡部長常は連名で改革案を幕府へ提出した（『幕外』二〇巻二七一号）。改革案の骨子は、①地役人《じやくにん》らの人件費や諸経費削減、②産業育成、③唐船来航の誘致である。ただし長崎には、貿易利潤を財源として都市運営費や地役人らの給与が支払われてきたという慣習があるため、人件費や経費削減を伴う急激な改革は「人気《じんき》」に影響を与えること、産業育成は一朝一夕に成果が出るものではないことを指摘し、幕府からの拝借金《はいしゃくきん》を想定しつつ、新たな財源確保のための施策について上申している。

財源確保策の一つは、従来独占的な集荷が認められていた定式《じょうしき》一三七万斤の銅のうち、一〇〇万斤を大坂銅座《おおさかどうざ》で入札《いれふだ》払いにし収益三万一〇〇〇両余をえる、あるいは日向の日平《ひびら》銅山《どうざん》や筑前の銅山など近隣の銅山を長崎奉行の管理下に置き、その産出銅を輸入武器類の代物替えや、長崎製鉄所での製造品の原料に充て、輸入品や製造品の販売から収益を目論むものである。

いま一つは、会所による貸付金制度である。長崎市中や近隣郷村の富裕層と会所による共同出資で会所が融資し、融資額の一割の利息を折半することで、年間三万両の融資で一二〇〇〜一三〇〇両の利銀を見込んでいる。さらにこの利銀を産業育成資金に転用して、そこから生じる利益を貸付金の原資として循環させるという。民間に滞留している金を、会所の権威を背景にして運用し利益を生み出そうというのである。軌道に乗れば三〜五年で毎年一定の収入がえられるようになり、返済には輸出品となる産物を充てることも想定されている。

産業育成と「別段組合商売」

岡部はこうした短期的な財政措置と並行して産業育成政策を推し進めてゆく。長崎ではすでに天保期から楮《こうぞ》や櫨《はぜ》の植付け促進、櫨実の他領売却禁止など産業育成が奨励されていた。

このうち櫨実は、嘉永期頃から西日本各地で専売化が進み、日蘭貿易の輸出品として注目され始めた。安政三年（一八五六）一〇月、櫨樹育成仕法の取調べを命じられた長崎代官は、村の百姓たちにも櫨樹の増産を説いて回っているので、市中の櫨樹育成や蠟製作志願者へ百姓らと直接協力しあうように奉行から仰せ渡されれば事業は伸展するだろうとの意見を述べている（長崎歴史文化博物館所蔵〈以下、長歴と略記〉「（長崎代官）御用留《ごようどめ》」）。

同四年には、オランダへ輸出する白蠟不足解消のため櫨樹の増産が奉行水野《みずの》忠徳《ただのり》から代官へ命じられ、九月に合計三万八〇〇〇本余の苗木植樹計画が立てられた。だが、植樹には多額の費用がかかり計画の進捗は芳しくなかった。そこで同六年七月、薬種《やくしゅ》目利《めきき》野田《のだ》源三郎《げんざぶろう》と長崎町人で佐賀《さが》藩《はん》武雄《たけお》鍋島《なべしま》家《け》蔵屋《くらや》敷《しき》の屋代竹林《たけばやし》祐作《ゆうさく》が「御用櫨山」の育成を願い出た。野田は櫨樹育成の知識があり、竹林は野田とともに武雄領などで櫨苗の植付けを行っていた。この二名が三年間で苗木一万五〇〇〇本を提供し、関連経費は長崎町人の柳惣三郎《やなぎそうさぶろう》と野《の》村《むら》友次郎《ともじろう》が全額負担を申し出た。柳と野村は、国産品を増産させることが第一の御奉公だと認識していた。岡部はこれを許可し、収益は会所・代官所・出資者で分配することにした。竹林は開港後の蠟価格急騰をみて、一刻も早く櫨樹を成木させることを武雄へ促すなど櫨樹の育成に積極的だった。諸藩でも櫨樹栽培の取組みが急がれるなか、「御用櫨」として奉行所の保護をえることは、竹林や武雄鍋島家にとっても利点が大きかっただろう。

岡部はこのような蠟需要の商機を競う竹林らの動向を取り込みつつ、五町歩の植物場を設置し会所の財源となりそうな草木の試植計画を立てた。十二月には、前年に幕府が外国貿易向けの国産品増産を全国へ命じていたことをふまえ、村々へも積極的な取組みを申し渡している。例えば楮は、万延元年（一八六〇）三月に苗二万本の植付けが命じられている（『幕外』二九巻八八号）。閏三月に寄場掛《よせばがかり》の地役人が肥後の八《やつ》代《しろ》や近隣の大村《おおむら》まで楮・楮苗の買付けに赴いているのもこの政策の一環だろう（長歴「寄場方掛之節八代久摩表楮買入ニ罷越候一件」）。なお、生産された櫨実や楮は寄場役所で買い上げるように決められた。長崎では安政六年三月に人足寄場《にんそくよせば》を設置しており、人足に櫨蠟絞りや紙の生産を命じて、売上げの一部は人足が釈放される際に渡されることになっていた。産業育成を社会政策とも関連させていた点も興味深い。

このほかにも、「長崎表第一の産物」とされる陶器の製造を奉行所直営にする動きもみられる。一九世紀はじめに長崎市中の隣接地で開窯した亀山焼《かめやまやき》は、高い評価をうけながら経営は安定しなかった。そして職人たちが離散し廃業の危機に瀕するまでになった安政六年九月、奉行所直営の御用陶器所《ごようとうきしょ》に改めて、従来の事業主大神甚兵衛《おおがみじんべえ》をその差配人とした。陶器類は外国商人の需要が高く価格も高騰していたため、岡部は亀山焼がもたらす利益に期待していた（『幕外』二六巻一八七号・三六巻一六号）。

　さらに岡部は次なる一手として万延元年十二月、「別段組合商売」を幕府へ献策した（『幕外』四六巻九四号）。これは、薩摩《さつま》藩《はん》や佐賀藩など近隣諸藩の有力商人と長崎の有力商人らに外国商社を模した組合をつくらせ、組合と会所との共同出資で外国船へ産物の売込みを図るものである。売込用の産物は、江戸・大坂・兵庫・下関《しものせき》などに「産物取扱所」を設け、

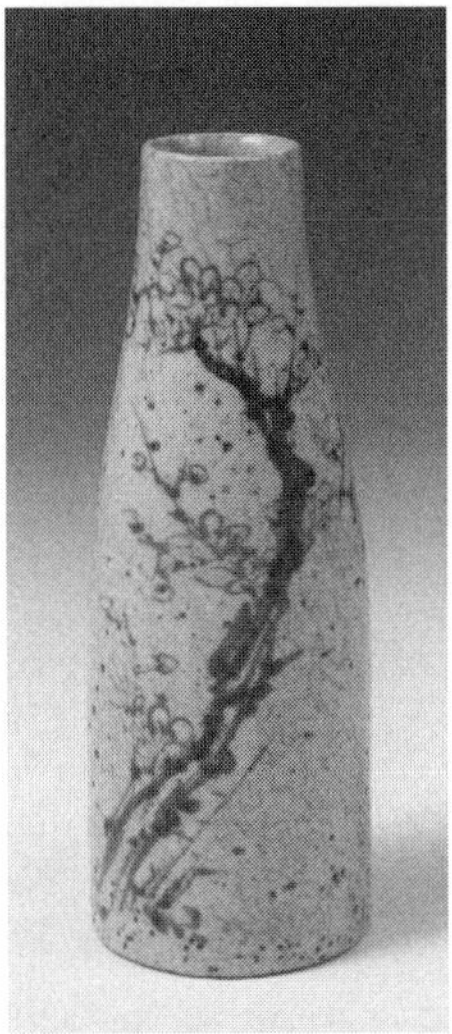

亀山焼燗瓶（万延二年在銘，長崎歴史文化博物館所蔵）

そこを拠点とし買い集めて会所へ廻送させる計画だった。もちろん、長崎での産業育成の成果が出た暁には、それらも重要な取引品となることが想定されていただろう。また産物取扱所では、江戸長崎会所に準じて輸入品や製鉄所の製造品を販売することも検討されている。輸入品の販売はすでに江戸会所で行われており、小銃の売却で五〇〇〇両余の収益を上げていたので、その拡張を企図したものと考えられる（拙著『幕末対外関係と長崎』吉川弘文館、二〇一八年）。岡部はこの計画が軌道に乗れば大きな利益をえることができると目論んでいた。

　ところでこの計画の背景には、会所と外国商人との商取引が条約の貨幣交換規定により同種同量で行われていたことの弊害がある。洋銀《ようぎん》が国内で流通せず民間では自然相場通用が認められると、公的機関である会所の商取引は不利となり、それを回避するために民間の商人らによる組合を媒介する必要があった。この「組合商売」の運営は、その統括を奉行支配向の幕臣に担わせながらも、実務は町年寄《まちどしより》以下の地役人らに委ねる計画だった。岡部は、地役人らが中心となり貿易業務を遂行することで長崎の都市運営が成り立ってきたことを十分に理解していたため、それまでの慣習を温存させ、なお

かつ外国商人へ対しては、民間取引という建前を用意し利益を吸い上げようとしていたのである。

改革を阻むものは?

ここまでみてきたように岡部の改革は、都市の混乱を招く急激な改革は回避する一方、産業の掘り起こしや民間資金の循環促進、有力商人を活用した「組合商売」の計画など、利益がえられそうな事業に広範に種を撒き「長崎再建」をめざすものだった。これまであまり省みられることがなかったが、岡部は「貿易に寄生」するのではなく、積極的に貿易に参入し利益を生み出すことを構想していたといえよう。

しかしながら、文久元年(一八六一)十一月に岡部が外国奉行へ転任すると、その後岡部の撒いた種が花開くことはなかった。それはなぜなのだろうか。本コラムでは言及できなかったが、岡部は唐船貿易や日蘭貿易についても改革案を構想していた。自由貿易という新たな貿易システムへの対応を求められる一方で、近世を通じて構築されてきた海外貿易と都市との関係はそうたやすく変えられるものでもない。旧来の制度や慣習を活用して急激な変化を避けつつ、貿易都市長崎の維持と再建に向けてあらゆる可能性を探っていたのが開港当初の長崎奉行の姿だった。そこで立案された政策が成果を出せなかった要因を丁寧に検討していくことは、近世貿易都市長崎がいかに終焉を迎え近代へ向かうのかを考えるために取り組まなければならない課題である。

第7章　幕末の日本、一九世紀の世界

小野　将

はじめに

二〇一八年という年には、「明治百五十年」だといわれて、政府筋などで記念する催事がいくつか挙行されたのを、読者諸賢ははっきり記憶にとどめられているだろうか。日本全国で「明治百年」が国家事業として大がかりに祝われた一九六八年の例を考慮すれば、時の政権がこれにかこつけてさまざまな介入を行い、歴史認識を歪曲するに至る危険性がありはしないかと、あらためて歴史学会や教育界では身構えるようなこともあった。しかし「百五十年」の際には、総じて政府関係では先人を顕彰し明治の時代を礼賛するのに終始していたようであり、メディアなどで関連する企画[*]もいくぶん散発的なもので、全体にあっけなく過ぎ去った感があった。これは学術面でも同様で、これにあわせて歴史研究が格段に進展をみたというわけではなく、所詮は今後ともカレンダーの示すところに従って、その折節ごとに「何周年」といった近代史を記念する企画が次々と催されてゆくのであろう。明治維新についても再考する機会となっていたことは事実だが、この間にひろく討議を通じて研究成果が共有されたとは言い難いものがあって、いささか残念には思う。本章では幕末の政治過程を考えるうえで不可欠と思われるような、近世後期から幕末期にかけての、一九世紀段階における世界情勢にふれていくが、この点についての認識も、いまだ充分に共有されていないところがあるだろう。

＊例えば論壇誌『中央公論』で、同年に掲載された歴史家による鼎談（君塚直隆ほか「世界は明治維新をどう見ていたか」）では、その終盤にて、《この鼎談は海外から明治維新がどう見えているかがテーマでしたが、その答えは、重要ではなく、ほとんど「吹けば飛ぶような」ものだったということでしたね（笑）》という発言内容がみられた（特集「誤解だらけの明治維新」、中国史研究者岡本隆司氏による発言）。だが、果たしてそのような笑い話ということでよいのだろうか。

近年における幕末期の政治史研究を一瞥すると、いわゆる国内政局過程に関する研究のほうは、詳細に精緻極まる仕方で成果の蓄積がみられるのに対し、対外的契機とその成果とを有機的に結合させる視角が比較的弱く、また外交史の研究自体が、政治史分析の精度に見合った進展を伴っていない、という短所に気づかされる（町田明広編『幕末維新史への招待』など）。研究の対象として内政と外交とを分離することは決してできず、政治・政権の構想は必ずや対外的な目標や構想を随伴していることを十全に考慮すれば、問題の所在は明確であろう。本章では、幕末史の全貌を記述することはできないが、なるべく日本国内の動向と国際政治との連関について注意しながら、議論を進めていくことにしたい。

1 環太平洋からみる近世の日本

「鎖国」と「開国」

近世日本をめぐる国際的な条件を視野に入れたとき、かつて前世紀までは「鎖国制」という捉えかたが主流を成していたものの（兵農分離・石高制と並ぶ重要な指標と考えられてきた）、現在ではそうした図式的理解では実態を正確に捕捉することはできないとして、幕藩制国家の外部、異国とは特定の地域を介した持続的な交流関係が保たれていたことが強調されている（長崎・対馬《つしま》領・薩摩領・松前《まつまえ》領における「口」＝境界地域、という議論）。往年の研究史では西洋との関係の重視に偏しており、日本列島の近世史を東アジア地域の内部における交渉のさまざまな実態から捉える必要があるものと、近年ではいわば〝脱欧入亜〟的な観点から強調されてきたのであった。

しかし、幕末維新期の日本史をみていく際に留意すべきなのは、諸外国と日本の政府・国家が取り結んだ「外交」関係が形成されており、近代外交の初発としてこれをみるならば、条約体制に代表されるこの時期の国際的な諸関係を、東アジア内の日中朝三国における伝統的通交関係を延長したところに還元してしまうわけにはいかない。東アジア地域から歴史をみることの重要性が変わるものではないが（なぜそうすべきか、さらに熟考が必要ではあるが）、さらに加えてこの時期に発現した国際関係の新たな在りようを十全に汲み取って論じる必要があり、さらにそれを規定している要素とは何であるのかが、世界史的な視野に立って追究されるべきであろう。

そして、一九世紀段階において、「西洋」諸国との関係においては、さらにまた新たな局面が立ち現れている。なかでも重要なのは、環太平洋をめぐって争われる、列強諸国間の角逐である。「海域」を重視する視点を採るならば、日本海や中国沿海のみならず、環太平洋のほうからも幕末日本をみていく必要があることになろう。

＊本稿で論述する内容は、横山伊徳による通史叙述に負うところが大きい（『日本近世の歴史５　開国前夜の世界』）。横山による著作は、近年の近世史研究が達成した最大の成果のひとつであると考えている。

太平洋探検から毛皮貿易の時代へ

近世史研究者の横山伊徳は、近世後期の対外関係史における最重要の要素を「太平洋史」にみている。幕末に至る歴史過程を世界史的にも考察するならば、太平洋をめぐる国際関係は欠くことのできないファクターだからである。

従来の研究がまず注目していたのは、銀貿易の流れである。中南米産の銀がスペイン領フィリピンを介して大量に伝統中国の社会に流れ込み、太平洋を往来するガレオン船の交易は、一六世紀以降の世界を一体化させる要因となったことを重視した。地中海世界のイベリア、中南米の植民地、東アジアの中華帝国、それぞれの「近世」が同期したととらえられ、

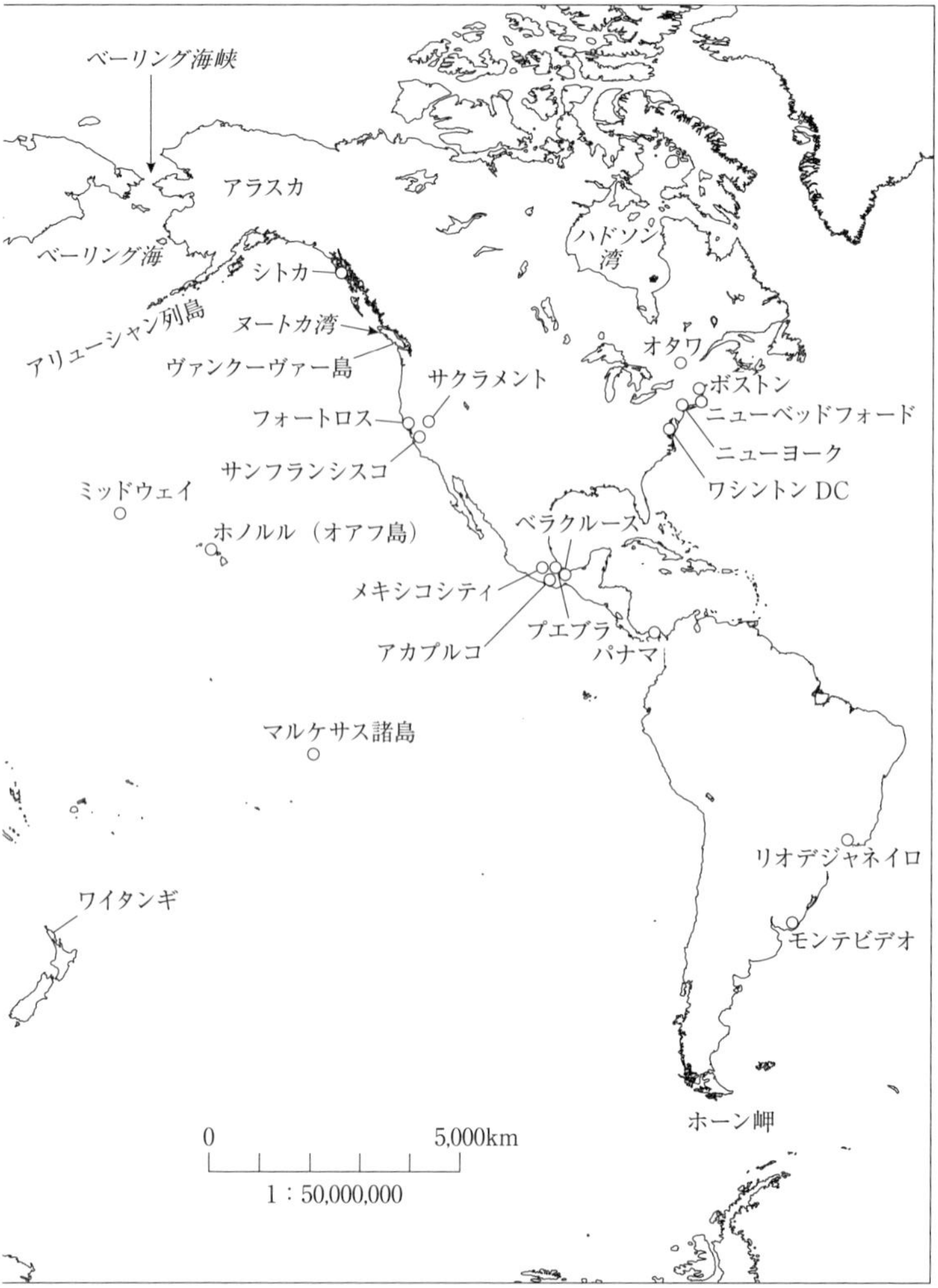
ベーリング海峡
アラスカ
ベーリング海
シトカ
アリューシャン列島
ヌートカ湾
ヴァンクーヴァー島
ハドソン湾
オタワ
ボストン
ニューベッドフォード
ニューヨーク
ワシントン DC
サクラメント
フォートロス
サンフランシスコ
ミッドウェイ
ホノルル（オアフ島）
ベラクルース
メキシコシティ
プエブラ
アカプルコ
パナマ
マルケサス諸島
リオデジャネイロ
モンテビデオ
ワイタンギ
ホーン岬
0
5,000km
1：50,000,000

図 7–1　19 世紀中葉の世界史関係地図

そこに中近世の日本列島社会も接合したものと考えられた（なお、この時期の太平洋を「環大西洋経済の周縁部」ととらえる解釈については、清水さゆり「パシフィック・ヒストリーに向けて」参照）。さらにいえば、幕末の居留地貿易における主要な国際通貨は「メキシコドル」銀貨であり、そこに至る長い歴史があらためてトレースされる必要があるだろう。

しかし〝スペインの内海〟という呼び方にもかかわらず、スペイン船による太平洋貿易はメキシコと東南アジアの港市間をつないでいるだけで、ラテンアメリカのような支配と開発が進展していたわけではない。環太平洋の歴史を画するのはやはり、一八世紀後半での、クック船長による探検航海ということになるだろう（一七六八〜七九年）。重要なのは、科学調査や測量、民族誌情報の収集のみならず、第三回探検でクック隊がハワイやアラスカからの帰途、中国で寄港した広州《こうしゅう》にて、ラッコ毛皮が高額に取引される事実を発見したことだった（一七七九年。航海記は八四年刊）。たちまち「列強による毛皮獲得競争が始まる」（木村和男『毛皮交易が創る世界』）。北太平洋で捕獲される海棲の毛皮獣は、ここに世界商品としての地位を得る。英米露西の四国から出航した商船隊が国際市場で競争し、産地の北米西海岸では国際紛争にまで至った。

横山が正しく指摘しているように、寛政期の日本沿岸に来航した米船レイディ・ワシントン号、そして英船アルゴノート号は毛皮を積載し（現在のカナダ領で集荷）、対日貿易をめざしていた（寛政三年〈一七九一〉）。松平定信《まつだいらさだのぶ》政権はこの対処として同年に異国船取扱い令を発し、諸大名に命じて沿岸防備＝海防に取り組むのである。

また、ロシア人は北太平洋に先行して進出し、オホーツク海からカムチャツカ半島へ、さらにアリューシャン列島からアラスカへと進み拠点を構築していた。日本史通史ではロシアの東方進出や南下と呼ばれることが多いが、シベリア征服・の完了後にイルクーツクを中心とする冒険的な商人資本が太平洋沿岸でラッコ猟に進出、皇帝権力はこれを保護して北米大陸にかけての北太平洋の権益を追求したので、北太平洋沿岸経営がその本質といえよう。この動きは一七九九年に独占的な特権を得て発足する露米会社に集約され、同社がアラスカにかけての植民地経営を担う。露米会社はまた、ハワイへの基地建設を狙ったり（失敗）、北米西海岸に橋頭堡《きょうとうほ》（フォート・ロス）を確保したりしている（一八四一年売却）。北千島《きたちしま》在住のアイヌ民族（千島アイヌ）についても、一九世紀には露米会社の管理が及んでいた。

伊勢の漂流民大黒屋《だいこくや》光太夫《こうだゆう》を連れて蝦夷地《えぞち》に来航した使節ラクスマンの使命も、毛皮猟経営と密接である。次いで長崎に来航したレザノフは露米会社の経営中枢にあり、海軍の支援をうけ、皇帝国書でもって対日貿易を求めにやってきた。彼を乗せたクルーゼンシュテルン提督の艦隊はこの後、世界周航を成し遂げたのだが、これに同乗して日本に送還された陸奥石巻廻船《いしのまきかいせん》の漂流民津太夫《つだゆう》らも、結果としてはじめて世界を一周した日本人となったのである（太平洋上ではマルケサス諸島→ハワイ→カムチャツカに寄港している。加藤九祚『初めて世界一周した日本人』）。

ゴールデン・ラウンドとニューイングランドの繁栄

イギリス東インド会社やハドソン湾会社といった、貿易上の独占権を認められた特権的国策会社の存在が、英国商人による毛皮貿易の進展を阻んだといわれている。一方で新興のアメリカ合衆国東海岸からは、かつての植民地期における独占支配という桎梏《しっこく》から自由になったニューイングランドの貿易商船が、続々と中国市場に向けて乗り出した。一七八七年、ボストンから出港したコロンビア号と、上述のレイディ・ワシントン号とが、アラスカからハワイ経由で広州へ向かった。当地でラッコ毛皮を売り捌いた後に中国茶や磁器を積載してボストンに戻ったコロンビア号は、世界一周の貿易ルートを採った最初の米船となった。ニューイングランドを発して北太平洋へ、さらに集荷した毛皮を広州に運送して売却、中国産品を持ち帰ることでまた高利潤を得るこの航路は、「ゴールデン・ラウンド」と呼ばれたという（木村『毛皮交易が創る世界』）。大西洋の海運・漁業・通商で栄えるニューイングランドに、太平洋経由での致富が新たに加わり、対中貿易の進展によって一九世紀の前半にその繁栄が謳歌されたのである。

国際的港市だったマサチューセッツ州ボストン在住の富豪は、美術工芸品の蒐集《しゅうしゅう》や文化事業への支援でも名高く、近代に入っては、ボストン美術館に収蔵される東洋美術の名品や日本趣味の工芸といった審美的領域にとどまることなく、渡米した日本人との交流の事例も数多い。また、モースやフェノロサ、ビゲローといった、明治日本の学問文化に深く関わる著名ジャパノロジストたちの存在は、ボストニアンたちのエリート人脈に含められる。日米文化交流の最高峰を占める彼らの存在は、貿易で蓄積されたニューイングランドの富に根ざしていたのである（塩崎智『アメリカ「知日派」の起源』）。

もちろん、アジア産品自体は、ゴールデン・ラウンドの形成以前からも東インド会社を経由してもたらされていた（独立以前、一七七三年の「ボストン茶会事件」を想起されたい）。しかし、幕末にかけての日本史の展開にとって重要なのは、ニューイングランド経済の貿易・海運セクターは、北米での資本蓄積を達成したのみならず、太平洋世界を成立させるいわば起爆剤でもあった、ということである。この対東アジアとの関係が、ペリー艦隊来航に先立つ歴史的前提として大きな意味を持ってくる。

水路測量艦船と海図の革新

民間ではなく国家的事業として太平洋世界に係わった、その主役のひとつが英国海軍と、その部局をなす水路局である（横山伊徳「一九世紀日本近海測量について」）。一七九五年、英海軍に水路局が設置され、測量から海図の作成・印刷まで統括し、データの整備や蓄積・管理、また共有化がはかられた。同年までにヴァンクーヴァー艦長が世界周航を行って、南北アメリカ大陸の太平洋岸海図を完成させている（木村和男『北太平洋の「発見」』）。ブロートン艦長もこのヴァンクーヴァー探検航海に参加しており、同じ一七九五年には太平洋岸の調査に派遣されたが、翌寛政八年（一七九六）には東蝦夷地に来航して沿岸を測量、幕府の危機感を亢進《こうしん》させるに至っている。ブロートンのプロヴィデンス号による日本近海測量は、対外危機を理由としての、蝦夷地上知《じょうち》の政策へとつながっていった。

ブロートンの航海記録は一八〇四年に刊行され、仏独で翻訳書も上梓された。横山伊徳によれば、ナポレオン戦争後には英海軍により世界的規模での海図や水路誌の編纂・整備が進められ、頒布もなされたという。琉球諸島の測量に来航したビーチーやベルチャーといった、英海軍の優秀な測量士官らも、航海記を刊行して共有をはかっている。かくして幕末期には、環太平洋でも最後に取り残され、海図作成がなされぬいわば暗黒の領域のままにとどまっていたのは、アメリカ大陸からみて遥か西北方向の一画、すなわち欧米諸国に門戸を鎖《とざ》していた東アジアの、朝鮮および日本の海域のみ、という次第となったのである。つまり西洋列強からみれば、中華帝国での開港場を増やすとしてその隣りには、さらにこの閉鎖的な地域・海域が横たわっている、ということになるのであった。

ペリー艦隊派遣の動きと並行しては、一八五二年一月に合衆国議会上院議員のウィリアム・ヘンリー・スワードにより、北太平洋から中国、東南アジアにかけてのきわめて広範囲における海図の作成計画が提起され、同八月には測量艦隊の派遣が議決されている（後藤敦史『忘れられた黒船』）。スワードは、のちの南北戦争時の国務長官として著名である（在任一八六一～六九年）。彼は、リンカン政権に入る以前から「海洋帝国」アメリカの建設構想を抱いていた、といわれている人物である。すでに一九世紀の前半には、チャールズ・ウィルクスによる世界周航（一八三八～四二年、彼の艦隊は南太平洋の島々にて住民との間で流血の紛争を招いたことで知られる）など、米海軍による太平洋探検航海は西方へと進展をみせていたが、いよいよそうした西進の最終的な仕上げが希求されていた。

「大御所時代」の日本とジャパン・グラウンド

一九世紀の太平洋で追い求められた生物資源としては、毛皮獣のみならず、照明用の鯨油を採るためのクジラも重要であり、英米の捕鯨船が外洋に乗り出してクジラの群れを追跡したことはよく知られている。一九世紀の前半には、乱獲によりラッコなどの毛皮獣は枯渇し始め、太平洋において、世界商品としては鯨油へと短期間で交替した格好になった。この時期に捕鯨業は全盛期を迎えたが、ニューイングランドからも簇生した捕鯨船が太平洋をめざしたことは、例えばメルヴィル作の海洋小説『白鯨』（一八五一年）などでもよく知られていよう。等しく先行研究が指摘するように、捕鯨の漁場は遥か西へと拡張され、一八二〇年代初頭にはついに日本の沖合に到達する。マッコウクジラの宝庫といわれた巨大捕鯨場、すなわち「ジャパン・グラウンド」の発見であった。必然的に太平洋沿岸の各地で、英米の捕鯨船と日本人との接触がみられることになる。文政五年（一八二二）の、英船サラセン号の浦賀《うらが》来航はその一例である。

文政八年に幕府が発令した「無二念打払令《むにねんうちはらいれい》」は、こうした来航捕鯨船への対応であったことが解明されている。来航異国船につき「二念無く打払いを心がけよ」との強硬な文面で著名な法令であるが、老中《ろうじゅう》の立法意図は「近海を徘徊する漁船（捕鯨船）から小船が乗り寄せる場合に、格別の配備は不要」「大した備え向きには及ばず」というもので、別に対外戦争が念頭にある訳ではなかった（藤田覚『近世後期政治史と対外関係』）。文政年間には、常陸国の太平洋岸に捕鯨船団が出現して、地元の漁師たちと内密の交易を行ったといわれており、文政七年には、水戸《みと》藩家《はんか》老中山家《ろうなかやまけ》の領内であった大津《おおつ》浜《はま》に、英国捕鯨船員が上陸した事件がおこった。薩摩宝島《たからじま》でも英国捕鯨船による上陸事件が、同年に発生していたが、打払令にはジャパン・グラウンドに来航する捕鯨船団への対処という性格があった。

常陸大津浜への英人上陸事件は、学者の藤田東湖《ふじたとうこ》などは決死の覚悟で臨んだという大事件だったのだが、現地責任者の付家《つけが》老《ろう》中山のみならず、藩主徳川斉脩《とくがわなりのぶ》のもとでの藩庁も異国人との紛争回避を優先して、強硬手段に出ることはなかった（尋問後に教諭して追い返した）。上陸した英人船員との間で、現場の筆談にあたった藩儒の会沢正志《あいざわせいし》斎《さい》は、幕府や自藩に対して海防の強化と攘夷強行を迫る必要性を痛感し、翌文政八年に主著の『新論《しんろん》』を著した。これが海防策を望む人びとの間で非公式のうちに流布して、水戸発の実践的な学問（後期水戸学）を全国的に広めていくことになる。

対外戦へ至る可能性につき特段考慮していなかった無二念打払令の性格にみられるように、当該期の対外政策、ひいては幕政の基調には特徴的なものがある。かつて横山伊徳はそれを「弛緩した政策体系」と呼び、対外問題を中心的課題からは外しておくような、一九世紀段階の幕政に特徴的な基本路線としてとらえた。寛政改革期以降、将軍実父の一橋治《ひとつばしはる》済《さだ》・将軍家斉《いえなり》の父子が長期にわたって最高権力者の座につき、その権力意思が大きく幕政を左右していたことが判ってきている。この時期の呼称ということでは、「大御所時代」なるいいかたは、天保八年（一八三七）、家斉が将軍職を家慶《いえよし》に譲って以降の時期を指していう。けれども治済・家斉・家慶の三代にわたって将軍権力の核が長期にわたり持続したことの意味、そして同様の政策基調の執拗なほどの持続（横山『開国前夜の世界』）を重視するならば、その前後を含めて「長い大御所時代」と呼んでもよいのかもしれない。この「長い大御所時代」は、あるいは化政期から嘉永年間（一八四八〜五四）の頃まで、非常に長期にわたって持続した、とも評価できるのではないだろうか。一九世紀中葉までの長期にかけて、この時代においてさまざまに蓄積された矛盾の所在は、幕末期を検証するに際しては、その歴史的前提として逸することのできないものであると考える。

小笠原諸島問題の発生

一九世紀には琉球をはじめ、日本列島の各地で異国船との接触がおこったが、無人の島嶼に外国から移民団が到来したという点で、小笠原《おがさわら》諸島の事例は特異である。そこに至る経緯は、次のように説明できるであろう。

小笠原諸島が英海軍により測量され、海図に表示されたのは文政十年（一八二七）のことである。水路局の測量艦ブロッサム号により、琉球を経由してビーチー艦長が到達し、測量により経緯度を確定、父島《ちちじま》をピール島、母島《ははじま》をベイリー島、二見《ふたみ》港《こう》をロイド港などと命名した。ビーチーが小笠原測量に来航したのは、ロンドンの地図出版業者アロースミスが刊行した地図（一八三二年）にこの無人島の情報が掲載されていたためであった。このアロースミス図は、フランス人東洋学者アベル・レミュザによる業績を典拠として作成されていた。アベル・レミュザ論文は一八一七年にパリの学術誌に発表されており、その表題は「ある未知の、日本とマリアナ諸島の間に位置する群島についての記述。日本人による諸記述にもとづいて記す」という。この仏語論文での附図一葉は、「日本の地図から抜粋したボニン諸島または無人島の地図」とあり、これが件のアロースミス図の原図となったのだが、さらにその典拠となったのが、実は林子平《はやししへい》の著作『三国通覧図説《さんごくつうらんずせつ》』（天明六年〈一七八六〉刊）所載の絵図類であった（ドベルグ美那子「仏訳『三国通覧図説』をめぐる諸問題」）。この『三国通覧図説』は、オランダ商館長のイザーク・ティツィングが非公式に刊本を入手して持ち帰ったのち、その没後に遺品の旧蔵書売り立てからアベル・レミュザが入手したもので、その掲載絵図のうち二点から合成して得た一図を論考に附収して、当該諸島の位置を示し、もって地理上の新発見と称したのである。なお一八世紀末の出島《でじま》商館長ティツィングは、離任後にも日本に残した人脈を駆使して本書を入手したものと推定される。『三国通覧図説』所掲の「無人島図」における記載情報は、ティッィング蔵書→アベル・レミュザ論文（仏文）→アロースミス刊行図（英文）→英海軍水路局、という伝播の過程をたどったことになる。

かくして正確な所在地が特定された小笠原は、先住民のいない適地として太平洋移民の目標とされるに至った。天保元年（一八三〇）、ハワイ王国駐在の英国領事チャールトンによる教唆もあって、欧米系の移民団がハワイを発して小笠原に入植し、父島を中心に居住した。異国に備えるべく自著を刊行した林子平の意図とはまったく無関係に、掲載の地理情報がいくつもの翻訳を介して欧州にまで伝えられ、その結果として白人定着者（ビーチコウマー）らによる小笠原移住が始まった。その後住民の去就は大きく変動したものの定住者も存続し、彼ら移民が住み着いたこの遠隔の島々を、回収確保することが幕末維新期の国家的課題となる（麓慎一『一九世紀後半における国際関係の変容と国境の形成』）。最終的に明治政府が日本領土として編入したのが明治八年（一八七五）であった（翌年外国に通告）。

2 環太平洋からみる幕末の日本

ビドルの来航と米墨戦争

アメリカ合衆国からの、「西漸」の動向をさらにみよう。

＊幕末に至るまでの日米関係史について、近年では後藤敦史の著作が研究蓄積をふまえ詳細である（後藤『忘れられた黒船』）。以下、史実の説明については研究史上明らかな点も含め、述べていくことにしたい。なお合衆国側の動向については、カミングスの著書が示唆を与えるものである（『アメリカ西漸史』）。

第七代大統領アンドリュー・ジャクソン（在任一八二九～三七年）の政権では、使節エドマンド・ロバーツが東南アジアに派遣され、一八三三年にシャム王国と条約を結ぶ。ロバーツはその後、日本との条約締結交渉をめざしたが（将軍宛信任状を持参）、マカオで一八三六年に客死し、対日条約の見通しも立ち消えとなった。翌年（天保八年〈一八三七〉）には、マカオから日本に来航した米船モリソン号が浦賀および薩摩で砲撃をうけ、異国船打払令による問題がここに明瞭となった。天保期における続いての重大事態は、アヘン戦争における清朝の敗戦であり、同十三年に幕府の政策は薪水給与令《しんすいきゅうよれい》へと転換する。

清朝の敗戦をうけて調印された英清南京《ナンキン》条約（一八四三年）の後に、米国で対清通商条約の交渉を指令したのはタイラー政権の国務長官ダニエル・ウェブスターである（在任一八四一～四三年）。特命全権公使ケイレブ・クッシングが一八四四年、最初の米清条約である望厦《ぼうか》条約を締結する。過去にウェブスター長官はマサチューセッツ州選出の連邦議会上院議員で、クッシングも同州選出連邦議会下院議員という経歴を有していた。対日通商条約締結の権限も付与されたものの、中国からクッシングは帰国している。望厦条約は、開港場での貿易開始、治外法権や最恵国待遇といった条項を規定し、南京条約同様の不平等条約だったが、この望厦条約の批准書交換に臨んだのは六十代という高齢のヴェテラン海軍提督、東インド艦隊司令長官のジェイムズ・ビドル（一七八三～一八四八、ビッドルとも表記）であった。ビドルは、一八三〇年にイスタンブルで締結された、オスマントルコとの通商航海条約についての交渉経験があり（弁務官を兼任）、現役軍人ながら合衆国のアジア外交に参与したのである。このアメリカ・トルコ間条約も、治外法権や最恵国条項を含む不平等条約であった。

弘化三年（一八四六）閏五月、本州南方の沿岸から接近した米艦二隻が、ビドル司令官とともに江戸湾の浦賀沖に現れた。旗艦はコロンバス号で、僚艦のスループ艦ヴィンセンス号は、かつてウィルクス探検隊での旗艦であった。浦賀奉行所にビドルが交付した書面には、今回清との交易（通商関係）が取り結ばれたので、その帰途に日本に寄港した、同様に外国交易が許可されるのかどうかを承知したい、とあった。浦賀奉行は江戸の老中に伺いを立てたうえ、ビドルに「諭《ゆ》書《しょ》」を渡したが、外国との通信・通商は国禁であり早々に帰帆すべし、また外国関係は長崎で取り扱うので当地には再来すべからず、という返答内容だった。ポーク政権の海軍長官ジョージ・バンクロフト（マサチューセッツ州出身）が発していた訓令では、日本の諸港にアクセス可能かを確認せよ、ただし米国政府への敵愾心《てきがいしん》や不信を煽らぬように、という程度の内容だったので、ビドル率いる二艦は日本から退帆した。

時の阿部正弘《あべまさひろ》政権は、ビドル来航という事件への対処として、異国船打払令への復旧を有司に評議させ、江戸湾警衛にあたる大名を二家から四家へと増強し、新規に台場《だいば》を建設、洋式船の製造も試みるなどの対応策を採っている。同年八月には、孝明天皇《こうめいてんのう》から幕府に海防の強化を命じる勅書がくだった。

さてビドルは江戸湾からの帰途に寄港したハワイで、当時の国王カメハメハ三世に謁見しているが、王都ホノルルの港で彼は、米墨《べいぼく》戦争勃発の報に接し、その後の対処に追われることになる（Long. *Sailor-Diplomat*）。第一一代大統領ジェイムズ・ポーク（在任一八四五〜四九年）の政権は、膨張政策を掲げて発足したが、まず一八四五年に、メキシコから分離独立したテキサスを州として併合した。翌四六年にはオレゴンの一帯（英米両国の共同保有だった）を切り離して併合し、合衆国領を太平洋岸につなげた。同年にメキシコと開戦して、首都メキシコシティを占領し、一八四八年の講和条約の結果、カリフォルニアとニューメキシコを獲得した。太平洋国家とも大陸帝国ともいわれる、大国への道を合衆国は踏み出し、その延長上に東アジアとの交通を展望していく。なおこの米墨戦争にて、米国艦隊を指揮し、ベラクルースの攻略など水陸共同の作戦でも名を馳せたのが、マシュー・カルブレイス・ペリーである。

ゴールドラッシュと中浜万次郎

一八四八年は、カリフォルニアはシエラネバダ山脈での、金鉱発見の年でもある。翌年の、大挙して金採掘をめざした「フォーティナイナーズ」たちの到来が、ゴールドラッシュを迎える世界的港市サンフランシスコを成立させる。海外から、環太平洋地域から大量の流入者が、新天地カリフォルニアに蝟集《いしゅう》したが、一八五一年にはオーストラリアでもゴールドラッシュがおこり、広く太平洋では甚大な量の人の移動がみられた。一九世紀は移民をはじめとして、かつてない規模での人流の大量移動が生起した時代であるが、この時期特有の、太平洋を行き交うゴールドラッシュの波は、多くの中国人移民がみられた点も含め、やはり特筆すべきものがあろう（貴堂嘉之「サンフランシスコ」）。

土佐出身の漁師万次郎《まんじろう》も当時、このゴールドラッシュのただ中にあった。愛称「ジョン・マン」こと、のちの中浜《なかはま》万次郎である。万次郎は天保十二年（一八四一）に出漁中、太平洋上を漂流して鳥島《とりしま》に漂着したところを、米国の捕鯨船に救出された。太平洋上の捕鯨がピークを迎えた一八四〇年代には、万次郎は捕鯨船の乗組員として米船に雇われ、太平洋を周回して操業していた。一八四八年の秋には、マサチューセッツ州の捕鯨基地ともいうべきニューベッドフォードにて、カリフォルニアでの黄金出現との報に、万次郎は接する。翌年の冬には西海岸へと向かう船に乗り組み、南米のホーン岬を回って太平洋岸を北上、一八五〇年六月にサンフランシスコ港にたどり着く。現地の金鉱で砂金を採り、渡航費を稼ぎ出した万次郎は、その後ハワイを経て琉球まで渡り、帰国の途へと就くのであった。万次郎の数奇な半生からは、当時の興隆してゆくアメリカの動向をもうかがうことができるようであり、また太平洋上を移動する人流の渦中にあった中浜万次郎こそ、太平洋世界を形づくるこの時代を代表する人物であったといってもよいだろう。嘉永六年（一八五三）のペリー来航後に、阿部正弘政権のもとで、万次郎は幕臣に登用されることになる（普請役格代官手《ふしんやくかくだいかんて》付《つき》）。

ペリー艦隊の来航

最晩年のダニエル・ウェブスターは、ミラード・フィルモア政権（一八五〇〜五三年）で、再度国務長官に就任していたが、対日交渉に東インド艦隊を送り込んだのは、米海軍による太平洋戦略構想を組み込んだウェブスター外交による成果であった（大島正太郎『日本開国の原点』は大統領による指導を重視している）。合衆国では、日本への使節派遣を求める請願が、貿易商人から継続して政府や議会に対し行われていた。中国茶をアメリカ大陸まで運送していた帆船（ティー・クリッパー）による太平洋横断と世界周航の競争は、当時加熱の一途をたどっていた。しかし、蒸気船での太平洋横断航路を実現するとなると、燃料の石炭を確保するための貯炭場が必要となる。遠洋航路用の燃料炭が確実に供給される必要があり、まだ当時は蒸気船のテクノロジー自体が発展の途上にあったとはいえ、中国沿岸—北太平洋—北米西海岸を結ぶ航路の途上にある日本列島は、以前よりもその重要性を増した目標となったのである。一八五一年の春、日本による異国船の取扱いが薪水給与令に転換したとの通告がオランダ経由でワシントンに届き、すると時を置くことなくジョン・オーリック司令長官に、遣日使節派遣の命が下る。ビドルの先例に続く、海軍外交を用いた計画である。ここでの将軍宛の大統領親書には、日米間の蒸気船による、大洋の両岸を結ぶ横断航路の実現可能性が明記されていた（横山『開国前夜の世界』）。

M・C・ペリー提督は、合衆国蒸気海軍の父などと呼ばれることがあり、蒸気機関推進の汽走艦船配備にも深く関わった。前任のオーリックから一八五二年三月に東インド艦隊司令長官の任務を承継して遣日特使を兼ね、同十一月にノーフォーク軍港から出航する。ペリーが上海までの移動中に乗っていた、汽走外輪フリゲート艦のミシシッピ号は、かつて建艦からペリーが関わり、米墨戦争中では自身が座乗していた旗艦であった（ペリーは中国から出航前になって、艦隊の旗艦サスケハナ号へと移動した）。東アジアに到達するまでのペリー艦隊の経路は、もちろん太平洋横断ではなく、アフリカの喜《き》望峰《ぼうほう》を東へ回ってインド洋からセイロン島へ、さらにシンガポール経由で香港《ホンコン》に到着している（将軍宛の書面には、太平洋横断にて「蒸気船で二〇日もかからず日本に到着できる」とあったが、ペリー艦隊の到達は半年前後かかった）。極東へ向かう際の寄港地は、当時の英国植民地で海軍の拠点でもあり、補給を含め、いわば大英帝国の有する支配のシステムを利用しながら進む航行であった。米艦隊が、英国の植民地支配におけるラインを利用して行動するという点にこそ、一九世紀中葉の国際的体制に占める同帝国のヘゲモニー的なありよう（ウォーラーステイン『史的システムとしての資本主義』）が如実にあらわれている。英国にとっては、地中海からエジプト、インド植民地を経てシンガポール、香港・上海《シャンハイ》に至るルートは、帝国の支配を死活的に左右するような「帝国航路」なのであって、幕末日本の開港後は、その先に長崎・横浜の両港が連接することになる。幕府による遣欧使節団も、このルートを西へたどり、西欧諸国を歴訪したのであった（木畑洋一『帝国航路を往く』）。

ペリーは本州に至る前に、琉球および小笠原諸島に寄港しており、日本との関係樹立の成否とは別に、戦略拠点の確保をも企図していた。小笠原の父島では将来の寄港地とする構想を立てて現地の住民から土地を買収し、貯炭所などの軍用地に充てようとした（のち計画中止）。母島については米国の領有を宣言している（ワシントン政府は承認せず）。琉球でも泊《とまり》港《こう》に貯炭所を建設しており、ペリーは安政元年（一八五四）に、神奈川条約（日米和親条約）に調印したのち、琉米条約の締結を琉球王府に強要して、従来の伝統的な対外関係に割り込んだ。条約体制に編入された日本について「開国」と呼ぶならば、同じく琉球王国もこの時点で、条約により「開国」したことになるだろう。

プチャーチン来航とクリミア戦争

同じ一八五三年に条約交渉の目的で長崎に来航した、ロシア帝国の使節プチャーチン提督は、しかし実際のところでは、ペリーによる対日交渉の成果をロシアにも得られるよう行動せよ、との訓令を、予め外務省から受領しており、条約交渉の成否は実にペリーの行動にかかっていた（麓慎一『開国と条約締結』）。安政元年十二月（一八五五年二月）調印の下田《しもだ》条約（日露通好条約）では日露間の国境画定を行い、千島についてはウルップ島・択捉《エトロフ》島の間を国境としたが、サハリン島（樺《から》太《ふと》・北蝦夷地とも呼ばれる）については国境の分界を定めず、「これまで仕来《しきた》りの通り」と規定した。

一八五四年の三月に英仏両国がロシアに宣戦布告し、クリミア戦争（ロシア・トルコ間で前年十月に勃発）に参戦した。安政元年の閏七月、英海軍東インド艦隊を率いてジェイムズ・スターリング司令長官が長崎に入港、ロシア海軍に対抗する作戦の一環として、日本の港を利用する許可を求めたのだが、その交渉の結果として幕府から得られたのが日英和親条約であった（八月調印）。プチャーチンの艦艇は対日交渉の期間中でも、英艦隊による追跡を避けながら行動しなければならなかった。一八五四年、カムチャツカ半島でのロシア海軍基地であったペトロパヴロフスクが、英仏艦隊による攻囲をうけ（八～九月）、翌年に再度攻撃された際には、当地の主力艦船は南下してアムール川河口方面へと退避した。スターリング艦隊が南方からこれを追跡したが、ロシア艦船はこんどは間宮海峡《まみやかいきょう》を北に抜けて追跡をかわした（田保橋潔『増訂 近代日本外国関係史』）。こうして北太平洋でも戦われていたクリミア戦争は、実にナポレオン戦争以来の、世界大の戦争という性格を有したといえよう。一八五六年のパリ条約で戦争は終結したが、ことの次第では日本の海域でも英仏対露軍での海戦がおこり、沿岸地域がそれに巻き込まれる可能性もなかったとはいえないのではないか（井上勝生「日本開国と「北方水域」」にも論及がある）。

五か国通商条約と遣米使節

オランダでは最後の出島商館長となった、ヤン・ヘンドリク・ドンケル・クルチウスが、日米条約をふまえて幕府と交渉し、日蘭和親条約の締結（安政二年十二月）という成果を得た。この条約交渉の材料としてコルヴェット艦スンビン号が提供される（幕府軍艦観光丸《かんこうまる》となる）など、軍事技術の伝習が開始され、長崎には海軍伝習所が開設されて、ペルス・ライケン海軍大尉をはじめとする蘭国の軍人教官による指導により、幕臣・長崎地役人・諸家藩士らが洋式軍事技術の習得をめざすことになった。長崎を窓口としての軍事改革への着手であるが（横山伊徳「東アジアの緊張と日蘭関係 19世紀」）、阿部政権の末期に着手され、堀田正睦《ほったまさよし》政権（一八五五～五八年）が推進した全国的な軍事面での改革、安政改革がここに本格化していった。

安政二年には、イギリスがタイ（シャム）王国と不平等条約（バウリング条約）を結んでおり、この通商条約の規定内容に準拠した新たな日英条約の案が、幕府に対して要求されることが予想されていた。オランダからも自由貿易開始の提案がなされたが、結局新条約（日米修好通商条約、安政五年六月）を結んで三港での自由貿易を開始させたのは、米国総領事のタウンゼンド・ハリスであり、彼は安政三年にタイとの通商条約を締結した後に日本に赴任してきたのである。ハリスは、第二次アヘン戦争（アロー戦争、一八五六～六〇年）の過程で、清朝が敗戦後の調印に追い込まれた天津《てんしん》条約（五八年六月調印）の例を引き合いに出し、英仏軍の大陸侵攻という脅威を利用して通商開始を幕府に迫った。ハリスもまた、かつてニューヨークで貿易商会に勤務した経歴をもち、その後に太平洋・インド洋各地で貿易業に携わっていたことから、彼の外交官としての活動も、ニューイングランドと東アジアでの、米国による商工業活動を背景にしているものとして理解されている（石井寛治「幕末開港と外圧への対応」）。遅れてオランダ・ロシア・イギリス・フランスも幕府と通商条約を結び、日米条約に盛り込まれた規定を均霑《きんてん》して（同一の規定が自動的に適用される）、開港および自由貿易の開始を享受することとなった（安政の五か国条約）。日米条約の批准書交換のため、幕府は初めての遣外使節をワシントンまで送り出し、正使の外国奉行新見《しんみ》正興《まさおき》らは米艦に搭乗して太平洋を横断、中米のパナマ地峡を経由して首都のホワイトハウスに訪問している。先々の諸都市で群衆の歓呼をうけた使節団一行は、ニューヨークからは東回りで周航することで江戸に帰還した（万延遣米使節）。

北太平洋分割の完了

欧米列強による北太平洋沿岸の分割は段階的に進行した。一八一八年の英米国境条約でカナダと合衆国間の国境は北緯四九度として合意をみた。一八二四年には露米間で、翌二五年には露英間で国境画定の条約が締結され、ロシア領アラスカの範囲が確定した。一八四六年の英米オレゴン国境条約で、合衆国はオレゴンを併合し、英国はヴァンクーヴァー島を確保している。カリフォルニアの併合後に、ひとまず北米大陸での国境線は安定をみたわけであるが、その後の合衆国による西漸の継続が変化をもたらしていく。また南太平洋のほうでは、一八四〇年のワイタンギ条約によるニュージーランドの英領併合など、植民地化が進行の一途をたどっていった。

一九世紀の後半も、合衆国の領土はさらに太平洋へと向けて伸張していった。一八六七年、江戸時代最後の年（慶応三年）は、まさにメルクマールをなす年である。三月に国務長官スワードの決断によって、合衆国はアラスカの地をロシア帝国から七二〇万ドルで購入した。帝政ロシアは沿海州に橋頭堡たる軍港ウラジオストクを構築しており、北太平洋経営における北米大陸からの撤退を最終的に決めたのである。露米会社が有した権益は売却され、会社も閉鎖された。同年八月には米艦がミッドウェイの環礁に寄港し、領有を宣言した。一八五六年成立のグアノ（鳥糞石）島嶼法が背景にあり、グアノ資源の採掘が可能な無主の島嶼領有を有効とする規定にもとづいて、米領となされたことが指摘されている（中野聡「太平洋植民地の獲得とアメリカの『アジアへの道』」）。またこの年の年頭には、ニューヨークに本社を置く太平洋郵便汽船会社が、サンフランシスコ・香港間の定期航路を就航させた。横浜港は途中経由の寄港地で、ペリーが江戸湾まで「遠征」して以来、幕末期のほぼ全過程を費したうえで、日本の条約港が蒸気船による太平洋横断航路と十全な結合をみたのであった。そして二〇世紀初頭までに、反対する路線も存在してはいたものの帝国主義の道を歩んだ合衆国は結局、ハワイ（一八九八年）やフィリピン（一九〇二年）を併合してゆき、中国に関する門戸開放要求を掲げることになる。

いっぽう日露の間では、明治八年（一八七五）のサンクトペテルブルグ条約で千島と樺太の領土を交換することで、国境が画定をみたのだが、北太平洋固有の問題としては、アラスカの帰属の確定ということがその大前提にあった。幕末維新期を通じての国家的な課題が全国境の画定にあるとみるならば、これこそその時代の、終着点ともいうべきであろう。しかしそこに至るまでに、北米大陸では南北戦争という巨大な内戦（一八六一～六五年）を経験しなければならなかったし、日本史では国家統一のための内戦、戊辰戦争がそれに引き続いたのである。

3　大規模内戦の一九世紀

内戦に覆われる一九世紀

一九世紀は、欧米各国での内戦が相次いだ時代ともいえる。また、世界史上でも最大規模の内戦として知られる中国の太平天国《たいへいてんごく》動乱（一八五一～六四年）、および北米での南北戦争が、世紀の中葉におこり多大な影響を及ぼしたことも無視できない。一九世紀段階におこった内戦については、さまざまな考察がなされているが（アーミテイジ『〈内戦〉の世界史』）、次のように列挙するだけでも並み外れた印象をうけるものがあろう。ポルトガル内戦（一八二八〜三四年）、ベルギー独立戦争（オランダから分離、一八三〇年）、スペインの三次にわたるカルリスタ戦争（一八三三〜七六年）、ウルグアイ内戦（一八三九〜五一年）、メキシコのレフォルマ戦争（一八五八〜六一年）、等々。ギリシア独立戦争（一八二一〜二九年）や、トルコから同じく独立をはかったエジプトの戦争（一八三一〜四〇年）も含められようか。また近代国家統一目的の戦争としては、幕末維新期や戊辰戦争の前後の時期におこったイタリア統一戦争（一八五九〜六一年）、ならびに、対外戦を主とするがドイツ統一戦争（一八六四・六六・七〇〜七一年）があり、同様に検討に価するといえよう。ブリテンについていえば、英帝国の植民地ではアイルランドやインドで反乱がおこり、一八五七〜五八年のインド大反乱は、東インド会社の解消と英国政府によるインド直接統治に帰結した大事件である。一八四八年に生起したパリやウィーン、ベルリンでの革命もまた、関連して重要であろう。

こうしてみると欧米・中南米では、近代の国民国家形成の過程でこの時期に惹起された内戦が多くみられ、その統合過程は軍事的な暴力に彩られていたことが明瞭であろう。一九世紀の欧州については、ナポレオン戦争以後は世界大戦までの間におおむね平和な期間が続いた、といった評価を目にすることがあるが、戦争の火種も軍事行動も途絶えることがなかったというのが現実で、産業革命の成果を引き継いで軍事関連の技術革新も同時に進行していた（ヘッドリク『帝国の手先』、マイヤーほか『大量生産の社会史』、杉浦昭典『蒸気船の世紀』）。日本もまた、同時期に戊辰戦争から不平士族反乱に至る数々の内戦を経験し、それなりに国家統合への途上では暴力性の刻印が深く記された、といえはしないだろうか。

南北戦争とスワード外交

一八六〇年十一月に、米国大統領選でエイブラハム・リンカンが当選し共和党政権が成立すると、奴隷制の維持を目的として南部諸州が連邦から脱退し、翌六一年三月に連邦軍＝北軍と、南部連合の南軍との間で南北戦争が始まった。

この戦争勃発直前に、同政権のスワード国務長官は、フランスおよびスペインに対して宣戦し、国内一致して外敵に対峙することにより南北の国家分裂を回避する、という案を立てていた。大統領はこれを却下したが、実に南北戦争の渦中であっても対外戦争の危機が消え去ったわけではなかった。六一年五月、去る万延元年（一八六〇）の末に江戸公使館通訳ヒュースケンが暗殺されたとの報が届くとスワードは、対日条約締結国が一致して抗議し、軍艦派遣など実力をもって幕府からの要望を拒否すること（前年から久世《くぜ》・安藤《あんどう》政権が要請してきた江戸開市の延期は拒絶する、との内容）を、ワシントン駐在の欧州五ヵ国外交官（英仏露蘭普）に呼びかけた。条約列強各国に日本への艦隊派遣をも求めるプランで、極東での軍事行動に列国が共同してあたることで、欧米間の外交にも好影響をもたらすのが狙いであった。このスワードからの強硬な呼びかけに応じた外国政府はなく、リンカン政権は、ヒュースケン暗殺事件への賠償金支払いと引き換えに、開市開港の延期という条約の規定不履行を、幕府に対して容認するという姿勢に転じていった（横山伊徳「南北戦争と東アジア」）。

リンカン政権の戦争指導は南部連合の通商を絶つため、南部沿岸の海上封鎖という戦略に出た。南軍は海軍力では劣勢で、北軍が制海権の確保をめざし戦局を進める。開戦間もない一八六一年五月には、英国が中立宣言を発し、フランスも追随した。この中立は、南部連合による交戦権の正式な認定につながるとして、リンカン政権は英仏に中立の取り消しを要求している。中立国船で運ばれる南部の積荷や乗員も、北軍による捜索や捕獲の対象となった。逆に南部連合では私掠《しりやく》船《せん》に免許を与えるとともに、海軍正規の艦船を用いて合衆国の商船から貨物を捕獲した（中野博文「内戦が生み出した国際海洋秩序」）。

欧州諸国の干渉と連邦の危機

開戦の年には別の対英戦争危機もあった。太平洋探検で名高いウィルクス艦長が、十一月に英国郵船トレント号を公海上で臨検捜索したうえ、乗船中の南部連合特使を逮捕した事件である。このトレント号事件発生後、英米間の緊張が高まると英軍がカナダ領内に増派された。一八一二年戦争（～一五年）以来となったであろう新たな英米開戦の危機は、しかし南部特使の釈放という措置によって未然に防がれた。

英仏のような欧州列強は、南北戦争の長期化をみてとると、北軍による海上封鎖についての緩和を求めて干渉に乗り出そうとしたのだが、南部連合への外国による支援を阻止すべく、旧大陸からの干渉は断固排除せんとする合衆国にとっては、これも対外戦争の危機につながった。一八六二年にも対英・対仏開戦の危機があり、フランス皇帝ナポレオン三世は英・仏・露三国で協調しての、南北休戦工作をはかろうとして失敗する（君塚直隆「パーマストンとアメリカ南北戦争」）。しかもフランスが続けようとした調停工作は、同時期にメキシコ出兵*（一八六一〜六七年）を続けていたことも響き、不調にとどまった。メキシコに傀儡《かいらい》政権を樹立して勢力圏の確保をめざすナポレオン三世の野望は、北米でも警戒されていた。

*ちなみに、一八六三年のメキシコ侵攻作戦に参加していたフランス陸軍砲兵士官ジュール・ブリュネは、プエブラ攻略戦などの活躍により受勲されているが、一八六七年に幕府の陸軍顧問団員として招聘され来日しており、のちに箱館《はこだて》戦争（一八六八〜六九年）では榎本武揚《えのもとたけあき》の軍に加わったことで知られている。

一八六三年の秋に、ロシア海軍のバルト艦隊六隻がニューヨーク港に現れた時も、米露が提携してイギリスに敵対するのではないか、という可能性が惹起された。このとき合衆国で歓待されたロシア軍将兵は、新鋭艦による海戦の観戦目的や、大洋航海自体を海軍総体の近代化改革における成果とする任務を帯びていたものといい（Norman E. Saul, *Distant friends*）、実際のところは世界大の戦争に発展するような事態からは遠かった。同年におこったポーランド反乱への対処にロシアは忙殺されており、世界各地における英国との緊張をうけて開戦に至るという選択を採る余裕はなかった。

南軍アラバマ号と北軍ワイオミング号

こうして一触即発の事態は回避されたとはいえ、仮に南北戦争をめぐってさらに対外戦争が誘発された場合、幕末の日本と条約を結んだ列強諸国が巻き込まれる事態になるのは必至の情勢であった。極東であっても、横浜・長崎・箱館の開港場や居留地が戦禍から無縁であっただろうとは、事の次第によっては言い切れないのではないだろうか。

南北戦争中の一八六二年には、南部連合が英国国内の造船所に発注していた軍艦が進水して、合衆国籍の商船に対し通商妨害・破壊戦を仕掛ける、という事態がおこった。中立国であるにもかかわらず南部に加担したとして、合衆国の対英感情は悪化した。南軍が建造した汽走巡洋艦アラバマ号は各地に出没、商船五七隻を撃沈したという。これに対し、北軍の汽走スループ艦ワイオミング号は、アラバマ号を追跡してアジア海域まで航行した。だがアラバマ号を捕捉することはできず、翌年には居留地の防衛目的で横浜港に駐留した。なお、同型艦のキアサージ号が六四年に、北大西洋でアラバマ号を撃沈している。アラバマ号をはじめとする通商被害の賠償問題は、南北戦争の終結後も尾を引き、合衆国では英国の責任を問うにあたり、カナダ領の割譲を対価として要求する声まであったほどであった（木村和男『連邦結成』）。

文久三年（一八六三）五月、破約攘夷を掲げる長州藩《ちょうしゅうはん》が下関海峡《しものせきかいきょう》で米国商船を砲撃した。合衆国の駐日公使ロバート・プライン（ハリスの後任、スワードの旧友）から要請をうけ、翌月に報復のためワイオミング号は下関港内に侵入して長州の軍艦を撃破したが、この下関攻撃の行動も、日本での攘夷戦と米国の南北戦争とが交錯した局面なのであった。この米海軍による攻撃に続き、フランス艦隊が長州藩の沿岸砲台を破壊する。翌元治元年（一八六四）の下関戦争まで続く、幕末の対外戦争であり、米海軍は英仏蘭三国との共同作戦に参加して下関の砲台を攻撃した（保谷徹『幕末日本と対外戦争の危機』）。本国での継戦中ながら、遠く東アジアでは敵対勢力への懲罰戦争遂行にあたり列国との協調を保つ、というのは、先にみたスワードの外交姿勢と共通の発想を持つように見受けられる。

局外中立と軍艦問題

巨視的にみるならば、元治元年（一八六四）の禁門の変から明治十年（一八七七）の西南戦争に至るまでの期間は、断続的に内戦が続く局面だったといえるのかもしれない。内戦と条約相手国との関連で重要なのは、慶応四年（一八六八）一月、戊辰戦争に際して各国代表が局外中立の布告を表明したことである。中立の維持と国際法の遵守が追求されたが、各国は交戦する双方について監視し、自国民の生命および財産の保護、通商条約にもとづく貿易の維持を要求した（保谷徹「国際法のなかの戊辰戦争」）。

当時の米国駐日公使ヴァン・ヴァルケンバーグがこの局外中立を根拠に、軍艦ストーンウォール号の引き渡しを拒んだことはよく知られている。この装甲衝角艦《しょうかくかん》は、南北戦争終結後の慶応三年に、太平洋郵船に乗り米国まで渡航した幕府の勘定吟味役《かんじょうぎんみやく》小野《おの》広胖《ひろとも》らが、政府から買い付けたものだった。ストーンウォールはもともと南軍がフランスで発注した新造艦だったが、終戦後には合衆国政府の手に落ちていた。翌慶応四年四月に同艦が横浜に入港したが、米公使はこれを抑留して新政府にも徳川家側にも引き渡さなかった。同艦の新政府への売却は、年末（明治元年に改元後）の各国による局外中立解除の後であった。その後箱館戦争へと向かった新政府の艦隊には、名称を「甲鉄」と変えたストーンウォールが配備されていたが、これに対して榎本軍が陸奥の宮古《みやこ》湾《わん》で強襲し、まさにこの甲鉄艦の強奪を試みて失敗したことも有名であろう（宮古湾海戦、明治二年三月）。

明治政府は、大国間の戦争に際しての中立という問題に、普仏戦争（独仏戦争、一八七〇～七一年）の際に直面することになる。一九世紀段階の戦争では、プロイセンとフランスの艦船は戦時下に日本の領内でも衝突する可能性があり、日本政府はここに初の局外中立宣言を発することになる（明治三年七月、飯田洋介『グローバル・ヒストリーとしての独仏戦争』）。そして横浜港の警戒のため、配備された小艦隊には甲鉄艦の姿があり、その艦長は戊辰戦争でも甲鉄の艦長として座乗し、宮古湾や箱館の海戦を戦った長州出身の中島《なかじま》四《し》郎《ろう》であった。

武家国家の崩壊、身分社会の解体

江戸幕府を消滅に導いた一大内戦であった戊辰戦争は、終始近代戦として戦い抜かれたことが指摘されている（保谷徹「近世」）。新政府が出兵している各藩に求めたのは、洋式軍備のみであり旧制は却下された。軍事全般の洋式化は、そもそも幕府が全国的な軍制改革により着手した課題であった。非戦闘員による補助が必要な、伝統的な「備《そなえ》」を中心とした身分制的な軍制や、主従制にもとづき主人と供から成り立つ戦闘の単位を解体し、指揮官と兵士（主に銃隊）からなる近代軍隊に純化することが求められた。軍制改革が軍事的な集中を追求するさなかで、近世的な軍役体系は破綻への一途をたどっていったが、過重な負担や動員をさまざまにかけられていた民衆からの抵抗もその大きな要因だった。幕藩関係の柱である軍役体系や主従制の意義は事実上引き下げられ、そもそも戦闘者としての身分を独占していた武士について、存在意義自体が問われるようになった。武家国家による統治そのものが、内戦による試練を経ることができなかったといえる。幕末期の、孝明天皇が在世時に掲げられた奉勅攘夷《ほうちょくじょうい》路線は国家的課題から脱落し、明治新政府による「万国対峙《ばんこくたいじ》」の追求にあたって、国際社会へのさらなる適合をめざすことが急務とされた。

明治維新を迎えてからの、短期間での武士身分の解消は研究史上でも問題とされることが多いが、軍事面での近世から近代への構造的な転換を考慮に入れれば、とくに謎といえるようなものでもないだろう。諸藩での財政窮乏も重要だが、そもそも武士身分の存立自体が、内戦遂行の過程で疑わしくなっていたのである。近世的な身分制にもとづく社会の編成・統合は、明治政府の発足後も短期間だけは存続していたが、明治四年（一八七一年）頃までには、日本の身分社会総体が解体状況を迎えるのであった（横山百合子『江戸東京の明治維新』）

おわりに

維新変革への大きな契機は、アヘン戦争による清朝の敗北以降、太平天国動乱とも相まって「清朝の平和」が破れ、東アジア地域が戦乱のまさに現場と化したことにあろう。この視角からは、「徳川の平和」という標語は近視眼的な一国史観にとどまるといわざるをえない。また幕末維新期の全過程は、続くクリミア戦争や第二次アヘン戦争と、明治期の独仏戦争といった、局地的な戦場をこえて世界大の規模で戦われた戦争によっても関係づけられていた。文久・元治の年間には、薩英戦争や下関戦争といった対外戦争が相次ぎ、禁門の変、長州戦争（幕長《ばくちょう》戦争）、さらに戊辰戦争へと内戦が継続した。西南戦争まで合わせれば、明治維新の全過程と軍事・戦争の展開とを切り分けて論じることは難しいといっても、異議は出されないだろう。幕末の政治過程では、王政復古派も幕府の側も正当性を掲げて互いに争ったが、結局のところ帰趨《きすう》を決したのは戊辰戦争という内戦であり、宮廷政治の成果というより力による決着であった。同じ時期に実際にはおこらなかった戦争の可能性をも含め、改めて検証していく必要を感じるところである。

幕末維新期における西洋列強による「外圧」について、近年では非常に低く見積もる研究動向がみられ、中には〝外圧まぼろし論〟とでもいいたくなるような著述も出されている。ここまでみてきたのは、西洋列強どうしによる、時には開戦も厭わない強硬な姿勢がままみられるような、常に戦争の可能性が選択肢として十全に認識されている一九世紀段階国際政治の現実であり、国民国家群の形成期において構造化されていた暴力の在りようである。そうした国際関係が、半世紀ほどかけて大西洋世界と太平洋世界との双方で連動し、アジアにも波及して展開していった。その一つの帰結が明治維新なのであってみれば、その実態を世界史の動向から考えていくことはますます重要となるだろう。

合衆国のスワード国務長官は一八六九年に辞任し、政界からも引退すると翌年、私人として世界一周の旅行に出た。アジアでまず最初に訪れたのは日本で、サンフランシスコから蒸気船で横浜に渡り、二〇日間ほど日本で過ごしている。彼は、のちに旅行記でこう記している（Seward, *William H. Seward's travels around the world*）。

「いまや大問題は、日本に対して欧州文明が、この国の政治制度のみならず、日本の国民自身についても破壊することなしに、及ぼされるのかどうかである。日本人は実際、西洋諸国に対して無防備である。日本人が西洋国際社会に完全に入り込まねばならないとすれば、それは力の使用によるか、もしくは説得や促進によるかの、どちらかに違いない。後者のやり方がなされるべきであると、日欧の利益がもとめたのだ（中略）。貿易は、戦争に大きく取って代わった。利益と人間愛とが手を携えて進むのだと、いまや均しく思われている」。そしてスワードは日本に向けて、「陸海軍を押し付けて送り込むのではなく、教師を送って、アメリカ式の学校を創設せねばならない」、「社会生活でも家庭生活でも感化を及ぼす」教育が施されるべきだとも述べるのである。近世国家は消滅させられたものの、伝統的な社会関係が再編成されていく近代初頭にあって、日本社会はますます多くの課題を抱えるようになっていった。

〔参考文献〕

デイヴィッド・アーミテイジ、平田雅博ほか訳『〈内戦〉の世界史』岩波書店、二〇一九年

飯田洋介『グローバル・ヒストリーとしての独仏戦争―ビスマルク外交を海から捉えなおす―』NHK出版、二〇二一年

石井寛治「幕末開港と外圧への対応」石井寛治ほか編『日本経済史1　幕末維新期』東京大学出版会、二〇〇〇年

井上勝生「日本開国と「北方水域」」地方史研究協議会編『北方史の新視座―対外政策と文化―』雄山閣出版、一九九四年

I・ウォーラーステイン、川北稔訳『史的システムとしての資本主義』岩波書店、二〇二二年

大島正太郎『日本開国の原点―ペリーを派遣した大統領フィルモアの外交と政治―』日本経済評論社、二〇二〇年

加藤九祚『初めて世界一周した日本人』新潮社、一九九三年

ブルース・カミングス、渡辺将人訳『アメリカ西漸史―《明白なる運命》とその未来―』東洋書林、二〇一三年

貴堂嘉之「サンフランシスコ―西部開拓・帝国都市・近代―」羽田正編『地域史と世界史』ミネルヴァ書房、二〇一六年

木畑洋一『帝国航路《エンパイアルート》を往く―イギリス植民地と近代日本―』岩波書店、二〇一八年

君塚直隆「パーマストンとアメリカ南北戦争―閣内対立と対外政策決定過程―」『史学雑誌』一〇二―六、一九九三年

君塚直隆・岡本隆司・飯田洋介「鼎談　世界は明治維新をどう見ていたか―アジアの異端児ニッポンの不思議な〝革命〟―」『中央公論』一三二―四、二〇一八年

木村和男『連邦結成―カナダの試練―』日本放送出版協会、一九九一年

木村和男『毛皮交易が創る世界―ハドソン湾からユーラシアへ―』岩波書店、二〇〇四年

木村和男『北太平洋の「発見」―毛皮交易とアメリカ太平洋岸の分割―』山川出版社、二〇〇七年

後藤敦史『忘れられた黒船―アメリカ北太平洋戦略と日本海国―』講談社、二〇一七年
塩崎　智『アメリカ「知日派」の起源―明治の留学生交流譚―』平凡社、二〇〇一年
清水さゆり「パシフィック・ヒストリーに向けて―アメリカにおける研究動向を中心に―」米山裕・河原典史編『日本人の国際移動と太平洋世界―日系移民の近現代史―』文理閣、二〇一五年
杉浦昭典『蒸気船の世紀』NTT出版、一九九九年
田保橋潔『増訂 近代日本外国関係史』原書房、一九七六年
ドベルグ美那子「仏訳『三国通覧図説』をめぐる諸問題」有坂隆道編『日本洋学史の研究Ⅸ』創元社、一九八九年
中野　聡「太平洋植民地の獲得とアメリカの『アジアへの道』」和田春樹ほか編『岩波講座東アジア近現代通史 第2巻 日露戦争と韓国併合―19世紀末―1900年代―』岩波書店、二〇一〇年
中野博文「内戦が生み出した国際海洋秩序―南北戦争下の軍艦輸出問題と極東の動乱―」田中きく代ほか編『海のグローバル・サーキュレーション―海民がつなぐ近代世界―』関西学院大学出版会、二〇二三年
藤田　覚『近世後期政治史と対外関係』東京大学出版会、二〇〇五年
麓　慎一『開国と条約締結』吉川弘文館、二〇一四年
麓　慎一『一九世紀後半における国際関係の変容と国境の形成―琉球・樺太・千島・「竹島」・小笠原―』山川出版社、二〇二三年
ダニエル・R・ヘッドリク、原田勝正ほか訳『帝国の手先―ヨーロッパ膨張と技術―』日本経済評論社、一九八九年
保谷　徹「近世」高橋典幸ほか『日本軍事史』吉川弘文館、二〇〇六年
保谷　徹『幕末日本と対外戦争の危機―下関戦争の舞台裏―』吉川弘文館、二〇一〇年
保谷　徹「国際法のなかの戊辰戦争」奈倉哲三ほか編『戊辰戦争の新視点上 世界・政治』吉川弘文館、二〇一八年
オットー・マイヤー、ロバート・C・ポスト編、小林達也訳『大量生産の社会史』東洋経済新報社、一九八四年

町田明広編『幕末維新史への招待』山川出版社、二〇二三年
横山百合子『江戸東京の明治維新』岩波書店、二〇一八年
横山伊徳「東アジアの緊張と日蘭関係 19世紀」レオナルド・ブリュッセイほか編『日蘭交流400年の歴史と展望』日蘭学会、二〇〇〇年
横山伊徳「一九世紀日本近海測量について」黒田日出男ほか編『地図と絵図の政治文化史』東京大学出版会、二〇〇一年
横山伊徳『日本近世の歴史5 開国前夜の世界』吉川弘文館、二〇一三年
横山伊徳「南北戦争と東アジア—一八六一年徳川家茂＝A・リンカーン往復書翰をめぐって—」『国立歴史民俗博物館研究報告』二三九、二〇二三年
David F. Long, *Sailor-Diplomat, A Biography of Commodore James Biddle, 1783–1848*, Northeastern University Press, 1983
Norman E. Saul, *Distant friends, the United States and Russia, 1763–1867*, University Press of Kansas, 1991
Olive Risley Seward（ed.）, *William H. Seward's travels around the world*, D. Appleton, 1873

執筆者紹介（生年／現職）—執筆順

清水光明（しみず　みつあき）　一九八二年／東京大学グローバル地域文化研究機構特任研究員
佐藤雄介（さとう　ゆうすけ）　一九八〇年／学習院大学文学部准教授
山本英貴（やまもと　ひでき）　一九七九年／帝京大学文学部准教授
荒木裕行（あらき　ひろゆき）　→別掲
谷本晃久（たにもと　あきひさ）　一九七〇年／北海道大学文学研究院教授
福元啓介（ふくもと　けいすけ）　一九九〇年／尚古集成館学芸員（主任）
野尻泰弘（のじり　やすひろ）　一九七四年／明治大学文学部専任准教授
吉岡誠也（よしおか　せいや）　一九八四年／文化庁文化財第一課文化財調査官
小野　将（おの　しょう）　→別掲

編者略歴

荒木裕行

一九七九年、東京都に生まれる

二〇〇六年、東京大学大学院人文社会系研究科博士課程退学

現在、東京大学史料編纂所准教授

〔主要著書〕

『近世中後期の藩と幕府』（東京大学出版会、二〇一七年）

小野　将

一九六九年、東京都に生まれる

一九九五年、東京大学大学院人文科学研究科博士課程退学

現在、東京大学史料編纂所准教授

〔主要論文〕

「「国学」の都市性」（鈴木博之ほか編『シリーズ都市・建築・歴史6　都市文化の成熟』東京大学出版会、二〇〇六年）

「新自由主義の時代と歴史学の課題Ⅱ」（歴史学研究会編『現代歴史学の成果と課題1　新自由主義時代の歴史学』績文堂出版、二〇一七年）

日本近世史を見通す3

体制危機の到来―近世後期―

二〇二四年（令和六）一月二十日　第一刷発行

編者　荒《あら》木《き》裕《ひろ》行《ゆき》
　　　小《お》野《の》将《しょう》

発行者　吉川道郎

発行所　株式会社　吉川弘文館

郵便番号一一三―〇〇三三
東京都文京区本郷七丁目二番八号
電話〇三―三八一三―九一五一〈代〉
振替口座〇〇一〇〇―五―二四四番
https://www.yoshikawa-k.co.jp/

印刷＝株式会社　理想社
製本＝株式会社　ブックアート
装幀＝右澤康之

ISBN978-4-642-06886-4

日本近世史を見通す
全7巻

1 列島の平和と統合 近世前期 *
牧原成征・村 和明編

2 伝統と改革の時代 近世中期 *
村 和明・吉村雅美編

3 体制危機の到来 近世後期 *
荒木裕行・小野 将編

4 地域からみる近世社会 *
岩淵令治・志村 洋編

5 身分社会の生き方 *
多和田雅保・牧原成征編

6 宗教・思想・文化 *
上野大輔・小林准士編

7 近世史の課題 討論（仮題）
小野 将ほか編

本体各2800円（税別） ＊は既刊

吉川弘文館

日本近世の歴史 全6巻

信長・秀吉・家康の時代から西南戦争まで、政治の動きを中心に最新成果に基づいて描く通史。徳川家の代替わりや幕政改革・開国など、平易な記述と豊富な図版や年表による立体的編集により、新たな歴史の捉え方を示す。

四六判／本体各2800円（税別）

①天下人の時代　藤井譲治著
②将軍権力の確立　杣田善雄著
③綱吉と吉宗　深井雅海著
④田沼時代　藤田　覚著
⑤開国前夜の世界　横山伊徳著
⑥明治維新　青山忠正著

吉川弘文館

〈江戸〉の人と身分　全6巻

江戸時代の人びとは、「身分制」という格差社会をどう生きたのか。「士農工商」の枠組みを越え、都市・村・公武寺社の権門・地域・女性・東アジアの視点から、上昇願望や差別意識を含め「身分」を問い直す。

四六判／本体各3000円（税別）　※③⑥は僅少

①都市の身分願望　宇佐美英機・藪田　貫編

②村の身分と由緒　白川部達夫・山本英二編

③権威と上昇願望　堀　新・深谷克己編

④身分のなかの女性　藪田　貫・柳谷慶子編

⑤覚醒する地域意識　若尾政希・菊池勇夫編

⑥身分論をひろげる　大橋幸泰・深谷克己編